Cynefin
yr Alltud

*Er cof am fy nhad a Mam, Arthur Eric
ac Elin Ann Darbyshire, a hefyd fy mrawd
Jack a fy mhriod, Gwyneth*

Cynefin yr Alltud

CYLCH CONGL-Y-WAL, MANOD A 'STINIOG

LES DARBYSHIRE

Argraffiad cyntaf: 2021

© Hawlfraint Les Darbyshire a'r Lolfa Cyf., 2021

Mae hawlfraint ar gynnwys y llyfr hwn ac mae'n anghyfreithlon
llungopïo neu atgynhyrchu unrhyw ran ohono trwy unrhyw
ddull ac at unrhyw bwrpas (ar wahân i adolygu) heb gytundeb
ysgrifenedig y cyhoeddwyr ymlaen llaw

Llun y clawr blaen: Jack Darbyshire
Cynllun y clawr: Y Lolfa

Rhif Llyfr Rhyngwladol: 978 1 80099 053 1

Cyhoeddwyd, rhwymwyd ac argraffwyd yng Nghymru gan
Y Lolfa Cyf., Talybont, Ceredigion SY24 5HE
gwefan www.ylolfa.com
e-bost ylolfa@ylolfa.com
ffôn 01970 832 304
ffacs 832 782

Cynnwys

Yr Awdur

GANED LES DARBYSHIRE yn Rhif 4 Teras Tyddyn Gwyn, Manod yn 1924. Mynychodd hen Ysgol y Manod, Ysgol Ganol ac Ysgol Ramadeg, Ffestiniog. O ganlyniad i waharddiadau yn ystod y rhyfel, nid oedd yn bosib iddo ddilyn ei ddymuniad i fod yn beiriannydd trydanol a chafodd ei brentisio i'w dad fel saer coed.

Bu'n rhan o adeiladu maes awyr Llanbedr ac roedd am gyfnod yn rhan o dîm cynnal a chadw y camp milwrol magnelau ym Mron Aber, Trawsfynydd.

Gweithiodd hefyd o dan ddaear yn chwarel Bwlch Slaters (Manod Slate Quarry) yn adeiladu lle pwrpasol i ddal trysorau a lluniau gwerthfawr o'r National Art Gallery, Llundain i'w diogelu rhag ofn iddynt gael eu dinistrio gan y gelyn.

Bu'n rhan o'r tîm a oedd yn gweithio yn ddirgel ym Morfa Conwy yn adeiladu y Mulberry Harbours a oedd yn ddarn pwysig o'r cynllun D Day yn Ffrainc.

Pan oedd yn ddeunaw oed ymunodd â'r Llynges Frenhinol gan weithredu ar *landing crafts* gyda *Combined Operations* lle gwasanaethodd yn yr Iseldiroedd.

Ar ôl cael ei ryddhau o'r llynges ymunodd â'i dad yn ei weithdy saer coed ger Ysgol y Manod ac yna ymunodd â Chyngor Dosbarth Deudraeth fel peiriannydd.

Symudodd maes o law i Fwrdd Dŵr Meirion a oedd ar y pryd wedi ei leoli yn y Bermo. Gweithiodd gyda'r

Comisiwn Coedwigaeth yn yr adran ystadau gan weithredu o goedwigaeth Coed y Brenin, Ganllwyd, Dyfi a Chorris hyd nes ymddeol.

Yn y cyfnod pan yr oedd yng nghylch y Blaenau, roedd diddordeb ganddo yng nghymdeithas yr W.E.A. (Workers Educational Association) a bu'n cynrychioli Gogledd Cymru yn y gynhadledd gyntaf ar ôl y rhyfel yn Harrogate. Am dair blynedd yn y pumdegau, bu'n gynghorydd i ward Congl-y-Wal ar Gyngor Dosbarth Ffestiniog.

Tra roedd yn gweithio i'r Bwrdd Dŵr yn y Bermo, fe gyfarfu â Gwyneth. Priodasant a chael bron i hanner can mlynedd o fywyd priodasol hapus, ond bu farw Gwyneth yn 2013.

Ers blynyddoedd lawer mae ganddo ddiddordeb mawr mewn hen hanesion lleol ac mae'n cynrychioli adran y Bermo fel aelod o Gymdeithas Hanes a Chofnodion Sir Feirionnydd. Mae'n flaenor yng Nghapel Caersalem y Bermo ers dros bedwar deg o flynyddoedd ac yn aelod o'r Barmouth Sailors Institute ers dros hanner can mlynedd.

Cyhoeddodd *Barmouth Sea Heroes* yn 2001 – cyfrol a werthodd allan yn fuan iawn – a rhoddwyd £1,000 o'r elw i adran Bermo o'r Nurses Equipment Fund. Cyhoeddodd *Our Backyard War* yn 2015 ac fe roddwyd £750 o elw'r llyfr i elusen Ambiwlans Awyr Cymru.

Bydd holl elw'r llyfr hwn yn cael ei roi i elusen teilwng.

Diolch

DIOLCH I'R CYFEILLION sydd wedi rhoi o'u hamser i fy nghynorthwyo gyda'r gwaith, heb eu cymorth byddai'r gwaith yn fethiant. Mae fy nyled iddynt yn fawr, a phleser yw rhestru eu henwau fel a ganlyn (os wyf wedi anghofio enwi rhywun gofynnaf am faddeuant):

David a Carys Wynne-Hughes, Llangefni
Trefor Edwards, Llangefni
Enid Roberts (Cae Clyd), Bangor
Steffan ab Owain, Blaenau Ffestiniog
Nesta Evans, Llan Ffestiniog
Delwyn Williams, Cae Clyd
Dilys Jones, Cae Clyd
Olwen Hughes, Llangefni (merch T. J. Roberts, awdur *Byth Eto*)
Eigra Lewis Roberts, Dolwyddelan
Gareth Tudor Jones, Pwllheli
Vivian Parry Williams, Blaenau Ffestiniog
Peter Johnson, Leicester
David Elwyn Lewis, Dolgellau
Ann Rowlands, Awstralia
Glyn Williams, Blaenau Ffestiniog
Hugh Griffith Roberts, Bermo

Mae fy nyled yn fawr i *Rhamant Bro; Can Mlwyddiant a Hanner Eglwys Bethesda* gan John Llewelyn Jones, ac yn arbennig i 'Beibl 'Stiniog' sef *Hanes Plwyf Ffestiniog* gan G. J. Williams.

Rhagair

Pa dref yng Ngogledd Cymru sy'n enwog am ei mynyddoedd, ei chreigiau a'i thomennydd – a'i glaw! Y dref unigryw honno, Blaenau Ffestiniog, wrth gwrs; un a ddaeth i fod wedi i ŵr o'r enw Methusalem Jones ddarganfod llechfaen yn yr ardal yn ystod yr 1760au. Pan oedd y diwydiant llechi ar ei anterth, y Blaenau oedd yr ail dref fwyaf yng Ngogledd Cymru. Dim ond olion y gweithgareddau a fu a welir yno erbyn hyn, ond mae atyniadau eraill fel Ceudwll Llechwedd, Byd y Zip, Antur Stiniog a Rheilffordd Ffestiniog wedi cymryd eu lle.

Sawl un ohonoch, tybed, all enwi'r ddwy faestref sy'n cydio wrth y ddau ben i'r dref? Os ydach chi wedi darllen hunangofiant yr Athro Gwyn Thomas, neu'n gyfarwydd â'r Dr Meredydd Evans (Merêd i ni), fe wyddoch am fodolaeth un ohonyn nhw. Ia, Tanygrisiau (Sbensh i ni). A beth am y llall? Darllenwch ymlaen, ac fe gewch wybod bob dim sydd i'w wybod am honno.

Wrth deithio'n y car drwy ganol y Blaenau i gyfeiriad Llan Ffestiniog, gan ofalu cadw o fewn terfynau cyflymder, go brin y cewch chi amser i oedi a syllu ar y striped hir sy'n ymddangos fel estyniad o'r dref ei hun. Byddwch drwyddo ac ohono heb hyd yn oed sylwi. Dyma'r Manod. Ond, diolch i Les Darbyshire, cewch gyfle i loetran yno heb orfod symud o'ch cadair. Ac nid dilyn y ffordd fawr yn unig, ond mentro i'r cilfachau bach, agor drysau ac ymweld ag aelwydydd. Nid fel y maen nhw heddiw, ond fel yr oedden nhw yn

10

nhridegau'r ganrif ddiwethaf. Yng nghwmni'r awdur, cewch ddilyn y trigolion i ysgol a chapel, tafarn a chwarel, i'r porfeydd gwelltog ac i dir mwy crintach weithiau. Fe ddowch i adnabod rhai ohonynt ac edmygu gallu ambell un. Ond y darlun o gymdeithas glòs fydd yn aros yn y cof.

Roedd yr awdur yn rhan o'r gymdeithas honno a'i wreiddiau ynghlwm wrth bridd y Manod. Er ei fod, mae'n amlwg, yn meddwl y byd o'r lle, ceisiodd fod mor onest ag oedd modd, gan osgoi gor-ganmol a delfrydu. Bu'n ofalus, hefyd, rhag peri poen i neb. Pobol gyffredin a ddisgrifir (er bod yma sawl un digon anghyffredin); pobol oedd yn perthyn i gyfnod gwahanol iawn i'r un yr ydan ni'n rhan ohono. Er mwyn eu deall, mae gofyn inni sylweddoli pa mor ormesol y gallai dylanwad crefydd fod. Cawn yn yr 'Atgofion' enghreifftiau o'r gormes hwnnw. Ond er i'r awdur anghytuno â'r dulliau o gosbi'r sawl a bechodd, 'rhai a fyddent ar brydiau'n ymylu ar greulondeb', a gwneud safiad pendant, mae ei gariad at ei bobol a'i ddealltwriaeth ohonynt yn ei amlygu ei hun drwy'r cyfan.

Peidiwch â gadael i'r holl enwau a restrir eich dychryn. Mae i bob un ei ran yng ngwead y gymdeithas a'i le yn y byd bach hwnnw oedd yn golygu cymaint i Les Darbyshire. Rhyfeddwch, yn hytrach, at ei ddawn anhygoel i gofio a gwnewch yn fawr o'r cyfle i oedi a syllu.

Eigra Lewis Roberts

11

Byth eto

Mi hoffwn ddringo eto
i fyny'r ddwy inclên
am dro i Lyn y Manod
yn ôl yr arfer hen;
cans yno mae esmwythyd llwyr
i enaid tlawd ym min yr hwyr.

Cael troedio'r llwybr troellog
a heibio i'r Neuadd Ddu
i Lennyrch Moch a'i dyddyn
fel yn yr amser fu;
a gwrando yno stori'r gwynt
sy'n cofio hanes dyddiau gynt.

Neu fynd ar nawn o wanwyn
i lawr i'r Ceunant Sych
am ddŵr i Ffynnon Doctor,
a'i dyfroedd oer yn ddrych;
cans Gwyn ap Nudd ei hun rwy'n siŵr
fu yno dro yn llathru'r dŵr.

Ond gwn na chaf byth eto
dramwyo trwy'r hen blwy',
aeth Llennyrch Moch yn adfail,
a'r ffynnon nid yw mwy,
ac ni chaf weld Lyn Manod chwaith,
i mi yn awr rhy serth yw'r daith.

T. J. Roberts, Llangefni
(Un o hogia Isfryn, Manod)

Rhagarweiniad

CEFAIS FY MHERSWADIO gan fy nai David a'i wraig Carys i ysgrifennu hanes cylch Tyddyn Gwyn yn y Manod fwy na heb yng nghyfnod y tridegau. Fe'm ganwyd yn 1924 yn Rhif 4 Teras Tyddyn Gwyn a phleser yw cael rhoi yr hanes ar bapur. *Atgofion Bore Oes* oedd y teitl gwreiddiol ond ni bery'r teitl yn hir o achos ehangu hanes y cylch a gweld bod *Cynefin yr Alltud* yn fwy addas na'r teitl *Atgofion…*

Mae cryn amser ers y tridegau ac nid yw'r cof mor sicr o'r enwau na'r digwyddiadau erbyn hyn, ond rwyf wedi ceisio rhoi darlun o'r gymdogaeth fel ag yr oedd, gyda'i phobl a'i gweithgarwch, ac os oes gwallau yn yr hanes neu gamgymeriadau, gobeithiaf y byddwch yn maddau i mi.

Ar ôl gorffen hanes Tyddyn Gwyn cefais ragor o gyngor gan David a Carys – 'carry on – a gwnewch yr ardal i gyd', sef cylch y Manod sydd yn cael ei gynnwys yn ward etholedig Congl-y-Wal – o bont Afon Dubach ar y brif ffordd ger Tanymanod i lawr tua milltir a hanner at bont Afon Teigl sydd eto ar yr un brif ffordd ac yn arwain i Lan Ffestiniog.

Roedd hi'n fwy o her gwneud y cylch i gyd gan nad oeddwn mor gyfarwydd â'i phobl fel yr oeddwn â phobl Tyddyn Gwyn, ond yr oedd y prif gymeriadau yn adnabyddus ac yn gwasanaethu'r ardal mewn rhyw ffordd neu gilydd. Roedd Cae Clyd yn hollol wahanol o ganlyniad i berthynas fy nheulu â'r fro, a thrwy hynny, roedd gen i fwy o wybodaeth

Braslun o Manod, Tyddyn Gwyn a'r cylch yn gyffredinol tua'r tridegau

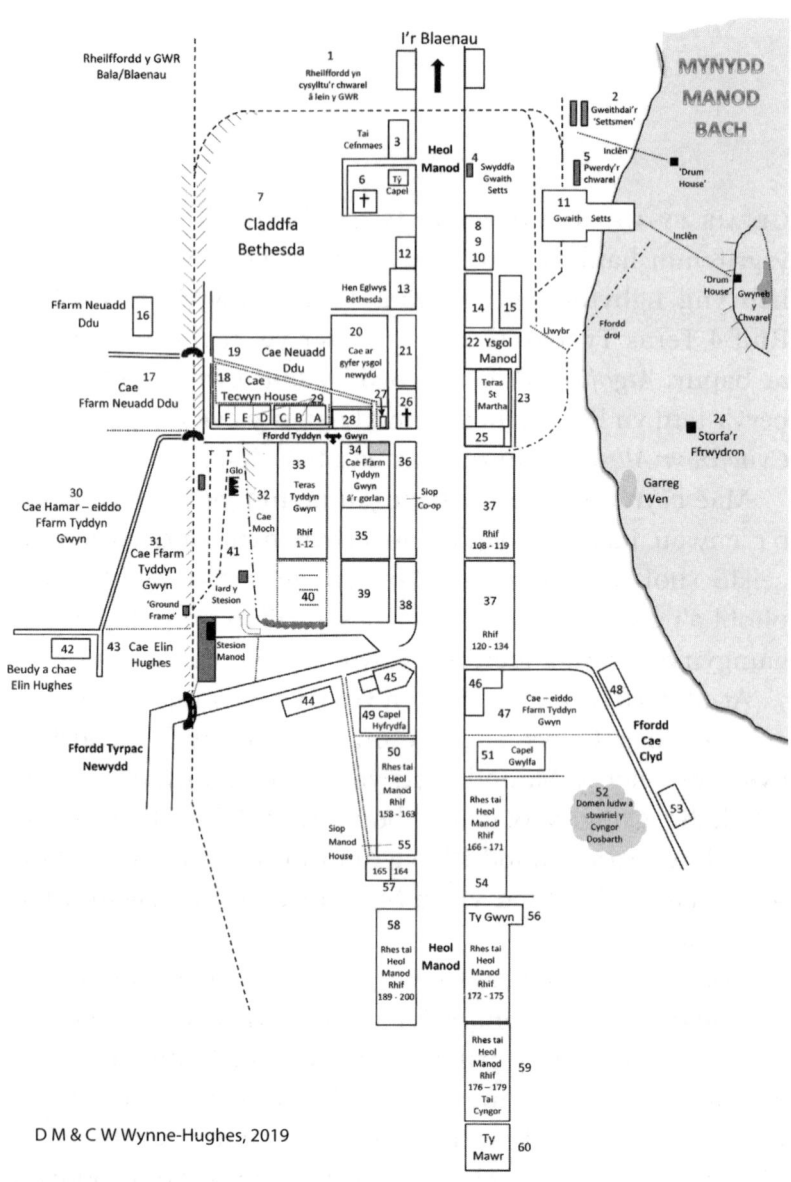

D M & C W Wynne-Hughes, 2019

1 Rheilffordd yn cysylltu y chwarel â lein GWR Bala/Blaenau

2 Gweithdai'r settsmen

3 Tai Cefnmaes

4 Swyddfa Gwaith Setts

5 Pwerdy'r Chwarel

6 Capel Bethesda a thŷ'r Gweinidog

7 Claddfa Bethesda

8 Siop Bôst, Bethania – bwyd a dillad

9 Tŷ Mr a Mrs Idwal Knight Griffiths, perchennog Cambrian Garage

10 Dau dŷ yn perthyn i Eglwys Bethesda

11 Gwaith Setts

12 Gweithdy Richard Lewis – saer cerrig beddau

13 Hen Eglwys Bethesda

14 Teras yn perthyn i gwmni chwarel Pengwern a Gwydir, Rhif 65 i 74

15 Llwyn Hir yn perthyn i chwarel Setts

16 Ffarm Neuadd Ddu

17 Cae Neuadd Ddu

18 Cae Tecwyn House

19 Cae Neuadd Ddu

20 Cae ar gyfer ysgol newydd ond oedd yn cael ei rentu gan Ffarm Tyddyn Gwyn. Arno cynhaliwyd Eisteddfod yr Urdd yn 1936

21 Teras gyferbyn â'r ysgol

22 Ysgol Manod (nawr wedi ei dymchwel) a thŷ'r prifathro

23 Teras St Martha Rhif 97 i 107

24 Storfa'r ffrwydron

25 Siop Sglodion

26 Eglwys St Martha a thŷ'r curad

27 Iard ac adeiladau Ffarm Tyddyn Gwyn

28 Bwthyn, Ffarm Tyddyn Gwyn a'r stablau

29 Dau floc o dri thŷ sef – (A) Tecwyn House, (B) Bodfael (C) Minawel (D) Eisteddfa (E) Maesteg (F) Idris View/Garth

30 Cae Hamar, eiddo Ffarm Tyddyn Gwyn

31 Cae Tyddyn Gwyn

32 Cae Moch

33 Teras Tyddyn Gwyn Rhif 1 i 12

34 Cae Tyddyn Gwyn gyda'r gorlan

35 Cae Mrs Elin Hughes, 143, Heol Manod

36 Teras Heol Manod Rhif 135 i 148

37 Teras Heol Manod Rhif 108 i 119 ac 120 i 134

38 Teras Heol Manod Rhif 149 i 157

39 Teras Glanywern Rhif 1 i 8

40 Gerddi o flaen Teras Glanywern

41 Stesion Manod â'r seidings, y bins glo, cwt y fforddolwyr, man pwyso a'r 'ground frame'

42 Beudy a chae Elin Hughes

43 Cae Elin Hughes

44 Tai Gwynfryn a Gwynedd

45 Gwesty'r Wynne's Arms a'r stablau

46 Glaneiddion Rhif 1 i 3

47 Cae eiddo Tyddyn Gwyn

48 Tan y Bwlch Rhif 1 a 2

49 Capel Hyfrydfa

50 Teras Heol Manod Rhif 158 i 163

51 Capel Gwylfa (nawr wedi ei ddymchwel)

52 Y domen ludw a sbwriel – yng Nghae Clyd

53 Dau dŷ sef Llys Arthur a Gwylfa

54 Teras Congl-y-Wal – roedd y rhan fwyaf o'r tai yn y cylch yma yn eiddo i stad Lord Newborough

55 Rhif 163, Heol Manod – siop Robert Jones, 'Manod House'

56 Tŷ Gwyn – adeilad a llawer o hanes iddo

57 Dau dŷ Rhif 164 a 165 Heol Manod – roedd teulu Johnson yn 164 ac roedd hen wraig yn 165 yn gwneud diod dail

58 Teras Heol Manod 189-200

59 Y Tai Cyngor

60 Tŷ Mawr

15

am hanes y cylch a'r cymeriadau gwreiddiol, eu syniadau a'u dull o fyw, a phob un yn onest yn eu daliadau.

Mae hanes yr hen Gongl-y-Wal yn ddiddorol, dyma oedd man pwysicaf diwydiant llechi yn 'Stiniog, ac mae Tŷ Gwyn, yn ei wahanol wisgoedd dros y blynyddoedd, yn amlygu ei hun fel adeilad pwysicaf y fro.

Roedd dylanwad y Capeli a'r Eglwys wladol yn gryf, a chan gofio mai yng nghylch y Manod ddechreuodd enwadau'r Methodistaidd a'r Annibynwyr, cawsant ddylanwad gref ar eu pobl, ac yr oedd eu disgyblaeth yn llym yr olwg i ni heddiw. Mae'n rhaid cofio mai pobl ddŵad oedd y rhan fwyaf o bobl; wedi gorfod symud o'u cynefin i gael gwaith yn y chwareli, a thrwy hynny rhaid oedd magu cymdeithas newydd, a'r capeli oedd yn gwneud hynny.

Diolchaf i'r cyfeillion a fu yn fy nghynorthwyo gyda'r gwaith, gan obeithio y byddwch chi, y darllenwyr, yn cael blas ar awyrgylch y cyfnod a deall sut oedd cymuned yn medru bod fel teulu mawr yn barod i gynorthwyo ei gilydd fel oedd yr angen.

Carwn ddiolch yn arbennig i David a Carys am eu gwaith yn arolygu, cywiro a darparu'r lluniau.

Les Darbyshire

Atgofion bore oes:
Tyddyn Gwyn, Manod

LLECYN YN Y Manod yw Tyddyn Gwyn sy'n rhan bwysig a diddorol o'r cylch. Cefais fy magu yno dros naw deg mlynedd yn ôl ac mae atgofion y cylch yn dal yn fyw ar fy nghof.

Mae lleoliad Tyddyn Gwyn rhwng Heol Manod a hen reilffordd y 'Great Western', a chyn hynny yr hen 'lein fach' o'r Blaenau i Lan Ffestiniog. Nid yw'n diriogaeth fawr, yn cynnwys Eglwys St. Martha (er, fel Eglwys Tyddyn Gwyn yr adnabyddir yn lleol), y ffarm a stesion Manod – er yn y cyfnod pan oedd yn orsaf i'r lein fach, fe'i galwyd am amser byr yn Stesion Tyddyn Gwyn.

Yn y tridegau roedd yna tua dau ddeg wyth o dai ynghyd â ffarm yn Nhyddyn Gwyn. Mae'r fro ar siâp llythyren 'T'. Ar y pen ac i'r dde mae'r Eglwys, ac yn y canol mae'r ffarm a'r tai. Roedd ffordd fach gul rhwng yr eglwys a libart y ffarm, lle tyfai coeden sycamorwydden enfawr oedd bron â chymryd hanner lled y ffordd. Hon oedd ffordd gefn i dai Heol Manod; yn cychwyn o gyffordd hen fynwent Bethesda gan ymuno â'r ffordd yn arwain at y stesion o gyfeiriad y Wynnes Arms. Yn libart y ffarm safai adeilad o gerrig – un rhan yn feudy â lle i ryw wyth o wartheg a'r hanner arall yn dŷ gwair. Roedd stabal yno hefyd a lle i gadw dau geffyl. Ynghlwm â'r stabal roedd yr 'implement shed' a oedd wedi ei adeiladu o *corrugated sheets*, gyda'r cwbl wedi eu cau gyda wal, ffens a giât haearn yn fynedfa. Roedd ffordd fach rhwng y libart a'r tŷ ffarm yn arwain at lwybr troed i ffermydd Neuadd Ddu a Chwm Bowydd.

Yr oedd ffarm Tyddyn Gwyn yn fwy o ffarm ddefaid na gwartheg, a chanddi lawer o ffriddoedd i gadw'r anifeiliaid. Ar ochr dde i'r ffordd oedd yn arwain o'r Eglwys, roedd adeiladau perthnasol i'r ffarm a'r tŷ ffarm ei hun – a oedd wedi ei greu mewn ddull 'tŷ hir' – yn cynnwys bwthyn, y tŷ ffarm a stabal. Nis gwn oedran yr adeilad na maint y ffarm, ond eiddo i'r Cyngor Sir oedd y cae tu ôl i'r tŷ, gyda'r bwriad i adeiladu ysgol newydd i'r Manod arno. Ni welwyd yr ysgol am y rhan orau o drigain mlynedd arall – ond mae yn ei le bellach a'r hen ysgol wedi ei dymchwel. Defnyddiwyd y cae yma i gynnal Eisteddfod yr Urdd yn 1936.

Ymlaen o'r ffarm roedd llwybr arall yn arwain i gefn y ddau floc o dri thŷ ac yn cysylltu â'r ffordd Neuadd Ddu / Cwm Bowydd. Ymhellach ymlaen roedd y tri thŷ arall. Terfynai'r ffordd yn y fan yma ger y bont lein, fyddai'n ddiweddarach yn ffordd drol i gyfeiriad Tŷ Coch. Gellid mynd o'r bont i'r dde, gan ddilyn y lein, i gyfeiriad Neuadd Ddu a Chwm Bowydd. Gellir cael mynediad i Fynwent Bethesda o'r ffordd yma hefyd.

Islaw'r ffarm roedd Teras Tyddyn Gwyn yn cynnwys deuddeg o dai a dau gae o'u blaen. Defnyddiwyd y cae uchaf gan y ffarm i ddal defaid mewn corlannau pan oeddent yn cael eu cneifio neu eu trochi, ac yn yr haf byddai gwartheg yn pori yn y cae. Mrs Hughes, 143, Heol Manod oedd berchen y cae isaf a chadwai ieir yno. Tu draw i'r cae roedd yna ffordd fach a rhes o dai, sef Teras Glanywern. Ac yr un ochr â Theras Tyddyn Gwyn, roedd tri pharsel o dir – y cyntaf wedi ei rannu, hanner yn ardd a'r gweddill yn cael ei ddefnyddio i gadw ieir. Gardd eto oedd yr un canol gyda thŷ gwydr mawr ynddo, a'r trydydd parsel o dir yn fwy o ddiffeithwch na dim byd arall lle'r oedd garej Richard Lewis. Ac wrth ei ochr roedd cwt ei fab-yng-nghyfraith – lle byddai'n trin cerrig beddau. Tu cefn i'r caeau yma roedd sidings y rheilffordd a oedd yn brysur gyda'r wagenni glo a'r injan yn eu siyntio yn ôl a blaen fel oedd yr angen.

Ychydig islaw roedd y stesion, lle prysur oedd yn cadw portar er mai 'Station Master' fyddai o i ni. Yn yr iard roedd peiriant pwyso glo a bocs signals (ground frame) yn gyfrifoldeb i'r portar a byddai'n gofalu am y tân yn yr ystafell aros ynghyd â gofalu am y tocynnau. Gyrrwr y trên oedd yn gofalu bod digon o lo i gynnal tân trwy'r dydd yn yr ystafell aros a'r swyddfa. Byddai'r trên cyntaf yn dod o Drawsfynydd, gan gludo gweithwyr i'r chwareli.

Byddem ni'r plant wrth ein boddau yn cael mynd i'r stesion at y portars. Roeddent yn ifanc ac yn fodlon i ni fod yno – roedden ni'n gwneud i'r amser i fynd yn gynt iddynt hwythau hefyd. Yn aml, doedd dim llawer iddynt wneud rhwng amser cyrraedd y trên ac roeddent yn falch o gael cwmni. Cofiaf un portar o'r Bala oedd yn berchennog ar feic, yn gallu gwneud camp a oedd bron yn amhosib i'w efelychu – gallai reidio'r beic ar un o gledrau haearn y lein am tua ugain llath. O feddwl mai dim ond rhyw ddwy fodfedd oedd lled y gledr, yr oedd yn dipyn o gamp.

Yng ngwaelod Ffordd Tyddyn Gwyn ac ar ddiwedd Teras Glanywern, byddai'r ffordd yn fforchio; un rhan yn troi i'r stesion a'r llall yn mynd yn ei blaen i ymuno â Heol Manod ger Gwesty'r Wynnes Arms. Ond be am y trigolion oedd yn byw yno? Fel ym mhob ardal, mae gwahaniaethau yn ei phobol, a doedd Tyddyn Gwyn yn ddim gwahanol. Felly fe awn rŵan ar hyd y cylch i adnabod y bobol, gan ddechrau wrth yr Eglwys.

Rwyf eisoes wedi cyfeirio at yr Eglwys Anglicanaidd; yn

rhyfedd, nid oedd yn gysylltiedig â'r Eglwys yn y Blaenau ond yn hytrach gyda Llan a Maentwrog a'r ficer yno oedd yn gyfrifol amdani gyda churad yn y Manod. Fe adnabyddir Eglwys St Martha fel 'Wayside Church', ac nid oedd yn bosib priodi ynddi, ac felly fu hi tan ar ôl y rhyfel pan gofrestrwyd hi i gynnal priodasau. Byddai'r gloch yn cael ei chanu chwe gwaith ar y Sul, ddwywaith cyn pob oedfa. Cenid y gloch gyntaf am ugain munud i'r awr a'r ail bump munud i'r awr cyn amser dechrau. Dyma alwad i'r holl aelodau ddod i'r eglwys, ond byddai enwadau eraill yn manteisio ar y gloch hefyd gan wybod ei bod yn amser i fynd i'w capeli hwythau – Bethesda, Hyfrydfa neu Gwylfa – ac felly nid oedd esgus gan unrhyw un i fod yn hwyr.

Perchnogion Ffarm Tyddyn Gwyn oedd John Thomas a'i wraig Jane. Roedd Jane rhyw ddeng mlynedd yn hŷn na'i gŵr. Roedd eu mab Bob yn byw yn y bwthyn a'u merch Nel wedi priodi ac yn byw yn Nheras Glanywern. Efelychiad o John Bull oedd John Thomas pan yn gwisgo yn ei ddillad gorau â'i *gaiters*. Yr oedd yn fyr ei daldra ond yn llond ei groen. Am gyfnod, bu ef a Bob yn gweithio yn un o'r chwareli, ond yn ddiweddarach cafodd John chwarel ei hun ar odre'r Manod Mawr a adnabuwyd yn lleol fel chwarel John Tom. Am fy mod yn byw dafliad carreg o'r ffarm, roedd hi'n arferol i mi dreulio fy amser hamdden i gyd yno. Roeddwn yn ffarmwr bach da di-dâl, yn porthi a dyfrio i'r gwartheg a charthu'r beudy.

Roedd gan John Thomas lais swynol, ac fel unawdydd bu'n cystadlu mewn sawl eisteddfod o dan yr enw Llew Twrog. Os byddwn i wedi gwneud rhywbeth o'i le a John yn gorfod fy ngheryddu, mi fyddai bob amser yn gweld bai ar fy nhaid, yr 'Hen Ogwan', fel y'i gelwid, a oedd flynyddoedd ynghynt yn un o'i brif wrthwynebwyr ar lwyfannau'r fro. 'Cythraul canu' yn wir! Dyletswydd arall oedd gen i oedd mynd i'r ffridd i nôl y ceffyl a dod â fo i'r ffarm. Y cwbl oedd angen ei wneud, meddent, oedd rhoi tap bach gyda ffon ar ei goesau a buasai'n dod i'r ffarm. Syml iawn meddech, ond roedd rhywbeth o'i le ar y diwrnod dan sylw. Rhoddais dri thap rhyw dair gwaith i'r hen geffyl ond ni symudodd gam. Rhoddais dap caletach, a daeth y ddwy goes ôl i fyny, ac fe erlidiodd y ceffyl fi bob cam adref. Do, fe dorrwyd y 'four minute mile' y diwrnod hwnnw. Toedd Roger Bannister ddim ynddi.

Cofiaf y ceffyl hwn yn cael ei brynu. Daeth dau Wyddel i'r ffarm gyda rhyw dri cheffyl gyda'r nod o wneud sêl. Moi Tanybwlch (Morris Jones) oedd yn eu beirniadu i bwrpas y ffarm ac yr oedd ei farn yn derfynol. Byddai'n rhaid gweld y ceffylau yn rhedeg rhyw bump can llath ar hyd y ffordd i weld bod eu megin gwynt yn glir a hefyd gwirio bod eu carnau yn lân.

Ceffyl, yn y cyfnod, oedd 'main spring' y ffarm ac yr oedd yn bwysig iddo fod yn fywiog ac yn weithgar er mwyn gwasanaethu am flynyddoedd. Ond nid dyna fu hanes y ceffyl yma, fu farw mewn amgylchiadau brawychus a rhyfeddol. Bu'n pori yn y cae ar ochr ffordd Tyrpec Newydd, ger hen waith carthffosiaeth y Manod (gwaith jam) a ddim nepell o feudy Tŷ Coch. Rhedai afon fach/ffos drwy'r cae ac felly yr oedd yn borfa maethlon i'r anifeiliaid. Un diwrnod, gofynnwyd i mi fynd i'r cae i nôl y ceffyl, ond doedd dim golwg ohono. Wedi mynd ymhellach, dyma ddarganfod ei gorff wrth y ffos a'i ben yn y dŵr.

Bu rhyw fath o bost mortem i ddarganfod beth oedd wedi digwydd a gwelwyd bod y banc, lle dyfrai'r ceffyl, wedi llithro oherwydd ei bwysau ar y ffos. Syrthiodd yntau a thorri ei goes yn y llithrad tir – ni allai ddod allan o'r ffos a rhyddhau ei hun o'r dŵr. Yn wir, ni wyddai neb am ba mor hir roedd wedi bod yn y cyflwr yma, yn codi ei ben rhag y dŵr. Yn y diwedd bu'n rhaid iddo ostwng ei ben i'r dŵr, gyda'r weithred hwnnw yn un farwol.

Torrwyd bedd iddo yn y cae ac fe'i llusgwyd iddo gyda rhaffau. Colled fawr oedd colli ceffyl; doedd dim sôn am yswiriant yn y cyfnod hwnnw ac yn wir, byddai trigolion y cylch yn aml yn rhoi cymorth ariannol at brynu ceffyl newydd mewn achosion cyffelyb.

Nid oeddwn yn adnabod Mrs Thomas yn dda; dynes gas oedd hi wrthym ni'r plant. Gwisgai ddillad tywyll bob amser gyda siôl wen dros ei hysgwyddau a byddai'n cynnal ei hun gyda ffon. Wrth ateb y drws i rywun, defnyddiai'r ffon yn fygythiol, ac roedd hoel y ffon yng ngharreg y drws. Gwraig grintachlyd oedd Mrs Thomas – mae'n siŵr bod byw gyda John Thomas wedi cyfrannu at hyn, ac yntau'n rhy hoff o'r ddiod feddwol. Er hynny, ni chlywais erioed mo John yn dweud gair amdani, boed dda neu ddrwg. Ac eithrio yn ei ddiod, pan ddywedai; 'mae'n wraig dda ond tydi hi mo'r ddela.'

Yn ystod yr haf mi fyddai'r gwartheg yn pori rhyw filltir i ffwrdd yn ffridd Tŷ Coch ac yn cael eu godro ar y borfa. Un noson, aeth Dick (drws nesaf) a finnau gyda John Thomas i odro. Ni ein dau yn cario'r stôl odro ac yntau'n cario'r bwcedi. Doedd ddim ffasiwn beth â safonau glendid yr adeg hynny, dim ond eistedd i lawr ac anelu'r llaeth i'r fwced, heb olchi pyrsiau na'u sychu. Wrth odro, roedd rhaid i Dick a finnau fod yn berffaith dawel. Wedi i'r fuwch orffen godro, roedd dau llond bwced o laeth yn barod i'w gludo yn ôl i'r ffarm. Gan fod y llaeth yn rhy drwm i ni, John Thomas oedd yn gwneud yr orchwyl hwnnw, a ninnau'n cario'r stôl. John ar y blaen gyda'r llaeth (yn fyr ei wynt) a Dick a finnau tu cefn. Ar gyrraedd y clawdd terfyn a dod at y gamfa yn y wal, gwelodd John fy mod yn dringo dros y wal. Anghofiodd John ei fod ar ben y gamfa a chymerodd gam gwag a syrthiodd ar ei hyd mewn môr o laeth a'i goesau bach yn yr awyr. Penderfynwyd yn syth mai'r peth doeth a chall fyddai i ni ddenig cyn gynted â phosib cyn i John ein dal. Tybed sut dderbyniad gafodd John ar ôl cyrraedd y tŷ? Sut yr esboniodd i Mrs Thomas beth ddigwyddodd i'r llefrith? Yn rhyfedd iawn, ddaru John ddim sôn am y digwyddiad efo ni wedyn.

Mae ffermwyr heddiw yn cwyno eu byd, ond tydi hynny yn ddim byd newydd. Cofiaf ddiwrnod sêl (gorfodaeth i dalu dyledion) lle fyddai'r holl daclau, troliau a mân bethau perthnasol y ffarm yn mynd o dan forthwyl. Y cwbl wedi eu gosod ar lawr yn y cae tu cefn i'r ffarm a'r arwerthwr yn gwneud ei orau i gael pris teg. Golygfa erchyll o drist. Mae yna hen ddywediad yn dweud – 'y gelyn mwyaf i ffarmwr yw ffarmwr arall' ac ar ôl clywed y cynigion yn y sêl, a'r rhan fwyaf yn dipyn go lew o dan eu gwerth, mi fedraf ddeall y dywediad.

Ateb John pan âi pethau'n ddrwg, oedd mynd i'r Ysbyty Meddwl yn Ninbych. Byddai Richard Lewis, y saer cerrig beddau, yn mynd â fo yno yn ei gar. Mi welais ef mwy nag unwaith yn mynd i'r modur ac mi gredaf yn llwyr i mi weld rhyw wên fach ar ei wyneb. Os wyf yn gywir, nid yw'n bosib erlid neb am ddyledion tra byddant mewn ysbyty meddwl. Un o'i ffyrdd i dynnu sylw ato ei hun oedd iddo dorri bedd iddo'i hun ar dir Llennyrch y Moch. Yr oedd yn ddigon call i wybod pe bai wedi creu bedd ar ei dir ei hun na fuasai neb yn cymryd llawer o sylw, ond ar dir rhywun arall, wel roedd yn siŵr o gael sylw.

Mi adroddaf ddau hanes am yr hen John. Gwnaeth gytundeb gyda Dick a finnau am swm neilltuol o geiniogau i hel y cerrig o'r cae tu ôl i'r tŷ – lle mae'r ysgol yn awr. Fe orffennwyd y cytundeb yn foddhaol, ond ni dalodd John. Cafodd gerydd gan nain Dick nad anghofiodd am beth amser, ond y tebyg oedd nad oedd gan John arian i'n talu. Dro arall, adeg codi tatws yn y cae ger Wynnes Arms, aeth John, Dick a finnau yno i godi digon o datws i'r tŷ am wythnos. Ar ôl dweud wrthym beth i wneud, aeth John i ffwrdd; fe gofiodd fod ganddo fusnes pwysig arall i'w wneud ac fe'n gadawodd. Roeddem yn gwybod mai i'r Wynnes Arms roedd John wedi mynd. Am ryw reswm, nid oeddem yn hapus â'r sefyllfa, ac o feddwl bod John yn cael hwyl a ninnau yn llafurio yn ei le, penderfynom gymryd y goes a mynd oddi yno heb godi'r tatws. Daeth John yn ôl i'r cae, ond doedd dim tatws iddo, ac erbyn hynny, nid oedd mewn cyflwr i'w codi ei hun. Ni wn beth ddigwyddodd pan aeth John adref a Mrs Thomas yn gweld nad oedd yna datws ar ei chyfer.

Bu farw Jane Thomas yn 1932 yn 73 mlwydd oed, a John yn 1934 yn 65 mlwydd oed. Fe'i claddwyd ym mynwent Llan Ffestiniog. Erys cof annwyl am yr hen John er ei holl wendidau.

Nid wyf wedi sôn am y mab, Bob, a adnabuwyd yn lleol fel 'Bob Tyddyn Gwyn'. Am gyfnod byr, bu'n gweithio yn un o'r chwareli, ond dyn y mynydd a bugail y defaid oedd Bob. Byddai allan ar y mynydd ar doriad y wawr, yn bugeilio ei braidd. Byddem ni, drigolion y Manod, yn cael ein deffro gan lais Bob yn gweiddi 'Beth sydd arnat ti?' ar ei gi. Roedd Bob yn colli ei amynedd gyda'r ci ond yr oedd yr hen Fly yn adnabod ei waith, bron yn well na'i feistr. Dyn teimladwy oedd Bob, yn wybodus yn y pethau gorau. Byddai'n dysgu penillion ar ei gof a'u hadrodd gydag angerdd, a byddai'n mynd yn wythnosol i siop barbwr Twm Isaac i gael 'shave'.

Ar ôl marwolaeth ei dad a'i fam, cafodd forwyn i'r ffarm – Annie, merch o Lanrhaeadr ym Mochnant; person dymunol iawn, ac yn wir priododd y ddau. Roeddem ni'r plant yn hoff iawn ohoni ac yn ei galw yn ôl ei henw cyntaf. Rwyf yn cofio i mam ddweud wrthyf, ar ôl y briodas, y byddai'n rhaid cyfarch Annie fel Mrs Thomas o hynny ymlaen. Ond er siars fy mam, Bob ac Annie fuont i mi ar hyd y cyfnod a diolchaf am eu cyfeillgarwch. Ganwyd iddynt ddau o blant sef John Llewelyn a Medwen.

Yn rhyfeddol, yr oedd llawer o gydweithio rhwng y ffarm a'r trigolion – a hyn i weld yn amlwg yng nghyfnod cynhaeaf y gwair. Yn aml iawn ni fyddai'r tywydd yn ffafriol i hel y gwair, a byddai egwyl o ddiwrnod neu ddau o dywydd sych yn gwneud gwahaniaeth. Byddai rhai o'r trigolion yn aberthu dyletswyddau unigol a mynd i ofalu bod bwyd gaeaf yr anifeiliaid yn cael eu casglu. Roedd hi'n bleser bod yn y cae ar ddiwrnod poeth i hel gwair, a byddai caniad o lasdwr (llaeth enwyn, dŵr a cheirch ynddo) i dorri syched – a hwnnw wedi'i storio yn y pridd i'w gadw'n oer.

Rwyf wedi anghofio'r gwahanol enwau am y gwaith gwair, ond rwyf yn cofio'r mydylu a chribinio ar ôl iddynt gael eu gwneud yn dwmpathau yn barod i'w rhoi yn y drol neu gar llusg. Doedd dim sôn am dâl, ond ar ddiwedd y dydd roedd croeso i bawb fynd i'r tŷ i gael swper traddodiadol o datws, moron a chig dafad wedi ei baratoi gan Annie. Yn y cyfnod yna, doedd ddim sôn am 'lamb'. 'Mutton' oedd y cig – dafad o ryw oedran neilltuol yn cael ei hystyried yn arbennig o frau a blasus. Byddai hefyd yn arferiad yn Nhyddyn Gwyn i'r trigolion gael lle i blannu un rhes o datws yn y cae, ar yr amod y byddent yn rhoi cymorth pan oedd angen hynny. Byddai Bob yn gwneud y gwaith i gyd, gwneud y rhych a theilio ac wedyn yn cau'r rhych ar ôl i'r trigolion osod y tatws ynddo.

Syfrdanwyd yr ardal ar ddechrau'r flwyddyn 1933 pan gafwyd gwybodaeth fod Bob wedi cael ei gyhuddo o ddwyn defaid oddi ar gymydog. Sioc i bawb oedd clywed y cyhuddiad; yr oedd fel pe bai cwmwl du uwchben y cylch. Cynhaliwyd yr achos yn y 'Merioneth Quarter Sessions'

[Trinity Quarter Sessions] yn y Bala ym mis Ebrill 1933. Mawr oedd y gobaith mai dyfarniad y Llys fyddai 'dieuog', ond nid felly y bu; dyfarnwyd Bob yn 'euog' a chafodd ddeuddeg mis o garchar. Roedd hyn eto yn siom i drigolion Tyddyn Gwyn am ein bod yn credu nad oedd y gwirionedd i gyd wedi ei gyfleu i'r Llys. Gwnaed apêl, gan nodi bod dau o'r rheithwyr wedi datgan, ar ôl y ddedfryd, nad oeddent wedi deall gweithgareddau'r Llys gan ei fod wedi cael ei gynnal yn Saesneg ac nid oeddent yn hyddysg yn yr iaith. Felly doedd y diffynnydd ddim wedi cael chwarae teg oherwydd iddynt fethu â dilyn y dystiolaeth. Gwrthodwyd yr apêl ond gostyngwyd y gosb i chwe mis o garchar.

Mae'r diweddar Hugh J. Owen, cyn-glerc Cyngor Meirion, yn ei lyfr *Merioneth to Botany Bay*, Pennod XII – 'The Jury's Verdict' – yn dyfynnu barn â geiriau'r Arglwydd Ustus Bankes (Lord Justice Bankes) pan ddywedodd mewn achos arall yn 1922 – 'When a verdict is delivered in the sight and hearing of all the jury without protest their assent to it is conclusively inferred.' [Ellis v Deheer [1922] 2 KB 113]

Pan ddaeth Bob yn ôl adref, fe ailgydiodd yn ei waith a chafodd gymorth gan y gymdogaeth gan fod ganddynt barch tuag ato er gwaethaf ei drosedd.

Yn dilyn y ffordd o'r ffarm roedd dwy res o dri thŷ, y tai yma o ansawdd ychydig gwell na'r tai teras, a'r trigolion rhyw un cam yn uwch yn y drefn gymdeithasol.

Yn y tŷ cyntaf, sef Tecwyn House, trigai Mr a Mrs John Jones a'u merch Rosie Davies. Nid hawdd egluro cyfraniad y teulu yma i'r gymdeithas, yn enwedig i ffermwyr y cylch. Gweithio yn y chwarel oedd John Jones, ac fe'i adnabuwyd fel 'John Jones, Ty'n Bonc'. Mrs Jones oedd y frenhines; hi oedd yn penderfynu popeth. Ei phrif swydd oedd benthyca arian i'r ffermwyr. Roedd ein tŷ ni yn gwynebu ei thŷ a byddem yn gweld gwahanol ffermwyr yn galw yno – a hynny'n amal, rhai cyn belled â Maentwrog. Trwy hyn oll, roedd ganddi awdurdod dros lawer o ffermydd. Byddai hefyd yn asiant i gael morwynion a gweision i'r ffermwyr ac yn wir clywais iddi drefnu priodasau, hynny ydi fel 'marriage bureau'. Roedd hyn o fantais i'r ffarmwr nad oedd yn cael y cyfle i adnabod yr un ferch. Roedd hyn i gyd, wrth gwrs, am dâl.

Cofiaf am un stori am gwpwl ifanc yn mynd at Mrs Jones i fenthyg arian i brynu tŷ yn Heol Manod, ac fe gytunwyd ar y swm a'r llogau i'w talu. Mewn ychydig fisoedd, bu'n rhaid i'r cwpwl ifanc symud yn ôl i Sir Fôn a gwerthwyd y tŷ. Pan glywodd Mrs Jones am yr elw yr oeddent wedi ei wneud ar y tŷ, mynnodd fod hynny'n annheg; ei harian hi oedd wedi talu am y tŷ yn wreiddiol, a hi ddylai fod wedi cael yr elw. Am ryw reswm nid oedd ei gweinidog, y Parchedig Trefor Evans, yn cael dod yn agos iddi, a byddai yn ei osgoi bob amser. Bu i Mrs Jones fyw i oedran teg, er dywedodd rhyw hen wraig y rheswm dros hynny oedd 'ofn gan y Diafol o golli ei le', ond mae benthycwyr arian gennym ni er erioed ac nid ydynt yn newid.

Drws nesaf, yn Bodfaen, trigai Alfred, ei wraig Kate Winnie a'u merch. Magwyd Alfred gan Mrs William Owen o Deras Glanywern. Trydanwr oedd Alfred ac yn un oedd yn hoff o wisgo trowsus 'Plus Fours' oedd yn ffasiynol ar y pryd. Cofiai ei fod angen prynu car a daeth llawer o werthwyr ceir newydd i'w weld gyda cheir o bob lliw a maint. Diddorol oedd gweld y 'test drive' ar hyd y ffordd, ond ar ôl yr holl gynigion, prynodd rhyw hen 'banger' a oedd wedi gweld dyddiau gwell. Aethant i fyw i Ddolgellau a daeth William Lloyd a'i deulu i fyw yn y tŷ o ffarm Hende Ddu ar ôl gorffen ffarmio yno. Roedd y teulu yma yn cynnwys chwech o blant, sef Megan, Edwin, Dafydd, Wyn, Winnie ac Eirwen. Bu farw Eirwen yn ifanc, tua un ar ddeg oed, a bu Dafydd yn garcharor rhyfel yn yr Almaen am gyfnod go hir a dioddefodd lawer. Priododd Edwin â merch o Loegr ac fe wnaeth ei gartref yno.

Y drws nesaf, ym Min Awel, roedd Mrs Jane Ann Davies a'i merch Jennie Davies yn byw. Yng ngardd ffrynt y tŷ tyfai coeden fawr bîn. Athrawes yn Ysgol Manod oedd Miss Davies, ac yn hen ferch draddodiadol yng ngwir ystyr y gair, yn gwybod hanes pawb yn y fro ac yn ymfalchïo yn y wybodaeth. Mae'n debyg mai'r plant yn ddiniwed i gyd oedd yn rhoi'r straeon a'r cyfrinachau iddi. Nid oedd yn mynychu unrhyw gymdeithas na chapel. Dywedodd un cyn-ddisgybl i Jennie Davies ei bod yn athrawes yn nosbarth 'Standard 1', a byddai'r gwersi i gyd yn cael eu cynnal yn Saesneg. Disgrifiodd yr athrawes fel un tal a thenau, a'i gwallt wedi ei gyrlio fel 'sausages' wrth ei chlustiau. (Diolch i Nesta Evans am y pwt hanes yna).

Roedd yna dri thŷ arall. Y cyntaf, 'Eisteddfa', cartref i Mr a Mrs Roberts a dau o fechgyn. Creigwyr yn y chwarel oedd Mr Roberts a'r bechgyn. Byddai Mr Roberts yn cael ei gyfrif yn ddyn cefnog, darbodus ac yn uchel ei barch.

Mr a Mrs Jones, eu merch Eleanor, a dau o feibion – Trebor ac Owen oedd yn byw yn nhŷ canol, Maesteg. Un o'r de oedd Mr Jones ac yn dioddef o glwy y llwch glo a'r llechan. Yn ystod y rhyfel, bu Trebor yn wrthwynebwr cydwybodol a bu gerbron tribiwnlys lle cafodd ei gymeradwyo i weithio ar y tir. Bu am gyfnod mewn ffarm yng nghylch Trawsfynydd, ond wedyn ymunodd â'r frigâd dân yn un o drefi mawr Lloegr. Cofiaf amdano fel unawdydd bariton o fri.

Yn tŷ pen, Idris View, trigai Mr a Mrs Evans oedd a chysylltiad â Thrawsfynydd. Gweithiai Mr Evans yn y chwarel, ond roedd ei wraig yn fwy adnabyddus. Pan fyddai pobl yn sôn amdani, byddent yn gostwng eu llais a dweud 'Ydach chi yn gwybod mai hi oedd cariad Hedd Wyn?' Hi oedd cariad ysgol Hedd Wyn ac yr oedd ganddi lawer o lythyrau oddi wrtho pan yr oedd yn y rhyfel yn Ffrainc a'r tebygrwydd oedd y buasant wedi priodi pan ddychwelodd o'r rhyfel, ond nid felly y bu. Roedd ganddi gysylltiad â'r teulu Morrisiaid hefyd sef Dr. Morris a'i frawd y Parch William Morris. Symudodd y teulu i fyw i Rif 6, Teras Tyddyn Gwyn.

Dafydd John Russell, ei wraig a'u mab Fred ddaeth i fyw i Idris View ar ôl yr Evansiaid. Creigiwr oedd Dafydd ac yn cael ei ystyried yn ddyn lwcus. Yn y chwarel byddai Dafydd yn cael agor* i weithio ac yn aml un a oedd wedi methu gan eraill i dalu, byddai Dafydd rhywsut yn gweld y diffygion a'u cyweirio a gwneud yr agor dalu. Bu hefyd yn werthwr glo yn y cylch, ac roedd ganddo le i gadw'r glo yn seiding y stesion. Bob nos Wener, byddai'n galw mewn gwahanol dai i hel arian am y cyflenwad glo. Ymfudodd ei fab Fred i Awstralia, ac mewn cryn amser wedyn daeth Emrys Evans i fyw i'r tŷ a newidiodd ei enw i 'Garth'.

Ychydig i lawr y ffordd, ar y dde, roedd Teras Tyddyn Gwyn. Yn y tŷ cyntaf, trigai Mr a Mrs John Parry a'u merch. Postman oedd John. Cerddai fel petai ei goesau ar 'springs' ac fel 'John Springs' yr adnabuwyd ef. Daeth Mr a Mrs Owens a'u mab Gwyn i fyw yno wedyn.

Yn Rhif 2 trigai Mr John Jones, ei wraig, mab a dwy ferch. Saer maen gyda'r Cyngor Sir oedd John a gweithiai ei fab yn y chwarel. Credaf mai wedi ei mabwysiadu oedd yr eneth hynaf; hi oedd yn gorfod gwneud y rhan fwyaf o'r gwaith yn y tŷ, a'i chwaer fach yn cael seibiant am ei bod hi yn disgleirio mewn canu a chwarae'r piano. Yn wir roedd

---

* Siambr tanddaearol mewn chwarel oedd 'agor' lle buasai 4-5 o weithwyr, ar ôl taro 'bargen' gyda'r Stiward, yn gweithio. Byddai 2 neu 3 (creigiwr x 2) a labrwr yn hollti y lechen o'r graig, a'r labrwr yn symud y garreg a'r rwbel i'r wyneb. Yno buasai dau arall o'r tîm yn torri a hollti y blociau llechi i'r maint priodol ac wedyn byddent yn cael eu hollti i wneud llechi to.

y parlwr yn llawn o gwpanau arian a 'rosettes' a oedd wedi eu hennill mewn gwahanol eisteddfodau. Roedd si fod ei mam yn ei rhoi mewn dosbarth llai na'i hoed i gystadlu oherwydd ei bod yn fach o gorff a bu hynny yn gymorth i ennill y cwpanau. Roedd y mab yn chwaraewr *accordion* da a byddem yn ei glywed yn chwarae wrth eistedd yn gyfforddus ar waelod grisiau'r tŷ. Er bod John yn hoff o'i getyn, ni châi 'smygu yn y tŷ gan y wraig a byddem yn ei weld yn pwyso ar wal terfyn y tŷ yn mwynhau ei smôc min nos.

Yn Rhif 3 roedd Mrs Hannah Roberts (Nain Emrys Evans), ei merch Lis a'i gŵr, Richard Jones, a'u mab hwythau Dick yn byw. Cyfaill agos i mi oedd Dick. Settsman oedd Richard Jones oedd wedi gorfod rhoi'r gorau i weithio o achos y llwch ar y frest. Roedd y teulu yma yn rhan o'r ychydig rai a oedd yn berchnogion ar 'wireless'. Yn y tridegau daeth y 'wireless' yn rhan o fywyd, ac yn ddiweddarach daeth yr enw radio i fodolaeth. Cofiaf unwaith yr ornest bocsio rhwng Jack Petersen (y Cymro) a'r Almaenwr Walter Neusel yn cael ei ddisgrifio ar yr 'wireless' – a hynny trwy garedigrwydd Richard Jones. Byddai ef, noson yr ornest, yn gadael drws ffrynt y tŷ ar agor a byddai cryn ddwsin ohonom yn gwrando o gwmpas y drws. Cafodd Dick waith fel 'errand boy' yn siop Star Supply Stores yn y Blaenau a dringodd i fod yn *assistant*. Ymunodd â'r Llynges a gwasanaethu gyda'r *submarines* ac aeth i Murmansk, Rwsia. Fe'i collwyd pan oedd yn gwasanaethu ar y 'submarine Trooper' yn 1943. Erbyn hynny roeddwn i hefyd yn y llynges ac ni anghofiaf fyth y sioc o gael y llythyr yn dweud am ei farwolaeth. Roedd hyn yn dod â'r rhyfel yn agos at rywun.

Tŷ ni oedd Rhif 4. Yno triga fy mam Ellen Ann, fy nhad Eric, fy mrawd mawr Jack a ddaeth yn enwog fel eigionegwr a fy chwaer Kathlyn. Saer Coed oedd galwedigaeth fy nhad, wedi dysgu ei grefft o wneud troliau ac olwynion yn Llanrwst lle cafodd ei fagu. Gwasanaethodd yn y Rhyfel Mawr lle cafodd ei glwyfo gan nwy gwenwynig. Un o'r Manod oedd fy mam ac yr oedd yn gantores alto gwych. Cofiaf, tra roeddem yn byw yn Rhif 4, gael trydan am y tro cyntaf. Cyn hyn byddem yn cael ein goleuo liw nos gan *oil lamp* a channwyll yn y llofftydd. Daeth cwmni Yale o'r Blaenau â chynllun i gael trydan i'r tai. Trwy wneud gwaith weirio i'r gwahanol ystafelloedd yn ddi-dâl, roeddent yn cael eu harian yn ôl drwy godi pris ychwanegol am y trydan a gâi ei ddefnyddio. Cofiaf hefyd un o Heol Manod yn dweud amdano 'goleu da ond yn olau oer'. Roedd hyn wrth gwrs yn wir; yr oedd yr hen 'oil lamp' yn rhoi gwres allan hefyd. Sefydlwyd cwmni Yale i gynhyrchu trydan i Chwarel Diffwys (Lord), ac wedyn i gyplysu'r dre â thrydan. Gyferbyn â'n tŷ ni, ond ar yr ochr arall i'r cae, roedd cefn 137 Heol Manod lle trigai Mr John Huw Evans a'i wraig Gol, â'u dau fab Selwyn ac Emrys. Gweithio fel clerc cerrig yn chwarel Graig Ddu oedd John Huw gyda chyfrifoldeb am seidings Tanymanod. Bu'n organydd yng Nghapel Bethesda am flynyddoedd ac yr oedd yn organydd gwych o ystyried mai wedi dysgu ei hun yr oedd. Byddwn yn cael gwahoddiad i fynd atynt i'r tŷ i glywed ei *wireless*, hyn cyn i'r bobl drws nesaf gael eu set. Roedd *wireless* John Huw yn gyntefig; yr hyn a elwir yn 'crystal set' ac arno *earphone*. Byddai John Huw wrth ei fodd ac yn chwerthin pan fyddwn yn galw'r *earphone* yn 'canu clust'. Un arall a oedd yn byw'n gyfagos oedd yr ysgolfeistr a'r dramodydd John Ellis Williams a'i deulu. Cofiaf iddynt gael car newydd; un o'r rhai cyntaf i ddod i'r ardal, a chael mynd gyda hwy yn y car i Forfa Bychan. Yn y cyfnod, 'treat of a lifetime'.

Yng ngwanwyn 1936 cefais y *scarlet fever*, a hynny pan oedd Eisteddfod yr Urdd yn cael ei chynnal yn y cae uwchben ffarm Tyddyn Gwyn. Roeddwn wedi edrych ymlaen at yr eisteddfod, ac fel aelod o gadets y St. John Ambulance Brigade, buaswn yn cael mynediad i'r cae am ddim, er, Duw â helpo'r sawl y buaswn i yn rhoi cymorth cyntaf iddo. Gan fod y *scarlet fever* arnaf, roeddwn yn cael fy nghadw yn y llofft ar fy mhen fy hun a doedd neb ond Mam yn cael dod ataf. Yr oedd rhaid iddi wisgo *gown* gwyn pam ddeuai i'r ystafell, ac roedd angen cyrtans tywyll ar y ffenestr. Y broblem fwyaf oedd nad oeddwn yn sâl, ac felly roedd cael fy nghyfyngu am dair wythnos yn y llofft yn uffern. Un peth oedd yn fy mhoeni i oedd bwyd – hyn, mae'n debyg, am nad oedd gennyf ddim byd arall i feddwl amdano, a byddwn yn gweiddi (meddan nhw) 'Rydach chi'n llwgu fi!' Byddai'n nhad, fin nos, yn codi ystol i siarad gyda mi trwy'r ffenestr. Bu i un o'n cymdogion gymryd piti drosof hefyd. Roedd wedi bod yn 'sgota ac wedi dal brithyll ac fe roddwyd rhai i mi – mae'n rhaid bod y gweiddi wedi gweithio. Un person arall yn y Manod a gafodd y clwy sef Betty Lloyd a oedd yn byw ger yr ysgol.

Yn Rhif 5 roedd Mr a Mrs Huw Williams a'u plant Elfed ac Eirwen. Fel Huw Lewis yr adnabuwyd Mr Williams. Gweithiodd fel Settsman yn wreiddiol, ond wedyn aeth i weithio yn y chwarel lechi. Fe hefyd oedd clochydd Eglwys Tyddyn Gwyn. Cafodd Elfed, a oedd yn aelod o'r St John Ambulance Brigade yn y dref, ei alw i'r fyddin ar ddechrau'r rhyfel am ei fod yn aelod o'r cefnlu milwrol meddygol fel ag yr oedd holl aelodau o'r gangen St John yn y Blaenau. Gwasanaethodd mewn gwledydd tramor, ac ar ôl y rhyfel fe ddaeth yn Charge Nurse yn Ysbyty Llandudno ac yn uchel ei barch yno.

Yn chwareli Pengwern a Gwydir roedd y rhan fwyaf o'r settsmen yn gweithio. Roedd y chwarel yma wedi'i lleoli tu ôl i Ysgol Manod, ac yn ymestyn i fyny at gylch Capel Bethesda. Yr oedd rhan fwyaf o'r gweithwyr yn byw yn y Manod – er mai o gylch Pen Llŷn a Nefyn oeddent yn wreiddiol.

Ymadawodd y teulu Williams o Rif 5 a daeth Mr a Mrs Roberts a'u hunig ferch i fyw yno. Dyn gwael oedd Mr Roberts ac yr oedd wedi cael bob cymorth gan ei gyd-weithwyr; trefnwyd cyngerdd a phethau eraill i'w gynorthwyo yn ariannol. Dyma oedd arferiad y chwarelwyr tuag at eu cydweithwyr a oedd yn gorfod bod yn nwylo'r meddygon.

Yn Rhif 6 trigai Mr a Mrs Dafydd Williams (roedd gan Dafydd gysylltiad â ffarm Bron Manod, Cae Clyd ac yr oedd yn cael ei adnabod fel Dafydd Bron Manod). Gwyddeles oedd Mrs Williams. Roedd hi'n enwog am ei *chutney* a jam cartref, ac roedd hi'n gampus am wneud gwin cartref o wahanol ffrwythau. Phan oedd rhywun yn cael gwadd i'r tŷ, yn amlach na pheidio, nid oeddynt yn hollol saff ar eu traed wedyn! Yn y chwarel lechi roedd Dafydd yn gweithio. Cofiaf gynhyrfiad mawr pan ddaeth teulu o Batagonia i aros gyda hwy. Ar y pryd, deallwn eu bod yn hollol dlawd; dim ond y dillad amdanynt oedd ganddynt. Mewn amser, cefais wybodaeth pwy oeddent; teulu Williams a oedd wedi dychwelyd yn ôl i Gymru. Magwyd Mrs Williams yn nhyddyn Fuches Wen yn y Blaenau a ganed y mab yn y tai bach tu cefn i Gapel Tabernacl. Ordeiniwyd eu mab, Bryn Williams, yn weinidog gyda'r Presbyteriaid. Roedd hefyd yn brifardd o fri ac yn Archdderwydd. Fe adnabuwyd ef fel Bardd y Paith a Hanesydd Patagonia. Symudodd Mr a Mrs Williams o Rif 6 a daeth Mr a Mrs Evans o Idris View i fyw yno.

Yn Rhif 7 trigai Mr a Mrs Hughes, er fel Mr a Mrs Huwsa yr oeddent yn cael eu hadnabod. Nid wyf yn siŵr beth oedd galwedigaeth Huwsa; roedd yn ddi-waith yn y cyfnod hwnnw. Byddai ei wraig bob amser yn gwisgo cap stabal ar ei phen – a hwnnw bob tro â'r blaen i'r cefn, a byddai'n gwisgo ffedog fras wedi ei gwneud allan o sachau tatws. Symudon nhw i fyw i Heol Manod lle dechreuodd Huwsa fusnes torri gwallt. Cofiaf fynd ato i gael toriad a thalu pris o ddwy geiniog. Ar ddechrau'r rhyfel, aethant i fyw i Wrecsam lle cafodd Huwsa waith yn chwarae piano mewn tŷ tafarn.

Ar ôl i Huwsa symud i Wrecsam daeth Mr a Mrs William Williams i Rif 7. Gweithio yn y chwarel oedd William, ac fel Will Cae Du yr oedd yn cael ei adnabod. Merch ffarm y Ffynnon oedd ei wraig. Cawsant dri o blant sef Oswyn, Emyr a Selwyn a bu William am gyfnod yn gweithio yn y de yng nglofa Senghennydd, ac roedd yno pan ddigwyddodd y ffrwydriad fawr yn 1913.

Yn Rhif 8 roedd Mr a Mrs Moss Thomas. Settsman oedd Mr Thomas. Nid oeddent yn bobl gymdeithasol, er i'r ddau fod yn ffyddlon iawn yn y capel.

Mrs Parry a'i merch Mary Elin oedd yn byw yn Rhif 9. Yr oedd Mary Elin yr un oed â'm chwaer, a'r ddwy yn ffrindiau da. Roedd y teulu yn ymddangos yn dlawd, er, doedd neb yn gefnog yn y teras. Byddai brawd Mrs Parry, a oedd yn y fyddin, yn dod atynt am seibiant, ac roeddem ni'r plant wrth ein bodd yn cael gweld milwr yn ei *uniform* a'i *puttees*. Symudodd Mrs Parry a'r ferch a daeth Mrs Williams 'Rogof' a'i mab Sam i fyw i'r tŷ. Gwraig weddw oedd Mrs Williams, ac fel Mrs Williams 'Rogof' y câi ei hadnabod (nid wyf yn gwybod beth oedd arwyddocad 'Rogof'). Collodd Sam ei olwg mewn un llygad trwy ddamwain pan oedd yn yr ysgol elfennol. Roedd gennym ni'r plant arferiad digon direidus o roi pwt o bapur wedi ei wasgu yn dynn ar ben *ruler* a'i hyrddio at berson heb iddo wybod, ond y tro hwn aeth pethau o chwith. Hedfanodd y pwt papur i lygad Sam ac fe gollodd ei olwg. Ymgeisiodd Sam am swydd gyda'r cwmni

'Great Western Railway', ond fe'i gwrthodwyd oherwydd ei lygad. Dywedwyd wrtho mai'r rheswm oedd pe buasai sparc o'r injan yn mynd i'w lygad iawn, buasai'n berygl iddo ef a'r cyhoedd. Bu hefyd yn y fyddin, ac ar ôl dod adref fe fu'n beiriannydd gyda'r Bwrdd Afonydd. Ffermio yn Nhy'n Cefn yng nghylch Dolwen yr oedd eu mab hynaf Jack Wmff, ac yr oedd hefyd yn gweithio yn chwarel Wrysgan yn Nhanygrisiau. Yr oedd eu merch wedi priodi ac yn byw yn Newton Abbot, Dyfnaint.

Yn Rhif 10 trigai Mr a Mrs Pleming, eu mab a'u merch Kate. Chwarelwyr oedd y tad a'r mab, a Kate yn bianydd o fri. Byddai'n chwarae'r organ yng Nghapel Jeriwsalem yn Blaenau, yn hyfforddi cantorion ac yn rhoi gwersi piano. Ymunodd y mab â'r fyddin a chwrdd â merch yn yr Alban lle yr arhosodd. Symudodd y Plemings o Dyddyn Gwyn i Glaneiddion, Heol Manod a daeth Mr a Mrs Edgar Wilkinson a'u merch Jennie i'r tŷ. Settsman oedd Edgar a merch i Richard Lewis o Glanywern oedd Lizzie ei wraig.

Cof bach sydd gen i o'r teulu yn Rhif 11, ond rwyf yn cofio y ferch sef Annie May. Priododd â Tommy Ffoulkes Morris a oedd yn athletwr gwych yn ei ddydd. Roeddent yn cadw Gwesty'r Meirion yn y Blaenau. Cymerwyd y tŷ drosodd gan yr heddlu a bu P.C. Hughes a'i wraig a'u mab Glanmor yn byw yno. Rheolodd Hughes y cylch gyda llaw gadarn a ffon. Mae'n rhaid i mi gyfaddef yr oeddem fel plant yn hoff o wneud hwyl ar ei ben a byddai'n ein canlyn ar hyd y llwybrau rhwng y gwahanol dai, a phan ddaliem ni, byddai'n taro'r ffon ar ein coesau. Doedd dim pwrpas cwyno wrth ein rhieni bod Hughes yn defnyddio ei ffon; buasai hynny ddim ond yn ysgogi cweir arall. Roeddem yn derbyn y gosb, gan wybod mai ni oedd ar fai am adael i Hughes ein dal. Serch hynny, plismon da oedd yr hen Hughes, ond fe'i symudwyd a daeth P.C. Davies i'r teras yn ei le. Roedd o'n ddyn hollol wahanol. Doedd dim chwarae mig gydag o. Roedd yn gredwr cryf mewn cadw'r gyfraith i'r lythyren. Gwisgai streip ar ei fraich i ddangos ei fod wedi pasio'r arholiad i fod yn 'Sargeant' ac nid oedd am golli'r streip. Roedd ei bresenoldeb yn y cylch yn gysur ac o gymorth i bawb. Er, yn y cyfnod yma, ei waith mwyaf oedd darganfod pwy oedd yn dwyn glo, ac ar lawer noson byddai'n gorfod aros yn y cwt glo i ddisgwyl am y lleidr. Mae amser wedi newid pethau; ychydig ddefnydd sydd ar lo erbyn hyn, a does dim llawer o obaith o ddod o hyd i blismon mewn cwt yn disgwyl lleidr heddiw!

O ochr plismona cafodd Manod ei breintio ar ôl i P.C. Davies adael. Cawsom un o'r heddlu a oedd yn 'Detective Constable'. Yr oedd yn fachgen craff a chydwybodol. Roedd yr ysgolfeistr a'i chwaer yn byw'n gyfagos i'r teras ac yn cael eu poeni gan griw o blant yn chwarae yr hen gêm o *knock doors* byth a beunydd ac fe fu rhaid iddynt fynd at yr heddlu. Yn wir, fe fedrodd y 'Detective Constable' eu dal, ac aeth chwech o hogiau'r fro o flaen eu gwell yn y Blaenau a chael dyfarniad o gadw'r heddwch am chwe mis. Oedd, yr oedd yn fater dychrynllyd a phwysig ac yn llawn haeddu sylw ac amser y 'Detective Constable'.

Ar ôl y plismyn, daeth Mr a Mrs Huw Davies i fyw i'r tŷ (Rhif 11) gyda'u mab John. Un o Danygrisiau oedd Huw, a'i wraig o Benmaenmawr. Roedd Huw yn fachgen da gyda'i ddyrnau ac yr oedd yn *conductor* gyda bysus Crosville.

Y tŷ olaf yn y rhes oedd Rhif 12. Dyma'r teulu mwyaf yn y rhes sef Mr a Mrs Walter Davies a'u plant, Dafydd, Sion, May, Wmffra ac Isaac. Gan fod Isaac yr un oed â minnau, fe awn yn aml i'w dŷ i chwarae gydag ef – tŷ glân ond *rough and ready*. Dioddefai Walter Davies o epilepsi, a phan oedd yn cael ffit yr oedd yn rhaid rhedeg i'r ffarm i nôl Bob, gan fod angen person cryf i'w drin a'i godi. Gweithiai Dafydd, y mab hynaf, yn siop y Co-op yn y Blaenau, yn gyfrifol am yr adran fwyd. Un diwrnod cafodd ddamwain a chael niwed i'w fys wrth dorri bacwn. Aeth y dolur yn septig a bu farw o'i achos. Fe'i gladdwyd ym mynwent y Llan, a dyna'r cynhebrwng mwyaf a welais erioed; yr oedd Dafydd yn hynod o boblogaidd.

Chwarelwr oedd Sion. Roedd o gorff bychan â'i fryd ar fod yn rhedwr. Byddai'n mynd i ffridd Tŷ Coch i ymarfer lle'r oedd cylch rhedeg wedi ei leoli, ac, os cofiaf yn iawn, roedd rhedeg ddeg gwaith o'i amgylch yn gyfystyr â rhedeg milltir. Byddem ni'r plant yn cael yr anrhydedd o rwbio ei goesau gydag *olive oil*. Yn y cyfnod yna, yr oedd amryw o fechgyn y chwareli yn cymryd diddordeb mewn mabolgampau a'r gystadleuaeth rhyngddynt yn un ffyrnig. Yr oedd Sion hefyd yn aelod o'r tîm chwarae coeten (quoits) tu cefn i Gapel Gwylfa. Roedd Wmffra yn hollol wahanol; yn *tough guy*, yn rhyw fath o fos ar ei griw a fyddai'n ei ddilyn, er nad oeddynt yn gwneud dim niwed i neb. Roedd gan Sion ddau ffrind a gafodd gar mawr newydd americanaidd a phawb yn genfigennus. Yn wir, ni wyddai neb sut oeddent wedi medru ei brynu er nad oedd hynny yn fusnes i ni chwaith. Mewn rhyw dri mis aeth y car ar dân ar y Migneint, y ffordd unig o Llan i'r Bala, ac fe'i llosgwyd yn llwyr. Rwyf wedi meddwl lawer gwaith tybed ai'r *insurance* dalodd am y car?

Yn y cyfnod yma bu streic yn y chwareli. Roedd y gweithwyr eisiau rhagor o gyflog – dim ond ychydig geiniogau yn fwy, ond nid oedd y perchnogion yn barod i'w roi. I gynorthwyo'r gweithwyr byddai'r undeb yn rhoi ychydig o arian iddynt ac yr oedd llawer yn gorfod gwneud gwaith arall er mwyn cael arian i fyw. Dechreuodd Sion ac Wmffra hel *scrap iron* a'i gadw yn eu hiard gefn a'i werthu wedyn. Yn fuan iawn roedd yr iard yn llawn o haearn gwastraff. Byddant hefyd yn mynd i Benrhyndeudraeth i gasglu cocos a'u gwerthu – a oedd yn gymorth iddynt at eu cynhaliaeth.

Nid oedd gennym ni'r plant ddiddordeb yn May y ferch, na hithau ynom ni. Isaac oedd ein harwr ni – rwyf yn cofio gweld yn y papur dyddiol bod rhyw Ffrancwr wedi gwneud camp gyda *parachute*. Roedd Isaac wedi ei weld hefyd a chafodd y syniad i efelychu'r gamp, a dyma fenthyg *tarpaulin* o weithdy tad ffrind arall i ni, Gwilym Lewis. Aethom ein tri i Glogwyn Tŷ Coch ac yno clymwyd pedair congl o'r *tarpaulin* am Isaac ac fe roddwyd cymorth iddo fynd at ymyl y graig, yn barod i neidio i'r cae. Neidiodd ac fe gyrhaeddodd y gwaelod ond doeddem ni ar y top ddim yn siŵr pa un gyrhaeddodd y gwaelod gyntaf – a hynny am nad oedd sicrwydd bod y *parachute tarpaulin* wedi agor. Erbyn i ni gyrraedd Isaac yr oedd ar ei draed heb ddim niwed ac yn llawn hyder i wneud y gamp eto ond gyda gwell *parachute*! Ni wyddom mai defnydd *silk* oedd gwneithuriad *parachute*, ac mai un felly oedd gan y Ffrancwr. Diolch byth, ni chafodd Issac gyfle i wneud yr ail naid – ymunodd â chwmni'r Great Western Railway yn Rhiwabon i ddysgu i fod yn ddreifar injan trên.

Bu Mr a Mrs Walter Davies farw a hawliwyd y tŷ gan y mab hynaf, Sion. Un diwrnod, gwelais Wmffra yn dod i lawr y ffordd yn gwisgo siwt newydd ac yn edrych yn dda, er nad oedd yn cerdded yn rhyw sicr iawn. Aeth i'w hen gartref a chlywais sŵn llestri yn cael eu torri a sŵn cwffio. Ymhen amser daeth Wmffra allan yn ddistaw ac yn wyn ei wedd, a'i gôt newydd o dan ei fraich yn ddarnau. Ie, etifeddiaeth yn creu problemau.

Dros y ffordd i deras Tyddyn Gwyn ac ychydig islaw, roedd rhesdai Glanywern. Yn y tŷ cyntaf trigai Mr a Mrs Penny a'u merch, Nancy. Yno hefyd yn byw gyda hwy oedd Bob Morgan – dyn â busnes cerrig beddi ym mhen draw'r dre. Roedd yr enwog Will Jones Penny, y beiciwr godidog, yn cartrefu yno hefyd, er na wn beth oedd y berthynas.

Drws nesaf, yn yr ail dŷ, trigai Mr a Mrs Roberts, eu merch a'i gŵr hithau, a'u mab Dennis. Gweithio i'r cyngor lleol ac edrych ar ôl mynwent Bethesda a thorri beddau oedd gwaith Mr Roberts. Garddwr oedd gwaith y mab-yng-nghyfraith, ond bu farw ar ôl cael ei bigo gan wenyn.

Yn Rhif 3 roedd Richard Lewis a'i wraig, eu mab Gwilym a'u merch Glenys, y ddau yn yr ysgol. Roedd y ferch hynaf wedi priodi ac yn byw yn nheras Tyddyn Gwyn a Megan, y ferch arall, yn gweithio yng nghylch Llandudno. Dyn busnes, prysur a phwysig oedd Richard Lewis. Yr oedd yn berchen busnes cerrig beddi llewyrchus, a hefyd yn gwerthu glo, a oedd yn cael ei gadw yn seiding y stesion. Yr oedd yn gynghorydd lleol, yn aelod o'r Eglwys Anglicanaidd ac yn bregethwr lleyg hefyd. Ar Ddydd Sul, byddai'n gwasanaethu yn Eglwys fach Talsarnau. Ar brydiau byddai Gwilym a finnau yn cael mynd gydag ef yn y car i Dalsarnau – mae'n rhaid cyfaddef mai'r pleser o fod yn y car oedd y dynfa –nid y bregeth!

Brodor o Bentre Berw, Sir Fôn oedd Richard Lewis. Roedd wedi dod i'r cylch ar wahoddiad Mr Arthur, perchennog chwarel Graig Ddu, i fod yn reolwr 'Merlin Slabs' a oedd yn cynhyrchu slabs o lechi ar gyfer cerrig beddi, palmentydd a *coping stones* (cerrig ar gyfer top waliau). Bu anghydweld a dechreuodd Richard Lewis fusnes ei hun fel cyflenwr cerrig beddi, ac fe gynigiodd Mr John Vaughan o Blas Tanymanod yr hen adeilad Glangors (Rhif 62-63 Heol Manod) iddo fel gweithdai. Roedd gan Richard Lewis iard yn Llangefni hefyd, a byddai'n mynd yno unwaith yr wythnos ac yn aml yn gadael i rai oedd angen mynd i'r ynys i ddod gydag ef yn y car.

Yn Rhif 4 trigai Richard Morris, ei wraig a'u mab Prysor.

Settsman oedd gwaith gwreiddiol Richard, ac mi gredaf fod ganddo gysylltiadau â Thrawsfynydd. Bu'n aelod o fyddin Awstralia yn ystod y Rhyfel Mawr. Bu am flynyddoedd yn gweithio i gwmni Kleeneze yn mynd o ddrws i ddrws yn gwerthu ei nwyddau. Ar ôl i Prysor adael yr ysgol, aeth yn brentis mewn un o siopa fferyllydd y dre. Yn ddiweddarach, bu'n rhaid iddo ymuno â'r fyddin ac nid wyf yn gwybod dim o'i hanes wedyn.

Yn Rhif 5 roedd Mr a Mrs Dafydd Thomas a dau o blant, Betty a Meirion. Settsman oedd 'Dafydd Tom' a merch i John Thomas, ffarm Tyddyn Gwyn, oedd Nel ei wraig.

Yn Rhif 6 trigai Mr a Mrs Ismay. Ychydig o wybodaeth sydd ar gael am y teulu yma, ond yr oedd Mr Ismay yn rhyw fath o gyfrifwr.

Drws nesaf, yn Rhif 7, roedd Mr a Mrs Owen, sef William a Gwen. Fforddoliwr ar y lein Great Western oedd William ond Gwen oedd y feistres, a byddai bob amser yn rhoi cyngor i bawb; 'Cyfrwch i ddeg yn gyntaf cyn gwneud dim byd.' Roedd hi'n aelod ffyddlon o Gapel Gwylfa, a phan fyddai wedi bod ar drip neilltuol ar y trên, ac yn hwyr yn cyrraedd adref ar y nos Sadwrn, byddai'n dal i fod yn un o'r rhai cyntaf i'r oedfa fore Sul.

Roedd tŷ pen, Rhif 8, yn newid dwylo yn aml, ond rwy'n cofio Mr a Mrs Jones a'u merch Meno yn byw yno. Teulu o gylch Tanygrisau oeddent hwy.

O flaen Teras Glanywern roedd cae bach agored (Padog) wedi ei rannu fel gerddi i'r tai. Rhannwyd y tir cyntaf yn ddau – gardd wrth y ffordd a lle i ieir yn y cefn. Y nesaf oedd gardd Mr Roberts ac yna gardd Mr Ismay gyda thŷ gwydr mawr ynddo, a dwy ardd arall wedi mynd yn wyllt. Adeiladodd Richard Lewis garej yn y pen gyda chwt cysgod i'w fab-yng-nghyfraith i weithio min nos i naddu cerrig gwenithfaen ar gyfer ei fusnes.

Preswylfeydd,
y trigolion a'u gwaith

DYLWN DDISGRIFIO RHYWFAINT ar y tai eu hunan. Tai gweithwyr oedd Teras Tyddyn Gwyn – 'two up and two down'. Roedd y ddau floc o dai oedd i'r chwith o'r ffarm a rhes Glanywern yn dai tair llofft – byddai'r ddwy ystafell ar y llawr isaf yn cael eu galw yn barlwr a chegin. Cyntefig iawn oedd y tai o'u cymharu â thai heddiw; y cyflenwad dŵr tu allan i ddrws y cefn, dim dŵr poeth nac 'electric', y tŷ yn cael ei oleuo gyda *oil lamp* a chanhwyllau yn y llofftydd. Dim sôn am *central heating* nac ychwaith am ddefnydd o nwy oni bai am ambell dŷ oedd gyda nwy yn goleuo'r gegin a'r hen *gas stove cast iron* wrth gwrs. Cofiaf dŷ fy nain gyda nwy, ond yn y rhan fwyaf o dai'r gweithwyr, y grât hen ffasiwn yn llosgi glo neu goed oedd ar gael.

Roedd y grât yn cynnwys popty bach ar un ochr o'r lle tân, ac mewn rhai modelau roedd tanc haearn yr ochr arall i dwymo'r dŵr gyda thap *brass* arno. Doedd y dŵr ddim yn addas i'w ddefnyddio ar gyfer pob achlysur gan fod y tanc yn magu rhwd ac yn lliwio'r dŵr yn frown. Rhaid oedd cael tân gyda cholsyn coch ynddo i gynhesu'r popty ac roedd hi'n bwysig fod ffliw y popty'n lân a heb barddu.

Gwaith gwraig y tŷ oedd polisho'r grât gyda *black lead* nes yr oedd yn sgleinio; bron y buasech yn gweld eich gwyneb ynddi. Defnyddiwyd y tân, a oedd tua deunaw modfedd o'r

41

llawr, i roi gwres i'r gegin, i ferwi tegell a oedd yn hongian oddi ar gadwyn, ac i goginio. Byddai tafell o fara yn cael ei roi ar fforc hir o flaen y tân i wneud tost, ac yn wir, roedd yn flasus iawn. Roedd yn arferol hefyd i goginio taten a nionyn drwy eu rhoi i mewn yn y tân a'u gadael i goginio – yn null y 'tramps'. Byddai croen y daten a'r nionyn wedi llosgi yn ddu ac ar ôl pilio hwnnw i ffwrdd, roedd y daten ei hun yn hynod o flasus.

Diffoddwyd y tân cyn i'r teulu fynd i'r gwely, ac yn y bore roedd rhaid i'r wraig glirio y cols a'r lludw a gosod y tân o'r newydd. Digon o bapur newydd wedi ei rowlio yn gylch caled, llawer o goed bach sych ac yna'r glo. Goleuwyd y cwbl gyda matsien – a hyn i gyd cyn paratoi brecwast i'w gŵr cyn iddo fynd i'w waith. Yn aml, doedd y tân ddim yn tynnu yn iawn a byddai'n rhaid cael *sheet* o bapur newydd a'i osod ar fynediad y simnai i gynnau'r tân yn iawn. Gyda'r papur yn ei le, byddai'r tân yn bywhau ac yna'n rhoi digon o wres i ferwi'r tegell.

Byddai'r tŷ bach, neu *closet* fel yr oedd yn cael ei alw yn y cyfnod, wedi ei leoli yng ngwaelod yr ardd gefn. Mae'n debyg yr oedd hyn oherwydd bod y pibellau carthffosiaeth yn rhedeg ar hyd y ffordd gefn i'r gerddi. Roedd y rhan fwyaf o'r tai bach wedi eu hadeiladu o gerrig ac yn mesur tua wyth troedfedd o hyd a rhyw bum troedfedd o led a drws ar y fynedfa. Doedd dim ffenestr ynddo, a phan oedd yn cael ei ddefnyddio, byddai'n rhaid gadael y drws yn gil agored i gael goleuni. Roedd y to wedi ei wneud allan o grawiau hir o lechen, ac ynghlwm â'r *closet* roedd mynediad i'r ffordd gefn ac i fynedfa'r cwt glo.

Yn y dyddiau yna, doedd pedestal WC ddim yn bod. Byddai bowlen siâp twmffat yn cysylltu â therfyn y bibell garthffosiaeth, ac wedyn yr oedd yr holl waith yn cael ei orchuddio gyda phlanciau o goed fel bwrdd gyda thwll crwn yn y canol er hwylustod y defnyddwyr. Byddai'r fowlen dwmffat yn cael ei chysylltu â'r *cistern* dŵr er mwyn clirio'r twmffat yn ôl yr angen. Yn y dyddiau hynny doedd dim sôn am bapur toilet – y papur dyddiol oedd rhaid ei ddefnyddio – a hwnnw wedi ei dorri'n ddarnau hwylus. Cofiaf hen wraig yn dod i'r gweithdy eisiau adnewyddu'r coed yn ei thŷ bach ac yn pwysleisio fod y twll crwn arferol ddim yn ddigon mawr iddi a bod angen i ni ofalu ehangu'r twll i'w siwtio!

Mewn sawl tŷ, lle sanctaidd oedd y parlwr. Roedd yr ystafell yma bob amser yn daclus ac yn barod i dderbyn unrhyw un, yn neilltuol y gweinidog ac unrhyw un arall o bwys. Yn y parlwr roedd dresel fawr y teulu gyda'r Hen Feibl mawr arni a holl hanes y teulu wedi ei ysgrifennu ynddo. Cofiaf am un tŷ lle'r oedd y wraig yn cloi drws y parlwr ac yn ei agor ar ddydd Sul yn unig neu pan oedd 'visitor' yn galw, ac yn wir pan fyddai'r drws yn agored byddai arogl *mothballs* yn llenwi'r tŷ.

Rwyf wedi cyfeirio eisoes at ddau werthwr glo, sef Dafydd John Russell a Richard Lewis. Gwerthwr glo arall yn y Manod oedd John Jones, Siop Bost, a byddai'n cael tryc o lo o lofa Holly Lane, Wrecsam, a hwn yn cael ei gyfrif fel y glo gorau ac yr oedd yn bosib adeiladu wal gyda'r clapiau yn y cwt glo i ddal y glo mân.

Nid wyf wedi sôn am wleidyddiaeth o gwbl. Roedd y rhan fwyaf o'r bobl yn pleidleisio i'r Rhyddfrydwyr. I raddau go helaeth, fe rannwyd y pleidiau rhwng y tri enwad crefyddol. Tueddai'r Eglwyswyr i fod yn 'Tories', y Methodistiaid yn Rhyddfrydwyr a'r Annibynwyr yn Llafur. Ac felly y bu pethau tan ddiwedd yr Ail Ryfel Byd, pan ddaeth Llafur i'w bri.

Roedd llawer o'r settsmen yn byw yn Nhyddyn Gwyn. Brodorion o gylch Dwyfor, wedi dysgu eu crefft yn chwareli setts cylch Nant Gwrtheyrn, Trefor a Nefyn oeddynt. Yn anffodus, dyma grefft sydd wedi diflannu. Roedd y grefft yn un cywrain ac o safon uchel. Byddant yn trin cerrig gwenithfaen a'u llunio i'w phwrpas – yn linteli, cerrig bwa, cerrig 'coping' i fynd ar ben wal, ac yn paratoi cerrig fflat ar gyfer beddi. Byddant hefyd yn paratoi'r hyn a elwid yn 'dressed stone' i adeiladau o safon uchel, a pharatoi cerrig setts ar gyfer palmentydd yng nghylch Manceinion ac Efrog. Yn draddodiadol, dyna beth oedd yn cael ei ddefnyddio yn y llefydd yma – ond yr oedd rhaid i'r gwaith fod yn gywir. Pleser oedd eu gweld gyda'u morthwylion a'u cynion yn trin y garreg. Rhaid oedd cadw'n glir o'r garreg fel roedd y cŷn yn mynd â darnau bach oddi wrthi; tebyg i *shrapnel* o *shell* ac yn llawn mor beryglus.

Roedd llawer o chwareli gwenithfaen yng Ngogledd Cymru, ond erbyn hyn mae llawer wedi cau. Ychydig iawn o hanes sydd wedi cael eu hysgrifennu amdanynt. Mae chwareli setts ym Mhenmaenmawr, Gwydir (Llanrwst), Trefor, Nant Gwrtheyrn, Minffordd ac Arenig, ac yn ein cylch ni, cawn chwareli Cefn Bychan a gwaith Setts y Manod. Mae'n ddigon anodd cael enwau priodol ar y chwareli gan eu bod wedi newid dwylo yn aml, a thrwy hynny yn newid eu henwau. 'Pengwern & Gwydir' oedd enw cyntaf gwaith Setts y Manod. Yn ddiweddarach, aeth yn Madog Granite Co., gyda'r perchnogion o Drawsfynydd sef hogiau Madog House. Fe brynwyd y chwarel ganddynt ar ôl yr Ail Ryfel Byd, gydag un o'r meibion, Prysor, yn rheolwr arni. Gwaith Setts oedd y prif waith. Blociau o wenithfaen oedd setts ac o'r hyn a gofiaf, rhyw chwe modfedd sgwâr oeddent, a'u pwrpas oedd palmantu'r ffyrdd, gan amlaf yn ardaloedd diwydiannol gogledd Lloegr. Byddai pen y setts yn tueddu i fod yn siâp hir-grwn i roi gwell gafael i bedolau'r ceffylau. Roeddent hefyd yn gwneud llawer o bethau eraill gyda'r garreg – bwâu, linteli, cerrig naddu a hefyd cerrig cofio.

Roedd Chwarel y Manod wedi ei chynllunio yn dda ac yn hwylus. Roedd y cynnyrch yn cael ei anfon o'r gwaith gyda thrên. Roeddent wedi ychwanegu cangen o lein y 'Great Western' o du ôl i fynwent Bethesda ac wedi dymchwel dau neu dri thŷ ar gyfer hyn. Roedd y lein yn croesi'r brif ffordd ger y Dingl* ac yn mynd ymlaen i gefn pella rhesdai Llwyn Hir a therfyn iard Ysgol Manod. Yr oedd y gangen yn ymestyn am bron hanner milltir ac yn debyg i siâp y llythyren 'n', gyda'r goes dde yn hirach.

Yn y cyfnod cynharaf, byddai'r chwareli yn symud eu cynnyrch gyda threnau neu longau. Roedd gan Penmaenmawr, Trefor a Nant Gwrtheyrn jeti ynghlwm â'r chwarel ac roedd Arenig a Manod yn gysylltiedig â'r lein 'GWR', gyda seidings pwrpasol. Symudwyd gynnyrch chwarel Minffordd trwy ddefnyddio lein y Cambrian Railway, ac roedd gan chwarel Cefn Bychan (Groby Granite Quarry) gyffordd bwrpasol wedi ei greu i gysylltu â Rheilffordd Ffestiniog; man a elwir yn 'Groby Junction' neu 'Cefn Bychan Junction' a oedd yr adeg hynny yn agos i bont droed 'Groesffordd' ger carreg 13 milltir o Borthmadog ar y lein fach.

Roedd y chwareli yn berchen ar lawer o dir yn y Manod, a'r chwarel setts yn berchennog ar y tir lle rhedai'r lein iddi. Cofiaf fy nhaid yn dweud mai cae chwarae ydoedd yn wreiddiol a byddai sioeau a syrcas yn arfer cael eu cynnal yno. Yno i'w gweld hefyd oedd olion cwrt tennis oedd dros y ffordd i Gapel Bethesda.

Credaf mai stad Tanymanod oedd y perchnogion gwreiddiol a hwy hefyd oedd gan yr hawl i'r mwyn. Adeiladodd y cwmni swyddfa hardd yn y cae ar ochr y

---

*   Nis gwn beth yw tarddiad yr enw yma, na'i ystyr. Daeth i fodolaeth gan fod Conductors Bysus Crosville yn ei ddefnyddio pan oeddent yn stopio'r bys yn y lle yma, a byddant yn gweiddi 'Dingl'.

briffordd a dros y ffordd i dŷ Cefnmaes. Rhedai afon fechan trwy'r cae, a byddai'n diflannu nes dod i'r golwg eto yng ngwaelod Ffordd Tyddyn Gwyn a ffordd y stesion, er ei bod i'w chlywed mewn amryw o lefydd ar y ffordd a gerddi'r tai. Y chwarel hefyd oedd perchennog rhesdai Llwyn Hir a'r tai dros y ffordd iddynt yn Heol Manod. Credaf mai gweithwyr y chwarel oedd yn byw yn y tai yma. Bu fy nhaid yn byw yn un o'r tai oedd ar y briffordd, a chefnder i fy nhaid, Ben T. Jones, oedd y rheolwr cyntaf ar y chwarel. Roedd ganddo ddreifar i'w gar sef Jack Roberts o gylch Bethania; un a adnabuwyd ar hyd ei oes fel 'Jack Ben T.'

O wyneb y chwarel deuai'r cerrig i lawr y mynydd mewn wagenni bach ar yr inclên – y setts yn cael eu dosbarthu i weithdai'r settsmen i lawr inclên arall i gyfeiriad tai Isfryn. Ar waelod yr inclên, roedd cytiau cysgod sinc, lle byddai'r settsmen yn trin y cerrig. Byddai gweddill y cerrig yn cael eu gollwng i lawr y shŵt i'r 'crusher'. Adeilad hir a chadarn oedd y shŵt, gyda waliau o gerrig sylweddol a tho sinc arno. Yn y 'crusher' torrwyd y cerrig i wahanol faint – 1½", 1" neu ½" a'u cadw mewn bins pwrpasol – y cerrig ½" oedd y pwysicaf at atgyweirio ffyrdd. Ynghlwm â'r bins roedd lle i baratoi cerrig mân gyda thar. Mi glywais unwaith nad oedd y rhan yma o'r gwaith yn llwyddiant, ond ni fedraf gadarnhau hyn. Dywedir mai diffyg yn y garreg oedd y drwg, sef bod y garreg, pan oedd yn cael ei chryshio, yn cynhyrchu gormod o lwch a oedd yn glynu ar y cerrig. Yna, o geisio ychwanegu'r tar atynt, byddai'r llwch yn rhwystr i'r tar lynu. Wrth y bins, roedd y peiriant pwyso a oedd yn rhan bwysig o'r gwaith.

Byddai creigwyr yn paratoi'r graig a thyllu iddi gydag ebill, ac ar ôl cyrraedd y dyfnder priodol, byddent yn llenwi'r twll gyda ffrwydron. Pan oedd pawb wedi ymadael i le diogel, byddent yn tanio'r ffrwydron a byddai darnau mawr o'r graig yn disgyn o'r mynydd. Cofiaf, pan oeddwn yn ddisgybl yn Ysgol Manod yn y tridegau, i ddarn o garreg ddisgyn i'r iard ar ôl iddynt danio, gan beri gofid i'r gymdogaeth. Yr oedd un adeilad arall yn perthyn i'r gwaith, sef yr adeilad lle'r oeddent yn cadw'r ffrwydron. Roedd hwn wedi'i adeiladu yn agos at Garreg Wen – adeilad cadarn o gerrig, ac nid hawdd i dorri fewn iddo. Fel pob adeilad oedd yn dal ffrwydron, roedd rhaid i bopeth metel fod o ddeunydd copr i'w ddiogelu rhag gwreichionen yn creu ffrwydriad. Aeth cwmni'r chwarel yn fethdalwr yn y pen draw.

Heblaw am chwarel setts y Manod, yr oedd hefyd ddwy chwarel lechi arall yn y cylch, sef Graig Ddu a Bwlch Slaters, neu i roi ei enw swyddogol arno, Manod Slate Quarry. Roedd y ddwy chwarel yn cloddio i fewn i fynydd Manod Mawr – chwarel Graig Ddu ar yr ochr orllewinol a Bwlch Slaters ar yr ochr ddwyreiniol. Yr oedd inclên serth wedi ei chynllunio i ddod â chynnyrch Graig Ddu oddi wrth yr agoriad i lawr i'r felin yn Dŵr Oer, ac yno roedd y clwt (llechfaen) yn cael eu trin a'u hollti i wahanol feintiau fel oedd y gofyn. Mae lleoliad Dŵr Oer ger Llyn Manod, ac roedd dwy inclên arall cyn cyrraedd y gwaelod ger ardal Bethania.

O waelod yr inclên, yn iard Bethania, byddai'r llechi yn aros yn y wagenni ac yn cael eu symud ar draws y brif ffordd ac i lawr i seiding Tanymanod – lle'r oeddent yn cael eu llwytho i wagenni rheilffordd y Great Western ac wedyn ymlaen i'w dosbarthu i'r defnyddwyr. Lle prysur oedd seiding Tanymanod. John Hugh Evans (tad Emrys Evans) oedd yn gyfrifol am y gweithgareddau yno. Yn yr hen amser pan oedd y lein gul mewn bodolaeth, roedd stesion yna ond pan gymerwyd y lein drosodd gan y GWR, cafodd ei chau ac adeiladwyd *turntable* ar gyfer injans stêm.

Credaf mai'r ddwy chwarel yma oedd y rhai lleiaf eu

maint yn y cylch ac roeddent yn cyflogi rhyw chwe deg o weithwyr yr un.

Yr oedd chwarel Graig Ddu yn unigryw o safbwynt dull trafnidiaeth y gweithwyr yn ôl a blaen i'r chwarel. Byddent yn defnyddio'r dair inclên i'r perwyl hwn. Defnyddid y wagenni i fyny yr inclên, ond i ddod i lawr, roeddent yn defnyddio cert pwrpasol a oedd wedi ei gynllunio gan ofaint y chwarel, ac fe'i gelwid yn 'car gwyllt'.

Adeiladwyd yr inclên ar y system fel bod y wagen llawn yn medru mynd i lawr ar un set o gledrau ac yn tynnu wagen wag i fyny ar y cledrau cyfochrog. Hynny yw, y ddwy set o gledrau yn rhedeg ochr yn ochr â'i gilydd. Roedd y car gwyllt yn defnyddio'r ddwy gleder mewnol i dramwyo'r inclêns o'r top i'r gwaelod.

Coedyn oedd corff y car gwyllt – planc oddeutu dwy droedfedd o hyd, tua naw modfedd o led a modfedd a hanner o drwch. Ar y blaen roedd olwyn fach gydag asgell (*flange*) bob ochr iddi, ac ar y cefn, teclyn fel swdwl gydag asgell i gadw y car ar y lein ac yn saff. Byddai rod haearn o drwch rhyw fodfedd a rhyw bedair troedfedd o hyd yn cael ei angori yng nghanol y planc ac yn rhedeg oddi wrtho, er mwyn cyrraedd cledr fewnol yr inclên cyfagos. Roedd hyn yn rhoi sefydlogrwydd i'r car. Roedd ganddo ryw fath o frêcs, a byddai yna fachyn haearn hanner crwn yn pwyso ar yr olwyn fach a lifer yn ymestyn trwy'r planc i'r gyrrwr afael ynddo. Byddai codi'r lifer yn rhoi pwysau ar yr olwyn gan obeithio ei arafu. Nid wyf yn gwybod pa mor effeithiol oedd y brêc, a chyda'r inclên mor serth, buasai yn anodd iawn ei arafu gan fod pwysau'r car â'r dyn yn achosi cryn symudiad naturiol tuag at waelod yr inclên.

Hyd y tair inclên o'r pen uchaf i'r gwaelod oedd 1800 o lathenni, sef ychydig dros filltir, a'r gostyngiad oedd 1040 o droedfeddi. Yr oedd y car gwyllt yn gwneud y siwrne mewn wyth munud, a dywedir, mewn rhan o'r siwrne, y byddent yn cyrraedd cyflymder o 40 milltir yr awr.

Byddai pob gweithiwr yn rhoi ei farc adnabyddiaeth ar ei gar gwyllt, a phan oedd wedi gorffen yn y chwarel, byddai ei gar gwyllt yn cael ei werthu. Cofiaf i'r diweddar Emrys Evans ddweud wrthyf, pan ddechreuodd weithio yn chwarel Graig Ddu, i'w dad brynu car gwyllt newydd iddo am bris o ddeg swllt (yn yr hen arian). Rwyf hefyd yn cofio i fy nhad, yn yr un cyfnod, newid y planc a oedd wedi gweld dyddiau gwell, a chafodd hanner coron am ei lafur â phris y planc. Er mor beryglus oedd y car gwyllt i'r olwg, ychydig o ddamweiniau a gafodd eu nodi er bod adroddiadau am rai a oedd wedi eu lladd ar inclên Graig Ddu gyda'r car gwyllt dros y blynyddoedd.

Cefais y fraint o gael reid ar un pan oedd fy nhad yn gweithio yn Bwlch Slaters, ac roedd y chwarel honno wedi cael caniatâd i ddefnyddio yr inclên i'w dynion fynd adref. Mae'n rhaid dweud mai eistedd o flaen fy nhad oeddwn ar y planc a hefyd dim ond ar yr inclên isaf, ond serch hynny, yr oedd yn brofiad unigryw a phleserus.

Cofiaf sŵn troedio ar y ffordd o flaen y tŷ, sef y gweithwyr yn cerdded o stesion Manod i'w gwaith yn Graig Ddu. Roeddent yn gwisgo esgidiau hoelion cryf a oedd yn creu sŵn arbennig fel catrawd o filwyr yn ymdeithio. Y sŵn yma oedd yn ein deffro ychydig ar ôl chwech o'r gloch y bore. Byddent yn gorfod bod yn eu gwaith erbyn saith o'r gloch a byddai eu diwrnod gwaith yn parhau tan bedwar o'r gloch y prynhawn. Mae'n rhaid cyfeirio at y gymdeithas a oedd yn y chwarel; byddai llawer o weithgarwch yn cymryd lle yn y caban (man lle yr oeddent yn cyfarfod i fwyta eu cinio allan o'r tun bwyd), ac wedyn byddai trafodaeth. Yn wir, fe gynhaliwyd eisteddfod mewn un caban. Roedd rheolau cadarn yn cael eu defnyddio, gyda chadeirydd etholedig ac ysgrifennydd, a byddai pynciau'r dydd yn cael eu trafod – byddai'r ysgrifennydd yn anfon y sylwadau i wahanol sefydliadau yn cytuno neu'n anghydweld â hwy. Gwnaeth amryw o'r gweithwyr eu prentisiaid fel siaradwyr cyhoeddus yma, gan ddysgu sut i ddeall a thrin pobol, ac yn wir rhoddasant wasanaeth godidog i'r ardal wedyn.

Er bod bywyd y chwarelwyr yn galed, roedd eu cyfeillgarwch a'u diddordebau yn amlwg yn eu hymddygiad, eu gwaith a'u bywyd dyddiol. Ond tu ôl i hyn i gyd yr oedd yr ofn o gael eu hanafu yn gryf ynddynt. Gwaith caled a pheryg oedd defnyddio ffrwydron i drin y graig – a hyn yn achosi llawer o ddamweiniau erchyll yn aml drwy anffawd neu flerwch. Ond er hynny, roedd eu cyfnod yn y chwarel, bron yn ddieithriad, yn un tan ddiwedd eu gyrfa gweithiol, ac roeddent wedi mwynhau awyrgylch diddorol y lle.

Mae Peter Johnson, hanesydd ac awdur llyfrau ar y *Ffestiniog Railway* a'r *Welsh Highland Railway*, wedi casglu rhai o'r damweiniau a ddigwyddodd yn chwarel y Graig Ddu yn y cyfnod 1862-1930 ynghyd. Dywed hefyd bod sawl damwain heb eu cofnodi o gwbl.

Yr hyn sydd yn taro rhywun yw bod cymaint o blant wedi eu lladd neu eu hanafu ar yr inclên. A oeddent yn gweithio yn y chwarel neu yn defnyddio'r ceir gwyllt heb ganiatâd ac heb fod yn ymwybodol o'r perygl o'u defnyddio?

Dyma'r damweiniau a restrir gan Peter Johnson, gyda diolch iddo am roi caniatâd i'w cyhoeddi:

M – Marwolaeth	N – Niweidio	
Dyddiad	**Enw**	**Manylion**
22 Medi 1862	Dienw (M)	Disgyn deugain llath – ar ei ddiwrnod cyntaf yn y chwarel

28 Mehefin 1863	Robert Jones (M)	Oedran 55 mlwydd oed, disgyn saith llath
20 Tachwedd 1867	John Thomas & Dienw	Lladdwyd un a mân anafiadau i'r llall – damweiniau ceir gwyllt
Chwefror 1874	Dim enwau	Damwain ar yr inclên, dau fachgen wedi eu taro gan wagen – bu farw un ohonynt
Medi 1875	Evan Jones (M)	Ei ladd tra'n llwytho rwbel
Gorffennaf 1876	Dienw (N)	Ymgeisydd gwaith – damwain gyda char gwyllt
16 Gorffennaf 1879	Robert Hughes (M)	Bachgen 7 oed – lladdwyd gyda char gwyllt
3 Rhagfyr 1883	Robert Jones (M)	Wagenni yn rhedeg i ffwrdd o achos nam ar y brêcs
12 Chwefror 1887	David Evans (M)	71 mlwydd oed – syrthio dros wal yr inclên ar ei ffordd adref
Tachwedd 1887	Owen Jones (N)	Dim manylion
11 Ebrill 1888	John Jones (N)	Disgyn sawl llath ar domen wastraff y chwarel – dyn oedrannus ac wedi cael damwain arall yn ddiweddar
30 Awst 1890	Simon Davies (N)	Ei fam wedi mynd ag ef allan am awyr iach, cael ei daro gan gar gwyllt a chafodd doriad i'w penglog
9 Hydref 1890	Robert R. Roberts	Taro ci pan oedd ar ei gar gwyllt a dioddef toriad cyfansawdd i'w goes
8 Ionawr 1891	Robert Jones (N)	'Detonator' yn ffrwydro, collodd un llaw a rhan o'r llall
25 Medi 1891	Mab William Jones (N)	Hogyn 12 oed – disgyn ar inclên a thorri ei fraich ac asgwrn ei ysgwydd
11 Tachwedd 1891	John Ellis (M)	48 oed – claddwyd o dan gwympiad o gerrig
13 Gorffennaf 1892	John Humphreys (N)	Plentyn – wagen yn rhedeg drosto ar waelod yr inclên – a chollodd ei goes
12 Awst 1892	Samuel Davies (N)	Anafwyd gan gwympiad o gerrig
5 Chwefror 1894	John Thomas (N)	Gollwng slab o garreg ar ei goes a thorri asgwrn
Ebrill 1894	Thomas Williams (N)	Cael ei daro gan handlen craen ac anafu ei drwyn

4 Gorffennaf 1895	D. Davies (N)	Cael ei daro gan handlen craen a dioddef toriad penglog
29 Awst 1895	William Thomas (M)	49 oed – cael ei ladd ar y trydydd cynnig i danio'r twll
Mawrth 1896	John Roberts (M)	50 oed – dim manylion
3 Mehefin 1896	Joseph Ephraim (N)	Disgyn ugain llath
5 Mehefin 1897	David Griffiths (N)	Damwain car gwyllt – o dan ofal y meddyg
10 Mehefin 1897	Harvard Jones (N)	Damwain car gwyllt – o dan ofal y meddyg
Mehefin 1897	William Jones (N)	Cael ei daro gan handlen y craen
19 Gorffennaf 1897	William Goronwy Griffiths (M)	Printar, 21 oed – brêc wedi gwisgo ar ei gar gwyllt
15 Tachwedd 1898	John Jones (M)	68 oed – damwain car gwyllt
15 Tachwedd 1898	Morris Roberts (N)	Damwain car gwyllt – ei anafu'n ddifrifol
24 Awst 1899	Evan H. Jones (N)	Dim manylion – anafu ei ben-glin
Rhagfyr 1899	W. Jones (N)	Handlen y craen yn taro ei ben
16 Mawrth 1900	David Evans (N)	Anafu ei goes drwy lithriad cerrig
25 Ebrill 1900	Albert Owen (N)	9 oed – torri ei goes gyda char gwyllt
12 Medi 1900	John Owen (N)	Ei daro gan handlen y craen a dioddef toriad penglog
7 Chwefror 1902	John Williams (N)	Digwyddiad wrth ffrwydro – anafu ei wyneb a'i freichiau
29 Medi 1902	Simon Hughes (N)	Disgyn tua 20'-30' o un galeri i'r llall, toriad cyfansawdd i'w fraich ac anafiadau eraill
14 Hydref 1903	David Jones (N)	Disgyn o wagen a thorri rhai o'i asennau
19 Rhagfyr 1903	John Henry Ellis (N)	Syrthio a niweidio yn ddrwg
Mawrth 1904	Dienw (N)	Cerrig yn disgyn ar loches y chwarelwyr yn amser tanio
15 Ebrill 1904	John Jones (M)	26 oed yn marw o 'septicemia' ar ôl cael ei daro gan lechen yn disgyn. Cafodd ei wraig £170 fel iawndal

Ionawr 1907	Robert Jones (N)	Cael ei daro yn ei ben gan handlen y craen
Ionawr 1908	Thomas Evans (N)	Anafwyd mewn damwain gyda'r car gwyllt
28 Rhagfyr 1908	Evan Williams (N)	Cael ei daro yn ei ben gan handlen y craen – ei anafu yn ddrwg
Mehefin 1908	John Williams (N)	Dim manylion – niwed i'w goes
Tachwedd 1913	? Morris (N)	Damwain car gwyllt – torri ei ysgwydd
1 Rhagfyr 1930	William Stephen Williams (M)	60 oed – damwain car gwyllt – claddwyd ym mynwent Bethesda

Atgofion hen chwarelwr

D<small>YMA</small> <small>ATGOFION</small> D<small>ELWYN</small> Williams o Gae Clyd o'i gyfnod fel creigiwr yn y chwarel.

Gwaith pwysig y labrwr dan ddaear

I ddechrau, fe geid partneriaeth â labrwr profiadol a chael ysgol ar sut i lwytho wagen. Rhaid oedd rhawio baw mân gyntaf ar waelod y wagen i wneud gwely, wedyn ychwanegu rwbel brâs a stolpia, ac adeiladu wyneb, wedyn rhoi crawia ar gefn ac ochr, a gobeithio cael 'luro' neu lwmp o graig/ garreg wâst, a bod hwnnw hefyd yn 'drwm ymlaen'. Ystyr 'drwm ymlaen' oedd pan oedd y llwyth yn cael ei godi ar yr inclên, roedd ongl yr inclên yn serth, felly roedd y llwyth yn symud yn ei ôl. Os na wnaed y llwyth yn 'drwm ymlaen', fe fyddai'n hawdd i'r wagen 'derailio' a chreu problem. Byddai gweithwyr inclên yn cerdded i lawr i godi'r wagen yn ôl ar y bariau, ac yn aml byddai mwy o ddifrod os oedd y llwyth wedi taflu oddi ar y wagen. Roedd hyn yn golygu nad oedd y wâst na cherrig ar slêd yn gallu cael eu codi i fynd i'r felin, a hefyd oherwydd fod pob llwyth a marc yr agor mewn sialc ar ei hochr, byddai pawb yn gwybod pwy i feio am lwytho blêr! Gwaith pwysig arall y labrwr oedd gofalu fod digon o wagenni gwag ar gyfer y bore. Wrth weithio mewn agor,byddai labrwr yn dysgu 'brâs hollti' a gweithio craen dri-choes i godi 'luro' neu gerrig dibwys.

Gwaith y Creigiwr

Roedd y creigwr yn cael ei ystyried yn fwy o 'skilled worker', a'r angen am brofiad yn bwysig. Fel arfer, byddai hogiau ifanc dibrofiad yn cael eu partneru efo rhywun profiadol, ac roedd y rhan fwyaf yn llawer hŷn na'r 'prentis'.Tad a mab y dyddiau cynnar. Roedd cadw'r agor yn daclus yn bwysig. Byddai agor lân dda yn cael ei galw'n 'agor fel dresal'. Pan oedd yn amser 'tanio', roedd yn bwysig cael lle gwastad a chlir er mwyn cerdded yn gyflym tuag at le diogel. 'Deng munud i dri' oedd amser tanio i bawb oedd am danio twll, felly roedd angen oriawr dda – *watch* boced dim *watch* arddwrn! Byddai sawl un yn canmol ei *watch*. Hen ddywediad i fynegi hynny oedd 'hon yw chwaer yr haul' am ei fod yn cadw amser perffaith! *Skill* arall i'w ddysgu oedd sut i osod chaen ar beg ar slont y graig, a sut i roi chaen ar goes er mwyn gweithio yn ddiogel, yn aml iawn efo dwy law yn rhydd. Roedd angen cael 'shot firers certificate' cyn cael tanio twll, a dysgu sut i ddefnyddio powdwr du a thorri *fuse* a.y.y.b. Roedd rhaid cael profiad, gan wylio'r partner profiadol. 'On the job learning' chwedl y Sais! Pan oedd mwy nag un twll i danio, rhaid oedd bod o fewn clywed yr agor, er mwyn cyfri tyllau yn ffrwydro. Doedd neb yn cael mynd yn ôl i'r agor ar ôl tanio. Galwyd y lle yn 'lle mochal feiar' (man diogel wrth danio). Bore wedyn roedd angen mynd ar y graig i 'llnau lawr' ac wedyn trin y garreg a'i mesur a'i llwytho ar 'sled' gan fynd â hi i lawr i waelod yr inclên, wedi marcio â sialc i benodi'r agor.

Un o'r gorchwylion oedd gwneud 'Stampin' sef creu llwch er mwyn cau ceg y twll a'i 'stampio' efo stampar brass fel nad oedd sparc. Byddai rhai yn defnyddio 'baw cafn' – sef llwch lechen wedi gwlychu nes ei fod fel clai. Roedd ambell agor yn wlyb, a byddai dŵr yn rhedeg ar y slont, gan wneud '*diversion*' efo'r clai baw cafn, er mwyn troi'r dŵr rhag mynd

55

i'r twll. Fuodd dim rhaid i mi ddefnyddio 'jumpar'* i greu twll – diolch byth, roedd drill *pneumatic* a *compressed air* yn bob chwarel erbyn fy nghyfnod i.

Y Caban

Roedd y caban – lle yr âi pawb amser cinio, hanner dydd fel arfer – yn le pwysig. Fe etholwyd pobl i fod yn llywydd, trysorydd, ysgrifennydd a.y.y.b. Ceid rheolau fel dim tanio sigarét nes bod pawb wedi gorffen bwyta, dim iaith anweddus a phethau felly. Os byddai rhywun yn wael yn yr ysbyty, fe benodwyd rhywun i ymweld â'r claf, ac os oedd angen rhywbeth, er enghraifft, sebon neu ffrwythau, baco a.y.y.b, byddai pawb yn rhoi ychydig o arian mân i'r achos a byddai rhywun yn cynnig mynd â hwy i'r claf. Hefyd, ysgrifennwyd llythyrau i rywun mewn profedigaeth. Ar ddiwedd mis, cynhaliwyd eisteddfod fach – eitemau fel canu solo, adrodd, stori ddigri a stori fer, ac fe benodwyd rhywun i feirniadu. Addysg dda i griw ifanc a gwirion!

Diolch i Delwyn am ei gyfraniad.

Ar y gofgolofn i'r diwydiant llechi yn Sgwâr Diffwys mae brawddeg gan y diweddar Athro Gwyn Thomas, un o blant yr ardal: 'Llifa amser yn ei flaen, a llifa dŵr, ni lifa bywyd creigiwr'.

Buddiol fyddai rhoi ychydig o hanes un o chwareli bach

---

* Jumpar – math o ebill a oedd wedi ei weithio allan o rod dur, tua modfedd o drwch a rhyw bum troedfedd o hyd. Roedd un pen iddo wedi ei addasu yn gŷn ac ar tua tri chwarter ei hyd, roedd rhagor o ddur wedi ei ychwanegu fel siâp pêl hir-grwn wedi colli hanner ei gwynt, hyn yn gwneud rhyw ddeg modfedd o hyd a thua pum modfedd o led. Y pwrpas oedd ehangu pwysau'r jumpar. Byddai'r gweithwyr yn ei ddefnyddio i wneud twll yn y graig i ddal y ffrwydron, byddant yn codi'r jumpar a'i ollwng i lawr gyda'r pwysau ychwanegol gellid taro'r graig yn ffyrnig a rhoi cyfle i'r cŷn wneud ei waith – gwaith araf a phoenus.

y cylch sef Bwlch Slaters. Ei pherchennog oedd Captain Mathews. Ar ochr ddwyreiniol Manod Mawr mae lleoliad y chwarel, ac mae'r ffordd iddi yn cychwyn yn y Llan ger Morannedd, Highgate, a thrwy Gwm Teigl. Wmffra Hughes oedd y rheolwr yn ystod y cyfnod cyn yr Ail Ryfel Byd a Robert Baker o'r Manod oedd y prif glerc. Hefyd, yn fachgen ieuanc yno, fel clerc cerrig, roedd Richard Henry Roberts, a ddaeth i fod, mewn blynyddoedd, yn Gynghorydd Dosbarth, Siroedd Meirionnydd a Gwynedd ac yn gadeirydd Pwyllgor Heddlu Gogledd Cymru. Yn wir, yr oedd yn aelod gwych ac yn arweinydd da i'r gymdeithas a'r dref.

Rhyw chwe deg o weithwyr oedd yn gweithio yn y Bwlch, gyda'r rhan fwyaf yn dod o'r Llan. Byddai'r gweithwyr o gylch y Manod yn cael eu cario i'r gwaith gan lori agored a fyddai'n galw am y gweithwyr tua chwech o'r gloch y bore i sicrhau eu bod yn cyrraedd y chwarel erbyn saith. Nid oedd unrhyw fath o orchudd i'r lori, a phan oedd yn wlyb, rhaid oedd cael llen tarpaulin drostynt i'w cadw'n sych.

Byddai'r gweithwyr, sef y creigwyr a'r chwarelwyr, yn gwneud bargen gyda'r swyddog ar ddechrau'r mis gan gytuno pris am gloddio'r cynnyrch. Byddant wedyn yn cael 'sub' yn wythnosol, ac yna ar ben y mis byddai'r fargen yn cael eu talu yn llawn ar ôl eu mesur, a gelwid y tâl yn 'pen cyfrif' neu 'tâl mawr'. Byddai'r gweithwyr eraill, sef y ffitar, y gof, trydanwr, saer coed, saer maen a dreifar y lorri, ar gyflog dydd. Yn ddiddorol, roedd dreifar lorri'r Bwlch, Mr Walker, yn *sign writer* gwych, a bu am gyfnod yn arlunio posteri lliwgar i gwmni syrcas.

Rwyf eisoes wedi cyfeirio bod gweithwyr y Bwlch yn defnyddio inclên Graig Ddu i fynd adref, ond yr oedd rhaid cerdded o'r chwarel dros gopa Manod Mawr i fynd ati. Byddai tâl o chwe cheiniog y mis yn cael ei roi i dalu i'r gweithwyr a oedd yn arolygu'r trefniant o gludo'r ceir gwyllt yn ôl i'w man priodol ar ddiwedd y dydd ac yn barod at wasanaeth y diwrnod wedyn.

Yn sgil yr Ail Ryfel Byd, caewyd y ddwy chwarel o achos diffyg gweithwyr, ond defnyddiwyd Bwlch Slaters i gadw lluniau gwerthfawr o'r National Art Gallery, Llundain. Un o'r rhesymau dros hynny oedd bod gwely'r llechan yn y Bwlch yn wastad. Roedd y fynedfa hefyd yn wastad ac yn hawdd i'w defnyddio. Dywedir mai David Lloyd George a awgrymodd ddefnyddio agoriad y Bwlch i'r awdurdodau. Fe fu nifer o weithwyr yn gweithio yn yr agoriad i adeiladu man priodol i gymryd y lluniau. Gosodwyd peiriannau yno i gadw'r tymheredd yn gyson, ac fe ddysgwyd pwysigrwydd o gael tymheredd a lleithder sefydlog i gadw'r lluniau rhag dirywio. Roeddwn yn un o'r gweithwyr a fu'n paratoi'r adeiladau am gyfnod o chwe mis.

Mae'n debyg bod llawer o wirionedd yn y dywediad 'peidiwch ag edrych yn ôl'. Serch hynny mae'n rhaid edrych yn ôl a chael yr atgofion sydd o werth i ni i ddysgu o'r gorffennol.

Ychydig yn ôl, cefais y cyfle i ailymweld â llecyn Tyddyn Gwyn. Symudodd fy nheulu oddi yno ychydig cyn yr Ail Ryfel Byd, ac nid oedd llawer o gyfle i ymweld â'r fro wedyn. Ie, dim fy Nhyddyn Gwyn i oedd yna, roedd pob peth wedi newid. Lle'r oedd y goeden sycamorwydden wedi mynd? Syllu, er doedd dim rhaid syllu, i weld y gwahaniaeth, y ffarm, y goeden fawr bîn, y beudai a'r stablau, y stesion, y seiding glo i gyd wedi mynd, a dim ond trac y lein ar ôl – i ba bwrpas? Roedd yr Eglwys yn dal yno, ond nid Eglwys Anglicanaidd mohoni bellach, ac roedd yr hen gloch wedi mynd. Roedd y caeau agored wedi diflannu hefyd, heb sôn am yr anifeiliaid – y gwartheg, defaid, ieir a'r hen geiliog fyddai'n canu ei gân ben bore. Roedd y caeau yn awr yn llawn o dai modern, ac agwedd wledig y fro wedi mynd. Nawr mae'r llecyn yn fwy o faestref (suburbia).

Daeth yr amser i fynd adref a meddwl cael tamaid o fwyd yng Ngwesty'r Wynnes Arms, ond gweld bod hwnnw hefyd wedi cau a byrddau wedi eu rhoi ar y ffenestri i'w diogelu. Ai gwelliant oedd hyn oll? Yr ateb yn syml ydi – 'mae'n dibynnu ar eich oedran!'

Etholaeth Ward Congl-y-Wal

MAE WARD CONGL-Y-WAL wedi ei lleoli rhwng dwy afon sef Afon Dubach ac Afon Teigl. Mae Afon Dubach yn tarddu o Lyn Dubach ac yn llifo i lawr i Bant yr Ynn, o dan bont Tan y Manod i Gwm Bowydd ac ymlaen i Rhydsarn. Mae Afon Teigl yn tarddu o Chwarel Bwlch Slaters ar y Manod Mawr ac yn llifo trwy Gwm Teigl, Pont Pandy, Ceunant Gwlyb cyn ymuno â'r Afon Ddwyryd ger Rhydsarn. Mae pentref y Manod yn glyd rhwng y ddwy afon ac yn cael ei henw o'r ddau fynydd cyfagos sef y Manod Mawr a'r Bach.

Atgofion personol o'r amser cyn ac ar ôl yr Ail Ryfel Byd sydd gen i, a gan fod cryn amser wedi pasio ers hynny, efallai na fydd y cof yn hollol gywir bob tro. Os bydd rhai yn anghydweld, gobeithiaf iddynt fod yn drugarog a maddau i mi.

Yn ôl *Hanes Plwyf Ffestiniog*, dywedir mai Capel Tabernacl yw terfyn Manod a bod etholaeth Ward Congl-y-Wal yn cychwyn wrth groesi'r bont dros afon Dubach ger ffarm Cae Drain ym Methania, a dilyn y ffordd i lawr at 'Blas Bowton', neu 'Cartre' fel y'i gelwir yn awr – wrth ymyl ffarm Teiliau Isaf ac ymlaen at Bont Pandy.

Yr adeilad cyntaf i gyfeiriad y de oddi wrth y bont dros Afon Dubach ger ffarm Cae Drain oedd gweithdy John Lloyd y Saer. Roedd ffordd fach yn arwain i lawr i ffarm

Cae Drain. Yna, pedwar adeilad – tri thŷ a gwesty'r Manod Hotel, gyda seleri ym mhob un o'r tai a oedd yn cael eu defnyddio fel 'flats'. Yn y tŷ cyntaf, sef Bronclydwr, trigai Miss Jones a'i brawd John, ac fel Miss Jones Bronclydwr yr adnabuwyd hi. Athrawes ar ddosbarth Standard 4 yn Ysgol Manod oedd hi ac yn gymeradwy gan bawb. Mae llawer o enghreifftiau o'i haelioni yn prynu esgidiau yn ddistaw a disylw i rai o'r plant a oedd eu hangen, hefyd yr oedd yn wych am ddysgu cerddoriaeth i'r plant ac yn fedrus ar y piano. Roedd John, ei brawd, yn hynod o boblogaidd ac yn gweithio yn y chwarel, ac fe'i penodwyd maes o law yn swyddog rhenti i'r cyngor lleol. Yr oedd wedi colli ei wraig ar enedigaeth eu plentyn, a bu hyn yn loes calon iddo ar hyd ei oes, nes iddo gyflawni hunanladdiad.

Yn y tŷ drws nesaf i Bronclydwr, sef Lluest, trigai John Lloyd, Maggie ei wraig a'u merch Meiriona. Crefftwr medrus oedd John Lloyd; yn uchel ei barch. Chwaer i'r doctor lleol, sef Joseph Morris, oedd Maggie. Bu Joseph Morris am ychydig yn brentis saer coed gyda John cyn iddo benderfynu mynd i'r coleg meddygol. Roedd John yn wych yn y byd cerddoriaeth, yn denor da ac yn aelod o Gôr y Moelwyn. Yn 1909/10 cafodd y côr wahoddiad i fynd i America am bedwar mis, a chafodd rhyw ddau ddwsin eu dewis i fynd ar y daith, ac yn eu plith, John a'i frawd Ted Lloyd. Arhosodd John a Ted yno a chael gwaith a gofynnodd John i Maggie ddod allan ato, ond nid oedd hi yn awyddus o gwbl a bu rhaid iddo ddod adref. Arhosodd Ted a chael gyrfa lwyddiannus a daeth yn ŵr cefnog a chyfoethog, ond yn 1929 cwympodd marchnad stock Wall Street a chollodd Ted ei holl eiddo. Bu John yn aelod a blaenor selog yng Nghapel Gwylfa ac yn ysgrifennydd yr Eglwys am flynyddoedd. Yn ddiweddarach, pan sefydlwyd Côr y Brythoniaid gan Meirion Jones yn y chwe degau, ymunodd John Lloyd.

Drws nesaf i Lluest roedd Brittania House, lle trigai teulu William Richard Edwards.

Rwyf yn ddiolchgar i'w ŵyr, Trefor Edwards, (sydd nawr yn byw yn Llangefni ac wedi ymddeol o Heddlu Gogledd Cymru fel Uwch-arolygydd), am yr wybodaeth am ei deulu.

Daeth hen daid Trefor i'r cylch ac ymgartrefu yn 5 Teras Tanymanod. Brodor o Lanllechid ydoedd a bu'n gweithio yn un o chwareli 'Stiniog. Ganwyd ei fab William Richard Edwards yn 1871.

Chwarelwr oedd William Richard Edwards, ond ei brif ddiddordeb oedd cerddoriaeth, a bu'n Feistr Band Royal Oakeley am flynyddoedd gan ddod â'r band i fri. Priododd â Mary Catherine a chawsant chwech o blant:

- William Rimmer a anwyd yn 1898 ac a fu'n dilyn cerddoriaeth yng nghylch Llanfairfechan. Roedd wedi cael y radd ALCM, ac yr oedd hefyd yn glerc i Gyngor Dinas Bangor. Bu farw yn 1974.
- Catherine Ellen Edwards a aned yn 1901. Ni fu iddi briodi ac fe hunodd yn 1965.
- Amelia Edwards (Millie) a aned yn 1903. Bu'n brifathrawes Ysgol Babanod y Bermo a phriododd â Willie Morris, peiriannydd Bad Achub y Bermo, a hanai o un o hen deulu morwrol adnabyddus y Bermo. Roedd Millie yn hynod o weithgar ac yn arweinydd cymdeithasau ac yn barod bob amser i roi cymorth i'r anghenus. Yr oedd yn dra ffyddlon yn Eglwys Annibynnol Siloam ac yr oedd yn Ustus Heddwch. Cefais y fraint o'i hadnabod ac edmygu ei chyfraniad i'r gymdeithas yn y Bermo, bu farw yn 1979.
- Cafodd John Edwards (tad Trefor) ei eni yn 1905 ac eithrio cyfnod yn y fyddin adeg yr Ail Ryfel Byd,

bu'n un o'r gweithwyr a oedd yn gyfrifol am Bwerdy Dolwen. Bu farw yn 1988.

- Ganwyd Dorothy (Dora) yn 1908 a bu iddi etifeddu rhinweddau cerddorol ei thad. Casglodd y dref arian yn dysteb i'w thad fel gwerthfawrogiad o'i wasanaeth cerddorol i'r cylch. Ei ddymuniad oedd i'r dysteb gael ei ddefnyddio fel ysgoloriaeth i Dorothy gael hyfforddiant mewn coleg cerdd, ac felly y bu, a derbyniodd radd LRAM. Gwasanaethodd Ogledd Cymru a'i bro yn gerddorol gydag anrhydedd ar hyd ei bywyd. Roedd yn arweinydd Côr Rhiannedd y Moelwyn, a chafodd gryn lwyddiant gyda'r côr. Byddai yn arwain cymanfaoedd canu ac yn beirniadu mewn eisteddfodau ac yn hyfforddi unawdwyr. Bu farw yn 1995.
- Ganwyd Eryl, y plentyn ieuengaf, yn 1914 ond bu farw yn dri mis oed.

Dywedodd Trefor fod dros ddwy fil o bobl yn bresennol yn angladd ei daid yn 1927, hyn yn dangos parch a diolch iddo.

Mae gan Trefor lun o Brittania House wedi ei gymryd cyn 1910 sy'n dangos fod y tŷ yn cael ei ddefnyddio am gyfnod fel siop lestri.

Yng nghyfrifiad 1891, dangosir fod dau ben teulu yn byw yn Brittania House, sef Hugh Roberts, (Head), Quarryman, a'i wraig Elizabeth, a'u merch Jane gyda pherthynas William. Nodir bod teulu arall yn byw yn y tŷ, sef Richard Bowton, (Head), 'age 31, Quarry Manager' ac yn wreiddiol o Ddinas Llundain; Margaret Jones, 'age 45, Housekeeper', yn wreiddiol o Ddolgellau a John Jones ei gŵr a oedd, yn ôl y cyfrifiad, yn byw ar ei eiddo ei hun, ac yn wreiddiol o Ddinas Mawddwy. Ymfudodd y teulu Roberts i Philadelphia, ac adeiladodd Richard Bowton ei blas – 'Cartref' – ym mhen arall y Ward ger ffarm Teiliau Isaf yn barod at ei fywyd priodasol.

Yr oedd yr adeilad olaf yn y rhes wedi cael ei addasu i fod yn westy ac fe'i gelwid yn 'Manod Hotel'. Am gyfnod bu'n cyd-oesi â Thafarn Glan Gors, Bethania a oedd dim ond rhyw gan llath a hanner oddi wrtho. Y cof cyntaf sydd gennyf o'r gwesty yw Mr W. C. Scard a'i wraig Amy (née Scott) yn dal y drwydded. Roedd Scard yn hanu o Wincanton, Somerset – lle'i ganwyd yn 1894. Yn y Rhyfel Mawr, roedd Scard yn 'batman' i'r meddyg, Joseph Morris, ac wedyn bu'n gweithio iddo fel dreifar pan oedd y meddyg yn mynd ar ei *rounds*.

Yn ddiweddarach, Cyril Williams a'i wraig Betty oedd yn dal y drwydded. Gwasanaethodd Cyril yn y Llynges Brydeinig, yn un o'r criw ar y frigate 'HMS Amethyst' yn y Dwyrain Pell. Yn 1949 yr oedd yn y frwydr a elwir 'The Yangtse Incident'. Yr oedd rhyfel cartref yn China a daliwyd y llong gan y Chinese, ac wrth iddynt ymgeisio ffoi yn ddirgel rhag eu deilwyr, gan hwylio i lawr yr Afon Yangtse, cafodd y llong ei dryllio gan ynnau'r Chinese a lladdwyd a niweidiwyd llawer o'r criw. Collodd Cyril ei ddwy goes yn yr helynt yma.

Erbyn heddiw, dim ond Gwesty'r Manod sydd yn dal yn y cylch, ac y mae wedi ei ehangu drwy ychwanegu Brittania House i'w eiddo.

O flaen tŷ Bronclydwr mae carreg filltir wedi ei gosod. Mae hon wedi ei rhestru gan CADW fel Gradd II am ei bod yn garreg filltir o hanner olaf y bedwaredd ganrif ar bymtheg. Mae o wneuthuriad haearn bwrw ac yn gernlun triongl. Rwyf mewn ychydig o benbleth ynglŷn â'r garreg filltir yma; cwestiynaf a yw yn y lle iawn? Y rheswm dros hwn yw 'mod i'n cofio, cyn yr Ail Ryfel Byd, bod carreg filltir yr un fath â hon wedi ei lleoli o flaen gardd ffrynt rhif

85 Heol Manod a hyn cyn i'r palmant gael ei wneud. Yr un oedd yr arwyddion ar y garreg ac mae lle i gredu mai yr un ydyw.

Yn ystod yr Ail Ryfel Byd, a disgwyl i'r gelyn lanio yn y wlad, bu i'r awdurdodau dynnu pob arwydd i lawr a'u cadw yn ddiogel; y syniad oedd rhwystro'r gelyn weld eu ffordd ymlaen. Cadwyd y garreg filltir yn 74a Heol Manod – y Gweithdy – ac yno y bu tan ddiwedd y rhyfel.

Pan gymerodd fy nhad y gweithdy drosodd ar ôl y rhyfel, roedd y garreg filltir yno ac yn rhy fawr a thrwm i'w symud. Cysylltodd fy nhad gyda Swyddog Ffyrdd y Cyngor Sir, Mr Pugh, ond ni wyddai ef ddim am ei hanes, ond aeth y cyngor â'r garreg i'w iard i'w chadw. Ni fu iddi gael ei hail osod yn y man gwreiddiol a doedd neb yn poeni am hynny chwaith. Tebyg mai ger Bronclydwr yr ail-osodwyd hi wedyn a hyn rhyw chwe chan llath oddi wrth y man gwreiddiol.

Cwestiwn diddorol ydi – lle mae y man priodol i'r garreg filltir yma? Ai wrth ymyl Bronclydwr neu wrth Rif 85 Heol Manod? Mae'r llythrennau arni yn arwyddo Harlech 14, a Blaenau Ffestiniog heb rif, gan awgrymu dylai ei lleoliad fod ar ffin Blaenau a Manod. Os felly, mae ei lleoliad ger Bronclydwr yn gywir.

Mae CADW yn dweud fod y garreg filltir yma yn tarddu o ganol y bedwaredd ganrif ar bymtheg. Adeiladwyd yr 'High Street' yn y cyfnod 1822. Mewn llun o res dai sy'n cynnwys Bronclydwr a gymerwyd yn 1910, nid oes carreg filltir i'w gweld o flaen y tŷ.

Diddorol yw'r hyn a ddywed G. J. Williams yn *Hanes Plwyf Ffestiniog*:

> Bu S. Holland Ysw., A.S., yn cymeryd rhan flaenllaw mewn gwella y ffyrdd, ac y mae y plwyf fel yr hysbyswyd yn Vestry 1822, yn ddyledus iawn i'r boneddwr anrhydeddus.
>
> Ar ôl agor chwarel y Rhiw, ac i wneuthuriad y llechau

gynyddu, yr oedd Mr Holland yn awyddus iawn am wneyd i ffordd â'r mulod oedd yn eu cludo i Gongl-y-wal, a dymunai newid cyfeiriad yr hen ffordd oddiwrth Danymanod i fyned at y chwarelau. Yr oedd yma wrthwynebiad mawr i hyn, daeth yntau a'r Ynadon i olwg y fan, a llwyddodd i gael caniatâd. Gwnaed hi yn y dull canlynol:

Yr oedd Mr Holland i fyned dan yr holl draul o brynu y tir, gwneyd y ffordd, a dwyn pob costau cyfreithiol a allent ddigwydd ynglŷn â'r gorchwyl, i gadw y ffordd mewn cyflwr da am dair blynedd, ac i'w rhoddi i fyny i'r plwyf yr adeg hono yn hollol glir o bob treuliau mewn cyffelyb gyflwr. O'r tu arall yr oedd chwarel Rhiwbryfdir (a weithid gan Mr Holland) i fod yn hollol glir oddiwrth bob trethi am yr un ysbaid. Gwnaed y ffordd hon yn 1824 ac 1825, a daeth yn eiddo i'r plwyf yn 1828.

Dros y ffordd i'r dafarn roedd Cloth Hall, a bu hwn yn gaffi bach am gyfnod. Ymhellach ymlaen roedd gweithdy Michael Jones, saer cerrig beddi.

Wrth dalcen Gwesty'r Manod, safai Plas Tanymanod sydd erbyn hyn wedi ei ddymchwel, a llawer bellach ddim yn gwybod dim am ei hanes. Yr oedd yn adeilad hynafol, a'r tebyg mai hwn oedd un o'r adeiladau cyntaf yn y cylch. Trueni na chafwyd arian i'w gadw, ac er i'r cyngor gael ei feirniadu am ei ddymchwel, yr oedd wedi mynd yn rhy beryglus. Yr hen deulu Fychan (Vaughan) oedd y perchnogion, ac roedd brawd a chwaer yn byw ynddo. Hen lanc oedd John, a phob amser yn siriol braf, yn gweithio yn swyddfa 'Edward Jones a'i Fab', twrneiod yn y Blaenau. Roedd ei chwaer, Verna, yn un ddistaw iawn. Bu yn aelod ac ysgrifenyddes adran Sefydliad y Merched, Manod am gyfnod hir.

Ar bapur, edrychai stad Tanymanod yn llewyrchus ond mewn gwirionedd roedd y tai a'r ffermydd yn hen ac angen eu moderneiddio. Roedd y rhenti yn isel a diffyg arian yn gwneud y broblem yn fwy.

Credaf mai'r stad oedd berchen y mwyn a thiriogaeth chwarel Graig Ddu, ond tybed faint o'r arian yna a oedd yn mynd i'r tai – prin ddim o'u golwg.

Clywais pan oedd yr hogiau Evans', Manaros, yn bwriadu gweithio'r tomennydd rwbel, cafwyd caniatâd John Vaughan, perchennog y tir a'r tomennydd oedd arno i wneud hynny. Roedd gan John Vaughan ddau frawd, ond nid oeddent yn byw yn y Plas. Roedd un yn gweithio fel saer coed yn chwarel Graig Ddu ac wedyn yn swyddfa'r pensaer Morris Pritchard. Aeth y brawd arall yn 'Petty Officer' yn y Llynges Brydeinig, a phriododd â Margaret Hughes, merch ysgolfeistr Ysgol Manod, ond yn anffodus collodd ei fywyd ar fwrdd ei long adeg y rhyfel.

Tŷ ffarm oedd Plas Tanymanod yn wreiddiol a adeiladwyd yn 1694, ond mae rhai yn mynnu iddo gael ei adeiladu cyn hynny hyd yn oed. Ar un adeg roedd olwyn ddŵr ar ei dalcen ar gyfer y corddwr. Yn niwedd yr ail ganrif ar bymtheg, y teulu Fychan oedd yn byw yno ac yr oeddent yn perthyn i hen deulu Gorsygedol, Rhug a Hengwrt. John Vaughan a'i chwaer Verna oedd yr olaf i fyw yn y Plas. Yn 1954 perswadiodd John Vaughan yr awdurdodau i restru yr adeilad fel lle o ddiddordeb. Cofiaf y cyfnod pan bu'r diweddar Gynghorydd Gwilym Davies MBE yn cynorthwyo John Vaughan gyda'r cais i restru. Ar eu cais, aeth fy mrawd Jack i dynnu lluniau o'r hen grât mawr yn y gegin. Yn 1959 bu John mewn gohebiaeth â'r Dr Iorwerth Peate, Curadur Archifau Amgueddfa Werin Cymru er mwyn ceisio dyddio'r adeilad yn gywir. Bu farw John Vaughan yn 1961, ac ar ôl marwolaeth Verna yn 1971, gwerthwyd yr holl stad. Fe brynodd Cyngor Dinesig Ffestiniog y Plas ond erbyn hynny yr oedd bron yn adfail, cafodd ei ddymchwel ac adeiladwyd stad newydd o dai ar y tir.

Dros y ffordd i'r Plas roedd yna siop fach yn gwerthu

nwyddau sef Siop Tanygraig. Nid wyf yn cofio pwy oedd ei pherchennog ond rwy'n cofio bachgen a oedd yn byw yno sef John Miles a oedd dipyn yn hŷn na fi.

Gyferbyn â'r Plas roedd ffordd Hafod Ruffydd yn arwain i gyfeiriad chwarel y Diffwys, ac roedd y rhan fwyaf o'r tai ar y ffordd yn perthyn i Stad Tanymanod. Gyferbyn â ffordd gefn Teras Tanymanod Newydd, roedd adeilad lle roeddem yn mynd yn wythnosol i chargio y 'Wet Battery' ar gyfer y *wireless*. Mae'n anodd deall heddiw pam fod angen tri batri i'r *wireless* – y batri mwyaf yn 120 folt ac yn glamp o faint, y batri a elwid yn 'Grid Bias' yn 9 folt ac wedyn y *wet battery* a oedd rhyw bedair modfedd sgwâr a rhyw saith modfedd o uchder. Roedd gwydr trwchus yn dal y batris ac roeddent yn drwm, ac o achos yr 'acid' ynddynt, rhaid oedd bod yn ofalus wrth eu defnyddio. Roedd angen dau fatri gwlyb, un i mewn yn y *wireless* tra oedd y llall yn cael ei chargio. Ger y cwt chargio safai stabl Harry Glasfryn, â lle i gadw rhyw ddau geffyl a weithiai yn y chwarel. Yma hefyd oedd cwt pren Mr Owen; dyn dall fyddai'n gwneud matiau llawr gwych.

Ymhellach i fyny roedd ffatri Pant yr Ynn. Mae'r adeilad yma yn bur hen ac nid oes gwybodaeth pa bryd y cafodd ei adeiladu. Erbyn heddiw mae wedi ei restru fel adeilad Gradd II. Nid oes unrhyw wybodaeth i ba bwrpas y cafodd ei adeiladu, ond yn 1845 aeth i ofal Chwarel Diffwys er mwyn gwneud slabs. Mae'n debyg mai'r chwarel a osododd yr olwyn ddŵr enfawr ar dalcen yr adeilad i weithio'r peiriannau oddi mewn. Byddai ceffylau yn dod â'r llechfaen o'r chwarel i lawr i'r felin. Yn hwyrach cafodd y chwarel injan stêm i weithio'r peiriannau a daeth diwedd i'r felin. Trosglwyddwyd y gwaith i'r chwarel i arbed costau cludo.

Clywais fod yr hen ffatri wedi bod yn ysgol wedyn am saith mlynedd, ond i ba bwrpas, nis gwn. Yn 1881 fe'i prynwyd gan gwmni Jacob Jones, Moelwyn Mill, Tanygrisiau a'i addasu fel ffatri wlân i gydweithio gyda'i ffatri hwy yn Nhanygrisiau. Byddant yn gwneud blancedi ym Mhant yr Ynn ac wedyn mynd â nhw i Danygrisiau i'w gorffen trwy ddefnyddio y pannwr, a oedd yno yn trin y defnydd. Parhaodd y ffatri yn nwylo'r cwmni nes 1964 pan werthwyd yr holl beiriannau. Cofiaf fynd i'r felin yn blentyn. Er nad oedd llawer yn cael eu cyflogi yno, bu'n agoriad llygad i weld y peiriannau yn cael eu gweithio gan yr olwyn ddŵr.

Mae nifer o dai wedi eu lleoli o dan y ffordd uchaf sef tai Teras Tanymanod, Hen a Newydd. Un o'r bobl oedd yn byw yno oedd Elwyn Morris a gollodd ei fywyd yn yr Ail Ryfel Byd. Bachgen llawn bywyd a gyrfa ddisglair o'i flaen, ond a syrthiodd ar faes y gad.

Ni all neb anghofio Ieuan Davies – dyn byr o daldra ond yn llawn o gorff, â phâr o sbectols crwn gyda gwydrau tew ynddynt ar ei drwyn. Dyna un arall a fyddai wedi dringo i'r brig o gael y cyfle. Roedd yn denor bendigedig ac yn unawdydd o fri, gyda llais hyfryd swynol a theimladwy. Gallai lenwi'r hen 'Hall' gyda'i lais. Dioddefodd lawer gyda'i olwg, ac yn anffodus collodd ei olwg bron yn llwyr.

Un arall o blant Tanymanod a wnaeth enw iddo'i hun oedd Gwilym, neu fel yr oeddem ni yn ei adnabod, Gwilym Peniel. Pêl-droediwr a oedd yn aelod o dîm y Blaenau a thîm cyntaf Bolton Wanderers – a oedd, yn y cyfnod hwnnw, yn un o'r goreuon yn adran gyntaf Cynghrair Bêl-droed Lloegr. Ar ôl gorffen ei yrfa gyda Bolton, fe ddychwelodd i'r Blaenau ac agorodd siop trin gwallt wrth ymyl hen sinema'r Empire.

Person arall o bwys oedd Mr. Pritchard – saer maen, adeiladwr a chrefftwr gwych. Mae peth o'i waith i'w weld heddiw yn yr hen adeilad cyfleusterau cyhoeddus ar ochr ffordd Heol Manod ger Capel Bethesda, ac mae'r gwaith maen yn berffaith. Roedd yn dad i ddau o fechgyn gwych – Morris a oedd yn bensaer a Wyn a oedd yn feddyg. Gwasanaethodd y ddau'r fro gydag anrhydedd.

Teg ydyw sôn am Huw Verdun Pritchard, ac fel mae ei enw yn cyfleu, roedd ei dad wedi marw ym mrwydr Verdun yn Ffrainc. Yn y cyfnod yma yr oedd yn arferol i enwi plant ar ôl brwydr ffyrnig lle collwyd eu tadau. Cafodd Huw yrfa lwyddiannus yn yr Ysgol Sir, ond fel llawer un, nid oedd modd ariannol iddo fynd ymlaen i goleg. Aeth i weithio i swyddfa bapur newydd y *Rhedegydd* fel prentis gosodwr. Bu hefyd yn ysgrifennu llawer i'r papur.

Teulu arall yn Nhanymanod oedd Mr a Mrs Roberts a'u saith o blant sef Dorothy (Dolly), Enid, Lydia, Thomas William, Robert John (a adnabuwyd fel Robin John), Roderick a Dewi. Un o deulu ffarm 'Y Ffynnon', Manod oedd Mrs Roberts. Roedd Robin John yn aelod o'r St John Ambulance Brigade, ac roedd wedi ymrwymo i wasanaethu yn y llu arfog pe bai angen. Byddai hogiau'r adran yn mynd pob blwyddyn i ysbyty milwrol i ymarfer. Ar ddechrau'r Ail Ryfel Byd, roedd Robin John yn un o'r rhai cyntaf i gael ei alw i'r fyddin. Gwasanaethodd mewn llawer gwlad a chafodd ei glwyfo. Ar ôl dychwelyd adref, fe'i penodwyd yn ddreifar ambiwlans yn Nolgellau. Roedd Dolly, ei chwaer, yn yr ysgol gyda mi, a hyfforddodd i fod yn nyrs a chael ei SRN. Bu'n nyrs yn yr adran famolaeth yn Ysbyty Dewi Sant, Bangor, ar hyd ei gyrfa, a mawr oedd y clod i'w gwaith.

Bu i Roderick a finnau'n sefyll yn erbyn ein gilydd mewn etholiad ar gyngor dosbarth y dre – Roderick dros Blaid Cymru a minnau dros y Rhyddfrydwyr. Roeddwn i wedi cael fy ethol am y tair blynedd flaenorol, ond dyma'r tro cyntaf i Roderick sefyll fel ymgeisydd. Fe lwyddodd i ennill y sedd gydag un bleidlais rhyngom. Dymunais yn dda iddo, ac roeddwn yn falch fy mod wedi cael cyfle i wasanaethu'r ward a gweld sut yr oedd y cyngor yn gweithredu yn ymarferol. Teg nodi, pan oeddwn yn aelod o'r cyngor, mai dyma'r cyngor cyntaf i Blaid Lafur ennill mwyafrif, a fi oedd yr unig Ryddfrydwr yn y cyngor.

Yn olaf yng nghylch Tanymanod, roedd ffarm fechan neu dyddyn yn cael ei gweithio gan Steffan. Almaenwr oedd Steffan a fu'n garcharor yn ystod y rhyfel ac a yrrwyd i weithio ar y tir ar ffarm ym Maentwrog. Ar ddiwedd y rhyfel, penderfynodd aros yn y wlad a daeth i fyw i ffarm fechan Penybryn, ond nid oedd o faint digonol i wneud bywoliaeth ohoni. Cyfarfûm â Steffan pan oeddwn yn gweithio gyda chwmni John Laing yn Nhrawsfynydd; cwmni a oedd yn gwneud camlas i fynd â rhagor o ddŵr i'r gronfa. Steffan oedd â chyfrifoldeb dros y ffrwydron, a byddai'n eu tanio i ryddhau'r graig. Gofynnais iddo unwaith pam fod un o'i freichiau yn gam a dywedodd pan oedd yn garcharor ar un o'r ffermydd, fe syrthiodd a thorri ei fraich ond ni chafodd weld meddyg ac felly arhosodd yr asgwrn yn gam. Holais innau beth oedd ei deimladau tuag at y ffarmwr hwnnw a oedd wedi gwrthod gadael iddo fynd at y meddyg a'i ateb oedd, 'I was a prisoner and did not count'. Yn rhyfeddol, nid oedd gan Steffan atgasedd tuag at y ffarmwr hwnnw.

Yn y gwaith un tro, fe ffrwydrodd y ffrwydron cyn eu hamser ac roedd Steffan yn y lle anghywir ar y pryd. Fe anafwyd ei wyneb a'i ben. Aed ag ef i'r ysbyty lleol ac yna i Lerpwl lle'r oeddent yn meddwl nad oedd llawer o obaith iddo ac mai dim ond am ychydig oriau y byddai fyw. Ond sylwodd yr arbenigwr bod ysbryd Steffan yn gryf o hyd a dechreuodd ei drin yn ofalus ac yn weddol lwyddiannus. Pan ddaeth Steffan adref, roedd wedi colli ei olwg i bob pwrpas ond yr oedd yn gweld ychydig o oleuni. Nid adawodd Steffan i'w glwyfau ei rwystro rhag wneud gwaith y ffarm.

Byddai'n defnyddio tractor i aredig a byddai ei wraig yn cerdded o flaen y tractor gyda cherdyn gwyn a gallai Steffan ei weld a'i ddilyn. Braint oedd cael ei adnabod.

O sôn am Steffan, daw Almaenwr arall i gof ac yntau hefyd yn garcharor, sef Heinz a oedd yn byw yn ffarm Pant Mawr, Trawsfynydd. Gofynnais iddo un tro pam na fuasai yn cael papurau i fod yn Brydeiniwr a'i ateb oedd; 'If I could become a Welshman I would do so but an Englishman, never' – tybed a oes gwers i ni yn yr ateb?

Dylwn ysgrifennu am lawer o bobl yn y cylch, ond maent yn rhy niferus. Serch hynny, mae'n rhaid cyfeirio at un bachgen ifanc sef Selwyn o gylch Hafod Ruffydd a oedd yn beiriannydd sain ac yn un o arloeswyr y grefft o recordio sain. Bu'n beiriannydd gyda chwmni recordiau Sain ac mae llawer o recordiau a CDs yn cynnwys ei enw. Dyma grefft newydd a ddaeth i'r ardal, a da bod un o 'Stiniog wedi llwyddo yn y maes yma.

Down at gapel Annibynwyr Bethania (1818), sydd bellach wedi ei ddymchwel. 'Dry rot' oedd y drwg; roedd ym mhob man yn yr adeilad – yn y coed a'r waliau ac yn amhosib ei ddifa. Dyma ddywed G. J. Williams yn ei lyfr *Hanes Plwyf Ffestiniog* am y capel:

> Safai y Capel hwn oddeutu can llath yn fwy i'r gogledd na'r un presenol, a lloft ystabl yn oriel iddo. Mewn canlyniad i gynydd mawr yn yr Eglwys yn niwygiad 1839, aeth y Capel yn rhy fychan i'r gynulleidfa. Prynwyd tir eilwaith gan John Vaughan, Ysw., Tanymanod. Adeiladwyd Capel gwerth £700, a gwerthwyd yr hen Gapel i'w wneud yn dai anedd.
>
> Oddeutu 1864 (?) adgyweiriwyd y Capel, a rhoddwyd oriel arno, am y draul o £500.
>
> Yn 1873 adeiladwyd tŷ i'r Gweinidog, am yr hwn y talwyd £387.

A dyma'r hyn ysgrifennodd y diweddar Percy Hughes,

cyn brifathro Ysgol y Manod, yn Llawlyfr y Capel yn 1938 (gyda diolch i Steffan ab Owain am y wybodaeth):

Cwblhawyd y capel yn mis Tachwedd 1818 a gelwid yn Bethania. Erbyn hyn adweinir y rhan yma o'r ardal wrth yr enw hyn a saif 1 a 2 Penygroes ar y llecyn lle gynt y safai'r capel cyntaf.

Bu amryw o weinidogion y Capel yn fawr eu dylanwad. Cynhelid cyfarfodydd yn y festri. Cofiaf un cyfarfod gyda Thomas Evan Nicholas (Niclas y Glais) yn rhoi anerchiad ynddo. Deintydd oedd Nicholas yn ôl ei alwedigaeth, ond roedd yn fwy adnabyddus fel gwleidydd, pregethwr a bardd. Cafodd ei garcharu gan y llywodraeth yn ystod yr Ail Ryfel Byd am ei ddaliadau. Yr wyf yn dal i gofio testun ei ddarlith 'Hands Wanted' – y byrdwn oedd nad oedd cwmnïau mawr eisiau i'w gweithwyr feddwl drostynt eu hunain, a'u hunig ddefnydd oedd eu dwylo i wneud y gwaith. Yn y ffatrïoedd mawr yn Lloegr, pan fyddai angen rhagor o weithwyr, yr arferiad oedd rhoi cerdyn ar fynedfa'r gwaith â'r geiriau 'Hands Wanted' arno. Ni roddai hyn unrhyw werth na pharch i'r gweithiwr.

Ar y ffordd ger y capel, roedd rheilffordd gul a oedd yn cludo cynnyrch chwarel Graig Ddu i seiding Tanymanod er mwyn eu trosglwyddo i lein y 'Great Western'. Byddai'r cynnyrch yn dod i lawr yr inclên ac yna byddai'r wagenni yn mynd ar y rheilffordd gul. Hefyd yn y cylch yma roedd tŷ rheolwr chwarel Graig Ddu, sef Mr Watkins, ei wraig, ei ferch a'i fab, Glyn. Roedd y ferch wedi priodi â dyn busnes llwyddiannus yn y Bermo ac fel Mrs Willie Owen, yr oedd yn cael ei hadnabod.

Ymhellach ymlaen, ac ar ochr arall i'r ffordd, roedd Mr Owen Jones, ei wraig a'u mab Gareth yn byw. Siopwr oedd Mr Jones oedd yn gweithio i'r cwmni Co-op yn y Blaenau. Mae hanes diddorol am sut y daeth Mr Jones yn brif reolwr y busnes. Dyma'r hanes gan Mr Moi Thomas, a oedd yn frodor o Gae Clyd ac yn rheolwr ar gangen Co-op, Maentwrog a Llan:

> Adeiladwyd Co-op newydd yn Nolwyddelen a phenodwyd Owen Jones yn rheolwr arni, ond am wahanol rhesymau nid oedd y fenter yn llwyddiannus ac roedd y pwyllgor mewn penbleth beth i'w wneud.
>
> Yn y cyfnod bu Owen Jones yn wael, a bu'n rhaid cael rheolwr dros dro. Fe anfonwyd un o'r cynorthwywyr sef Mr Dauncey yno. Nid oedd Mr Dauncey yn cael ei ystyried fel defnydd i fod yn rheolwr ond roedd dim llawer o ddewis.
>
> Ond daeth y busnes yn llewyrchus o dan rheolaeth Mr Dauncey ac am fod Owen Jones wedi gwella ac yn barod i ddychwelyd i'w swydd, roedd gan y pwyllgor ddilema. Bu farw prif reolwr y Co-op, Mr Robert Jones a oedd yn byw yn Oakeley Square, felly roedd angen penodi prif rheolwr yn ei le. Cynigais i'r pwyllgor osod y swydd i Mr Owen Jones ac fe'i derbyniodd. Bu ei yrfa fel prif rheolwr yn llwyddiant ac roedd canmoliaeth iddo mewn llawer cyfeiriad, a chynyddodd y busnes o dan ei reolaeth.

Heibio i gartref Mr Owen Jones, a dros y ffordd, roedd modurdy mawr a oedd, rwy'n credu, yn perthyn i Mr J. R. Arthur un o berchnogion chwarel Graig Ddu. Yr oedd ei dŷ yr ochr arall i'r ffordd lle'r oedd ei ferch Dilys a'i gŵr, William Jones, yn byw hefyd. Cofiaf i'r modurdy gael ei ddefnyddio gan fachgen lleol a oedd yn beiriannydd trwsio moduron. Drws nesaf i'r modurdy roedd siop Burrows – Siop McAteers yn ddiweddarach ac yn siop *fish and chips* gan Burrows am gyfnod.

Un o hoelion wyth Capel Bethania, Mr Richard Edwards, oedd yn byw yn Eifion House, drws nesaf i'r siop. Chwarelwr oedd Mr Edwards ac yn un o ddiaconiaid ac ymddiriedolwr y capel. Dyn byr o daldra ond yn gryf yn ei ddaliadau. Roedd ganddo ef a'i wraig Gwen dri o blant sef Wil, Menna a Morfudd. Roedd Morfudd yn Ysgol Manod gyda mi. Bu

Wil yn aelod o Fand yr Royal Oakeley, a phan ymunodd â'r fyddin, cafodd ymaelodi ag un o'r bandiau milwrol. Credaf iddo wasanaethu gydag un o'r bandiau yn un o wledydd yr Amerig, ac ar ôl gorffen yn y fyddin bu'n aelod mewn band mawr yng nghylch Swydd Efrog. Ar ôl dychwelyd adref, bu am gyfnod yn arweinydd band y Llan. Priododd Menna ac fe fu hi a'i gŵr yn rheolwyr siop E. B. Jones yn y Blaenau dros y ffordd i Gapel Jerusalem. Yn yr adeg yma roedd siopau E. B. Jones mor adnabyddus â Tesco heddiw, ac yr oedd llawer ohonynt yng Ngogledd Cymru. Yn ddiweddarach, daeth Menna a'i gŵr yn berchnogion y siop.

Ychydig i lawr y ffordd o siop Burrows roedd capel y Wesleyaid – Disgwylfa (1899), ac fel yr awgryma'r enw, adeilad dros dro oedd hwn, ond ni fu adeilad arall mwy yn ei le. Roeddwn yn aelod yn y capel yma pan oeddwn yn blentyn.

Yn y rhes gyferbyn trigai Mr a Mrs Pugh a'u merch Anwen. Dreifio bysus Crosville oedd Mr Pugh – er nad oedd yn cael ei ystyried yn ddreifar esmwyth gan y teithwyr. Fe ddywedir iddo ddysgu dreifio yn y fyddin, ac nid oedd yn fawr ei ofal wrth newid gêr – roedd y sŵn yn anhygoel! Yr oedd yn ddyn distaw, medrus yn ei ffordd ei hun, a bu'n aelod o'r cyngor lleol am gyfnod. Mynychodd Anwen y coleg a chael swydd gyda'r Eglwys Anglicanaidd, a phriododd â swyddog addysg bellach Sir Feirionnydd, John Tudor Davies, ac aethant i fyw yn y Bermo.

Gerllaw trigai Mr a Mrs Pugh. Geneth leol oedd Mrs Phyllis Pugh a phlismon oedd ei gŵr, ond ymddiswyddodd ac aeth i bartneriaeth gyda Dick Jones fel adeiladwyr. Roedd Dick wedi bod yn gyfrifol am iard fasnachol adeiladwyr Pembroke House ger hen stesion Diffwys.

Yn yr un cylch roedd Manaros lle trigai'r 'hogiau Evans'. Ar ôl y rhyfel, bu iddynt ddechrau busnes o gael cerrig o domennydd Graig Ddu i wneud llechi to, a bu'n fusnes llewyrchus am flynyddoedd. Diddorol fyddai gweld ambell glwt o garreg ddefnyddiol a oedd wedi ei daflu i'r domen gydag enw'r chwarelwr arni.

Roedd siop arall ger y fynedfa i dai Isfryn – hon eto yn gwerthu nwyddau angenrheidiol. Un o feibion Simon Roberts, Cae Clyd oedd y perchennog, ac ef a'i wraig oedd yn ei rhedeg. Gwyddeles oedd Mrs Roberts, a phan briododd ei gŵr yr oedd pawb wedi rhyfeddu gan feddwl mai un o'r brodyr eraill yr oedd hi yn ei ganlyn. Pan ofynnwyd iddi mewn amser sut yr oedd wedi priodi ei gŵr yr ateb yn syml oedd – 'He was the only one to ask me to marry'. Yr oedd yna dri brawd arall, a phob un yn hen lanciau.

Hwyrach ei bod yn werth i mi sôn am yr hyn oedd yn 'ddisgwyliedig' o ferched yn y gymdeithas yn y cyfnod yma. Disgwylid iddynt briodi a chadw cartref. Cynlluniwyd sawl priodas gan y fam. Mae'n rhyfeddol cymaint o hogiau briododd merch y llety lle'r oeddent yn aros am ysbaid.

Teras Isfryn oedd y tu ôl i'r siop, ac yn y tŷ pen trigai Robert Williams a'i wraig. Fel 'Robert Williams Amen' y cai ei adnabod. Yr oedd yn flaenor yng nghapel Bethesda ac yn bregethwr lleyg a fyddai'n mynd cyn belled â Dolgellau i bregethu. Cafodd dröedigaeth yn ystod y Diwygiad. Roedd yn y de ar y pryd ac yn gweithio yn y lofa, a'r sôn oedd ei fod yn byw dan amodau caled. Bu i'r Diwygiad ei newid yn llwyr a daeth yn un o'r rhai mwyaf annwyl a pharod ei gymwynas i roi cymorth i unrhyw un a oedd ei angen. Pan yn y capel, byddai yn gwrando yn ofalus ar y bregeth, a phan oedd y pregethwr yn cyrraedd ei uchafbwynt byddai Robert Williams yn gweiddi 'Amen, Amen'. Mae'n rhaid i mi ddweud fy mod yn falch o fod wedi cael y cyfle i'w adnabod. Fe'i gwelais ychydig ddyddiau cyn iddo farw, a'i eiriau wrthyf oedd 'Nid oes gen i ofn mynd'. Roedd ei ffydd yn gadarn i'r diwedd.

Yn ôl i Heol Manod ac mae un cymeriad arall yn sefyll allan sef Mr Roberts a oedd yn cael ei adnabod fel 'Robaits Coed Tân'. Mae'n anodd disgrifio Mr Roberts, ond roedd yn ddyn tal, cryf â phersonoliaeth ddwys. Ni wn ei hanes yn iawn, ond roedd sôn ei fod yn perthyn i ryw enwad crefyddol – a hynny cyn y Rhyfel Mawr. Roedd yn awyddus i ymuno â'r fyddin, ond nid oedd yr enwad yn hapus â hyn ac ni roddwyd caniatâd i'w gais, ond fe ymunodd beth bynnag. Cosbwyd ef gan yr enwad trwy ddiddymu ei aelodaeth. Ar ôl y rhyfel nid oeddent yn barod i'w dderbyn yn ôl ac felly bu'n ddi-waith, ac nid wyf yn gwybod lle'r oedd yn byw yn y cyfnod hwnnw. Y cof cyntaf sydd gennyf ohono yw ei weld mewn adeilad ger yr hen Ysgol Manod lle torrai goed tân a'u gwerthu, a dyna oedd cynhaliaeth y teulu. Yn niwedd ei oes, byddai'n mynd i bregethu ar y Sul i rai o'r enwadau. Roedd teulu Mr Roberts yn fawr eu parch. Gweithio yn swyddfa'r cyngor oedd Idris y mab, ond bu farw yn ifanc. Rhyddfrydwr brwd oedd Mrs Roberts. Cofiaf Lafur yn ennill sedd mewn etholiad, a gyda'i theimladau yn gryf, rhoddodd Mrs Roberts rwystr ar y drws mewn ofn.

Yn y tŷ pen, yn agos i'r lle'r oedd cangen y rheilffordd yn croesi Heol Manod, trigai dwy chwaer sef Annie a Leah Roberts. Athrawon oeddent – Annie yn athrawes yn yr Ysgol Sir yn dysgu Cymraeg a'i chwaer yn bennaeth y babanod yn Ysgol Manod. Canmolodd yr Athro Gwyn Thomas Annie Roberts fel athrawes dda a oedd yn medru cynnal diddordeb y plant yn y pwnc. Ar ôl ymddeol, bu'n aelod o Gyngor Sir Feirionnydd yn cynrychioli Ward Congl-y-Wal, Manod ac yn aelod o Blaid Cymru. Bu hefyd yn rhan o'r brotest yn erbyn ehangu safle tanio milwrol yn Nhrawsfynydd trwy eistedd ar y ffordd a rhwystro moduron fynd ymlaen i'r gwersyll milwrol.

Drws nesaf i'r athrawon roedd gŵr a gwraig, sef John a Rebecca Roberts a'u pump o blant – William John, Annie Wheldon, Blodwen, Mary a John Gwyndaf. Bu farw Annie Wheldon yn ifanc; yr oedd hi yn Ysgol Manod yr un pryd â mi. Roedd John Gwyndaf wedi ei dorri allan i fod yn weinidog yr efengyl gyda'r Annibynwyr ac roedd y dalent ganddo. Cafodd lawer o loes pan oedd yn yr ysgol gan ei gyd-ddisgyblion o achos ei ddaliadau. Aeth yn efrydydd yng Ngholeg Bangor, ond bu'n gaeth i'r ddiod feddwol am gyfnod hir. Cafodd alwad i weinidogaethu yn Aberdyfi, ac er ei fod yn hynod o boblogaidd, bu rhaid iddo ymddiswyddo o'r weinidogaeth o achos y ddiod. Bu farw ei fam, a dywedwyd bod John wedi gwneud llw wrth yr arch y byddai yn trechu ei chwant diod ac yn wir, fe lwyddodd.

Ymlaen rhyw ganllath oedd Cefnmaes, tŷ gweinidog capel Bethesda / Gwylfa. Mae llawer o drafod wedi bod am yr enw – ai Cefnmaes neu Gefn y Maes sydd yn briodol? Y maes yw'r hen gae chwarae o flaen y tŷ sydd yn awr yn eiddo i'r gwaith setts.

Mae Capel Bethesda wedi cymryd rhan amlwg ym mywyd y pentref. Mae hefyd yn ddarn o hanes Methodistaidd y cylch ac yr oedd yn cael ei ystyried yn gapel bywiog ac egnïol â'r blaenoriaid yn uchel eu parch. Trueni bod yr adeilad wedi gorfod cael ei ddymchwel yn yr wythdegau, ond diolch bod y festri wedi'i haddasu i allu cynnal oedfaon ac i fod yn gapel newydd Bethesda. Bu i'r cysylltiad rhwng Capel Gwylfa a Chapel Bethesda barhau gan fod y pulpud, y sêt fawr, yr organ Americanaidd, a'r ddau gwpwrdd gwydr a oedd yn gartref i'r llestri cymun yng Ngwylfa yno. Addaswyd y cwpwrdd i bwrpas y capel newydd. Dywedodd Billy Lloyd, gor-nai i John Lloyd Saer, ei fod yn cofio gweld y pulpud yn cael ei gadw yng nghornel gweithdy ei ewythr, ond nid oedd yn gwybod beth ddigwyddodd iddo ar ôl i'r gweithdy gau. Nis gwn ai John Lloyd a fu yn addasu'r hen bulpud i anghenion y capel newydd.

Cofiaf fel plentyn, yng nghyfnod y Pasg, orfod mynd i'r holl oedfaon ar y Sul ac ar y Llun. Chwe oedfa, a rheini yn cael eu cynnal gan ddau bregethwr – a rheini o'r safon gorau. Ond serch hynny, nid oedd yn fawr o gysur i'r plant. Mae'r aelodaeth wedi disgyn yn sylweddol, ac o gofio fod yr aelodaeth wedi bod yn y cannoedd, tebyg nad yw'r dyddiau cau yn bell.

Islaw'r ffordd mae dau hen dŷ a oedd wedi eu haddasu gan Richard Lewis fel gweithdai i'w fusnes cerrig beddi. Wedi glynu wrth y hen gapel, mae bwthyn bach a oedd yn dŷ i'r gweinidog, ac mae'r pedwar adeilad wedi eu rhestru gan CADW fel adeiladau Gradd II.

Y mae hanes hen Eglwys wreiddiol Bethesda yn rhan o hanes Methodistaidd y fro. Cynhaliwyd y moddion cyntaf yn ffarm Neuadd Ddu yn 1821 gyda'r ysgoldy yn y ffarm gyfagos, Tŷ Coch, hyd Fedi 1826 pan agorwyd Capel Bethesda.

Fe adeiladwyd yr hen gapel a'r tŷ bach yn ei ochr ar dir a brynwyd oddi wrth stad Tanymanod. Yn 1821, roedd poblogaeth Plwyf Ffestiniog yn 1,168 ac yn cynyddu. Er bod yr hen gapel o faint da, nid oedd yn ddigon ar gyfer y cynnydd a ddaeth. Felly yr oedd rhaid ei ehangu ac fe wnaed hynny trwy ychwanegu oriel yn 1838. Adeiladwyd Tŷ'r Capel ac ystabl yn 1837 dros y ffordd i'r capel – lle mae rhif 65 a 66 Heol Manod heddiw.

Erbyn 1847, roedd yr adeilad yn dal yn rhy fach, a rhaid oedd ystyried adeiladu capel newydd. Penderfynwyd adeiladu capel rhyw hanner milltir oddi wrth yr adeilad presennol er mwyn sicrhau bod aelodau i'r gogledd o'r fam eglwys yn cael lle i addoli. Felly adeiladwyd Capel Tabernacl yn 1862. Ond erbyn hynny roedd yr hen gapel Bethesda eto yn rhy fach i'r aelodaeth, a bu rhaid ystyried cael capel newydd gan nad oedd yn bosib ehangu'r adeilad presennol. Fe brynwyd tir eto oddi wrth stad Tanymanod – a oedd rhyw ganllath oddi wrth yr hen adeilad (yn 1856 prynwyd y tir tu cefn i'r hen gapel fel claddfa i'r aelodau). Yn ôl cofnodion yr Eglwys, roedd rhes o hen dai Cefnmaes ar y tir lle bwriadwyd lleoli'r capel newydd. Talwyd £120 i John Vaughan (Stad Tanymanod) am y tir a hen dai Cefnmaes, ac agorwyd Capel Newydd Bethesda yn 1869 ar draul o £2,448.

Yn ôl yr hyn a ysgrifennwyd ar glawr yr hen Feibl teuluol, bedyddiwyd fy hen nain Elin a fy nhaid John Edward Jones o Gae Clyd yn yr hen gapel yma.

Yn 1898 pasiwyd, yn y Gymanfa Gyffredinol Fethodistaidd yn Llanfyllin, i drosglwyddo hen gladdfa Bethesda i ofal Cyngor Dinesig Ffestiniog. Meddir yn *Hanes Methodistaidd Gorllewin Meirionnydd* (1888/90):

> Bu i'r hen gapel agor yn 1822 (er bod yr achos wedi dechrau yn 1818). Cafodd ei atgyweirio ddwywaith a bod mewn gwasanaeth tan 1870 pan agorwyd y capel newydd. Cadwyd ysgol yn nhŷ y capel a bu ysgoldy newydd ei agor yn 1879 yn Bryn Glas. Gwerthwyd yr hen gapel yn 1895.

Yn ôl cofnodion yr Eglwys gwerthwyd yr adeilad i Miss Brymer, perchennog siop Brymer yn y Blaenau, ac roedd hefyd canghennau yn y Llan a Thrawsfynydd. Yn Sgwâr y Diffwys oedd Siop Brymer, lle mae'r Eglwys Babyddol heddiw. Roedd yn siop a werthai bob peth ac roedd yn arloeswr i'r *supermarket* presennol. Roedd hefyd yn y busnes o fenthyca arian, a bu i lawer brynu eu tai drwy fenthyg arian gan Miss Brymer. Rhoddodd hefyd arian fel gwobr flynyddol i'r disgybl mwyaf poblogaidd yn y dosbarth hynaf ym mhob ysgol yn y cylch – mae'r wobr yn dal mewn grym heddiw.

Cofnododd Emrys Evans lawer o hanes y cylch a thrigolion Cae Clyd mewn rhifyn o *Rhamant Bro* yn 2007. Bu'n bwrw golwg ar lyfr cofnodion yr hen gapel, ac ynddo mae cofnod o ymddygiad rhai o'r aelodau. Robert Jones, Cae Clyd (Yr Hen Gae) sydd wedi ysgrifennu'r cofnodion ac mae Emrys wedi nodi enwau amryw o drigolion Cae Clyd. Mae gen i ddiddordeb mewn tri enw yn arbennig, ac maent wedi eu cofnodi yma yn union fel ag y maent yn ymddangos yn y llyfr cofnodion gan Yr Hen Gae:

29 Rhagfyr 1849	Diarddelwyd Gaynor Thomas Cae Clud am ymofyn â Dewiniaid.*
11 Medi 1885	Humphrey Jones Cae Clyd. Oed 50. Wedi bod yn ddiffrwyth hynod i grefydd.
7 Ebrill 1892	Rhuth Parry, Cae Clyd – Esgeuluso moddion.

Roedd Gaynor (Gaenor) o Ddolgellau yn hen, hen, nain i mi. Brodor o Fryn Eglwys oedd Humphrey Jones ac yn fab-yng-nghyfraith iddi a hen daid i minnau. Roedd Ruth Parry, wedyn, yn chwaer i Humphrey Jones. Er gwaethaf beth a gofnodir uchod, bu i'r tair cenhedlaeth nesaf gael eu hethol yn flaenoriaid yn yr Eglwys Fethodistaidd.

Nid oes llawer o wybodaeth am yr hen gapel ar ôl i Miss Brymer ei brynu. Yn swyddogol, y cyfeiriad oedd 64 Heol Manod. Mae gen i gof plentyn o'r lle fel ffatri gwneud taffi a melysion eraill. Roedd cownter bach ger y fynedfa i werthu'r cynnyrch i'r trigolion lleol. Credaf i'r capel fod yn wag am

---

*   Mae'n rhaid bod Gaynor Thomas, Cae Clyd, wedi cael maddeuant ac ennill ei lle yn ôl ymhlith yr aelodau ym Methesda, gan y ceir y cofnod yma am ei marwolaeth flynyddoedd yn ddiweddarach yn llaw Robert Jones. '22 Awst 1884. Gaenor Thomas, Cae Clyd yn 88 oed. Darfu ddilyn crefydd trwy lawer o rwystrau. Hen grefyddwraig. Bu farw yn obeithiol.'

gyfnod ar ôl i'r busnes taffi orffen, ac mewn peth amser fe'i prynwyd gan Eglwys St Martha (Tyddyn Gwyn) a wnaeth ei addasu fel neuadd i'r Eglwys. Gwnaed gwelliannau iddo drwy gau'r oriel a defnyddio'r llawr cyntaf i gynnal cyfarfodydd. Ar yr un pryd roeddent yn llogi'r adeilad i fudiadau eraill tu allan i'r Eglwys.

Cofiaf gyfarfodydd gwleidyddol, cyngherddau a chyfarfodydd y W.E.A yn cael eu cynnal yno. Cynhaliwyd dosbarthiadau yno hefyd gan yr Athro Alun Llewelyn Williams o Goleg Prifysgol Cymru, Bangor, a chofiaf mai ei destun oedd 'Y Stori Fer'. Anogodd Emrys Evans i ddatblygu mwy o'i ddawn o ysgrifennu storiâu a hanes.

Defnyddiwyd y llawr gwaelod yn y pumdegau gan Awdurdod Addysg Meirion fel ffreutur i blant Ysgol Manod; roedd yr awdurdod yn sicrhau fod y plant yn cael cinio safonol. Am gyfnod, bûm yn un o reolwyr Ysgol y Manod, a chofiaf i ni benderfynu gwneud adroddiad am y drefn ac ansawdd y bwyd a oedd yn cael ei baratoi yn yr hen gapel. Fe ofynnwyd i un o'r rheolwyr, Y Parch R. H. Evans, a fuasai yn fodlon archwilio'r drefn ac ansawdd y bwyd, a gwnaeth hynny gan ganmol y cwbl.

Nid wyf yn gwybod hanes yr hen gapel ar ôl i Eglwys St Martha gau drws y neuadd na pham y cafodd ei gau. Tebyg ydi fod yr oes yn newid a diddordebau pobl hefyd. Roedd y *wireless* (radio) wedi dod i'r cylch, ac nid oedd yr un angen bellach i fynd allan i glywed cantorion a gwleidyddion – yr oedd yn bosib gwrando arnynt ar y radio. Erbyn hyn, mae'r hen gapel wedi ei gofrestru fel adeilad Gradd II, ond er holi llawer, ni allwn gael gwybodaeth ar bwy sydd â chyfrifoldeb amdano heddiw. Yn y pumdegau, gwerthodd Eglwys Bethesda Rhif 66 Heol Manod a bu tipyn o stŵr gan nad oedd ganddynt weithredoedd i'r tŷ, a bu'n rhaid i'r swyddogion gael cyfreithwyr i ddatrys y broblem.

Rwy'n cyfaddef nad yw'r adeilad, yr hen gapel Bethesda, o safbwynt pensaernïol, yn bwysig, ond y mae'n adeilad sy'n rhan o etifeddiaeth y cylch. Mae 'Stiniog wedi bod yn arloesol i lawer o fudiadau a syniadau ac mae'n biti nad oes amgueddfa o gelfi a hanes o'r cyfnod diwydiannol. Buasai'n hawdd cael digon o eitemau i wneud amgueddfa wych, a lle gwell i'w leoli nac yn hen gapel cyntaf a hynaf y cylch?

Yn 1968, bu i'r diweddar John Llewelyn Jones, blaenor yn Eglwys Bethesda, ysgrifennu hanes yr achos ar achlysur dathlu cant a hanner o flynyddoedd ers i Eglwys Bethesda gael ei sefydlu yn y cylch. Mae ganddo rywfaint o hanes ar Ddisgyblaeth Eglwysig, a dyfynnaf o'i erthygl:

Sylwn fod disgyblaeth eglwysig wedi bod er yn fore yn yr Eglwys, ac ymddengys i ni heddiw eu bod yn or-fanwl. Fel y dywed y Parch Robert Owen "Byddent ar brydiau yn ymylu ar greulondeb".

Yr oedd rhyw frawd wedi dod yma i fyw o Lanllyfni ac ymhen ychydig amser daeth rhai o'i gyfeillion i ymweld ag ef. Fe aeth â hwy i ben rhai o'r bryniau ar brynhawn Sul, tra yr oedd moddion yn y capel. Clywodd yr hen ddwylo am hyn a daeth ei achos o flaen yr eglwys. Dyfarnwyd yn ei erbyn, a gorchmynwyd iddo fynd allan. Wrth ymadael trodd at y gynulleidfa a dywedodd mewn llais torredig: "Frodyr a Chwiorydd gweddiwch drosta i". Tynnodd y deisyfiad ddagrau o ugeiniau o lygaid, ond ni feiddiai neb ddweud 'tyrd yn ôl' rhag amharu ar fin y ddisgyblaeth. Canlyniad hynny oedd iddo bellhau oddi wrth grefydd am ugain mlynedd; ond daeth yn ôl, a pharhaodd hyd henaint yn dirf ac iraidd.

Yr enghraifft arall yw hanes Siôn Evan, brawd oedd wedi colli ei olwg yn y chwarel. Yr oedd Dafydd Rolant y Bala yn bresennol yn y cyfarfod eglwysig, ar nos Sadwrn oedd i ystyried ei achos. Enillai Siôn Evan ei fywoliaeth drwy gario nwyddau gyda cheffyl a throl. Y drosedd yn ei erbyn oedd ei fod wedi cario 'jiariad' o win o Borthmadog i un o'r Hotels yn y Llan ('Baril o gwrw o Faentwrog' medd adroddiad arall). "Beth yw y mater arno fo?" gofynnodd Dafydd Rolant i'r blaenoriaid. "Wel", ebe blaenor, ar ôl adrodd yr hanes, "y mae'n sobor o beth, pan mae aelodau eglwysig wedi mynd i wasanaethu'r diafol fel Siôn Evan". "Wel", ebe

Dafydd Rolant, "y dyn dall hwnnw ydyw Siôn Evan ynte, ac y mae yn ceisio ennill ei damaid drwy gario efo ceffyl a throl?" "Ydyw siŵr", medda'r blaenor." "Wel", meddai Dafydd Rolant, "fyddai waeth ganddo gario jiariad o ddŵr na jiariad o win – cael tâl yw y pwnc". "Ond", ebe Samuel Jones, gan ofni erbyn hyn fod yr hen weinidog am gymryd plaid y troseddwr, "beth atebwn ni i'r byd annuwiol, Dafydd Rolant?" "Samuel", atebodd Dafydd Rolant yn ôl, "os daw y byd annuwiol i ofyn rhywbeth ynghylch Siôn Evan, deudwch wrth y byd annuwiol, 'Mind your own Business.'"

Nis gwn a gosbwyd Siôn Evan am wneud ei waith dyddiol, ond mae'n amlwg, o lygaid yr Eglwys, bod y weithred o gario gwin yn bechod, ac roedd hefyd yn bwysig i'r sefydliad gadw ei wyneb.

Mae John Llewelyn Jones yn parhau wrth ddweud:

Dywedir, mai cymeriad ar ei ben ei hun oedd Samuel Jones, Tanygraig. Yr oedd ei hynodrwydd yn dyfod i'r golwg yn bennaf yn ei waith yn codi ei lais yn erbyn y drwg arferion fyddai o bryd i bryd yn codi eu pennau yn y gymdogaeth. Ni fyddai ball ar ei rybuddion i ieuengtid yr eglwys, i roi heibio arferion na fyddai ef yn eu cyfrif yn deilwng o blant yr Ysgol Sul. Arferai fod y cyntaf i weld temtasiynau ac i'w cymryd o ffordd y plant os gallai. Digon naturiol i blant direidus fyddai teimlo yn angharedig tuag ato ar ambell fore Sul, pan welant fod y rhew wedi ei ddryllio ar y llyn fel na allent ysglefrio arno. Ond byddai Samuel Jones yn hollol gydwybodol, ac yn ei ystyried ei hun yn gwneuthur gwasanaeth i Dduw, wrth osod ei ordd ar y rhew nos Sadwrn fel na allai'r bechgyn dorri'r Saboth.

Yr oedd yn hynod am ei barodrwydd i wneud pob gwaith gydag achos crefydd. Pan wrthodai rhyw frawd wneud unrhyw orchwyl, byddai ef ar ei draed yn gofyn a gai ef ei wneud.

Mor fendigedig fyddai hi arnom ni heddiw pebai mwy o'r ysbryd yma yn ein plith fel crefyddwyr.

Nid capel Bethesda oedd yr unig un a oedd yn cadw rheolau caeth y cyfnod. Mae Steffan ab Owain yn ei lyfr *Hanes Twnnel Mawr* yn cyfeirio at stori ddiddorol am

Tomos Hughes o Dalwaenydd a oedd wedi cael ei benodi i wylio un o'r siaffts ar ddydd Sul adeg gwneuthur Y Twnnel Mawr rhwng Dolwyddelen a Blaenau Ffestiniog.

Rhoddwyd ef ar y carped gan y Parch David Roberts y Rhiw a'i flaenoriaid yn ei eglwys. Dywedodd Mr Roberts wrtho "Chwi a wyddoch o'r goreu T.H. nad yw yn beth iawn arnoch wylio'r siafft ar y Sul a derbyn tâl am eich gwaith a chwithau yn aelod eglwysig yn y Rhiw. Gofynnaf i chwi beth ydych am wneud – bod yn aelod yntau gwylio'r siafft?" "Wel yn wir Mr Roberts credaf mai gwylio'r siafft sydd wedi talu orau i mi".

Mae Steffan wedi rhoi rhagor o enghreifftiau o ddisgyblaethau a gafodd eu gweithredu yng nghapel Bethel (MC) Tanygrisiau. Cawsant eu cofnodi gan y diweddar J. W. Jones (Joni Bardd), Minffordd, Oakeley Square – a oedd wedi ei ethol yn flaenor ym Methel yn 1936:

1. T. Price yn rafflio ei watch yn Nhanygrisiau – Ei ddiarddel.
2. Un yn gweini mewn hotel – Ei diarddel.
3. Merch yn priodi dyn heb fod yn aelod eglwysig – Ei diarddel.
4. Merch yn gwisgo esgidiau oedd yn gwichian yn y capel – enghraifft o wagymffrost – Ei diarddel.
5. Rhai o'r capel yn dawnsio ac yn canu alawon Cymru – rhoddi gwers lem iddynt.
6. Un yn cerdded ar y Llinell Gul (y lein Fach) ar y Sul – Ei ddiarddel.
7. Rhai yn cael eu ceryddu yn y Seiat pob wythnos am feddwi!

Er bod y ddisgyblaeth yn llym, roedd yna agwedd arall yn bodoli; yr oedd yna deimlad cryf o roddi cymorth i'r anghenus a'r ddyletswydd i wneud hynny. Mae John Llewelyn yn dyfynnu o'r cofnodion ac yn rhestru'r rhai a oedd wedi cael cymorth. Dyma rai ohonynt:

		£	s	c
1867	At Gapel Crew	1	4	0
1876	At y Brifysgol yn Aberystwyth (Casglu yn y tai)	12	0	0
1876	Cynorthwyo dioddefwyr Cristionogol yn Twrci	2	0	0
1874	Anfonwyd i'r Cymry yn Bangor, America at eu capel	4	0	0
1877	Casglwyd at newyn yn India	4	0	0
1857	Casgliad i gynorthwyo hen bregethwyr a'u gweddwon	2	2	0
1865	At ddillad i bedwar o fechgyn i ddod i'r Ysgol Sul	4	2	0
1866	Am wisgoedd i blant tlodion	2	4	0
1868	At yr ysgol ddyddiol yn Bethesda	15	0	0
1877	Talwyd at capel newydd yn Dolgarregddu (Capel Garregddu mae'n debyg)	34	10	8½
1876	Talwyd at sefydlu a dwyn ymlaen achos Saesneg yn Dolgarregddu	14	0	0
1873	At ddillad i dlodion y gynulleidfa	7	0	0
1877	Casglwyd gan bobl ieuanc (yn bennaf) i Robert J. Williams, Student o'r Eglwys yn y Bala	23	6	0

Cawn y nodiadau canlynol ymhlith y cyfrifon:

		£	s	c
1859	Am le ceffylau yn Neuadd Ddu	1	0	0
1860	Am Faco		5	0
1860	Anrhegion mewn gwair i'r Ystabl	2	10	0
1860	Am geirch i'r ceffylau	1	4	0
1856	Am wair a ceirch	4	5	0
1856	Benthyg ceffyl i ddanfon Griffith Hughes, Edeyrn		1	0
1858	I John Parry am fenthyg y ferlen i John Jones, Llanrwst		3	0

Roedd y bunt, yn 1860, bron yn gyfartal â chan punt o bres heddiw, felly roedd y swm a nodir yn y cofnodion yn swm anrhydeddus iawn.

Mae'n amlwg bod awdurdod a dylanwad blaenoriaid Bethesda, i reoli a chadw'r safonau yr oeddent yn credu ynddynt, yn gaeth ond yn effeithiol. Roedd dylanwad Robert Jones, Cae Du (Yr Hen Gae) yn gryf ar weddill y blaenoriaid, ac etholwyd ef yn flaenor yn 1854.

Yng nghofnodion 1902, gwelir fod yr eglwys wedi prynu *pipe organ* a dewiswyd John Hugh Evans (tad Emrys Evans) a Mary Ellen Ellis (y diweddar Mrs Percy Hughes, Tŷ'r Ysgol) i ganu'r organ newydd. Ar y pryd, dim ond pymtheg oed oedd Mary Ellen.

Mewn erthygl yn *Rhamant Bro* yn 1987, cyfeiria Steffan ab Owain at nodiadau Isallt (y Doctor Robert Roberts) a oedd â chysylltiad â'i gerdd 'Rhanbarth Bethania a Four Crosses' fel a ganlyn:

Meddwl cael Gelli Uchaf i mewn, lle preswylai William Powell, cymeriad ffraeth, diddorol, ddelai mewn anifeiliaid – ceffylau gan mwyaf. Diarddelid ef beunydd o Seiat Bethesda am 'godi'r bys bach' ond dychweler bob amser i'r seiat ddilynol gyntaf, a phan y cwestiynid ef gan yr hen flaenor mwyn a maddeugar i egluro ei dychweliad, ei ateb bob tro fyddai 'dod yn ôl, dod yn ôl ar dir edifeirwch, a'r dir edifeirwch Owen Thomas bach', a thrwy hynny yn cael maddeuant y naill dro ar ôl llall.

Mudodd i gadw Turnpike, Llan Ffestiniog yn ei hen ddyddiau a bu farw dros 80 oed.

Dros y ffordd i'r hen gapel, roedd yna siop a thri thŷ. Y cyntaf oedd Bethania Post Office. Roedd yn cynnwys swyddfa bost, siop groser a siop ddilledydd (draper). Mr a Mrs John Jones oedd y perchnogion. Roedd Mrs Jones yn chwaer i Albert Roberts y cigydd yn y Blaenau. Cafodd John Jones ei brentisio yn groser yn siop Brymer y Blaenau, ac yn aml iawn byddai ei siop yn y Manod yn cael ei galw yn siop Brymer hefyd. Tybiaf fod y busnes yn llewyrchus iawn, ac yn y siop yn gwasanaethu roedd Iola, y ferch, a Robert Simon yn cynorthwyo. Un o hogiau Simon Roberts, Cae Clyd oedd o. Roedd y rhan groser o'r siop yn gwerthu popeth – te rhydd ('blend' neilltuol y siop), bacwn, cangen o fananas gwyrdd yn barod i aeddfedu, tuniau o fisgedi yn cael eu hagor a'u cau a bara yn syth o'r becws. Rhannwyd y siop yn ddwy – y rhan groser yn un pen â'r dillad yn y pen arall dan ofalaeth John Jones ei hun.

Cofiaf fynd ato i gael siwt; fy siwt gyntaf, mae'n debyg. Ffasiwn y cyfnod oedd trowsus a elwid yn 'llongau hwylia' neu *'bell bottoms'*. Cefais fy mesur yn ofalus gan John Jones, ac ymhen ychydig, cael galwad i fynd i'r siop i gael *fitting*. Roedd y siwt yno wedi hanner ei gwneud, a byddai John Jones yn marcio gyda sialc lle'r oedd angen tynhau neu lacio'r dilledyn, cyn ei yrru yn ôl i'w gorffen yn y ffatri. Fel arfer, doedd dim problem ac roedd gan John Jones enw da am fesur siwt. Iola fyddai'n edrych ar ôl anghenion y merched. Roedd John Jones hefyd yn flaenor a thrysorydd yng Nghapel Gwylfa, a Nellie, y ferch arall, yn organyddes. Pob Nadolig, byddai John yn gyfrifol am gael afalau coch ac orenau 'Jaffas' i'r plant.

Tu cefn i'r siop roedd becws. Ebuan (Eban) Hughes oedd yn rhedeg y becws ac yr oedd yn bobydd o fri, a'i Eccles Cakes a'i Hot Cross Buns yn werth y byd. Ar brynhawn Llun a Gwener byddai'n crasu bara trigolion yr ardal. Cofiaf fynd â thoes wedi ei baratoi gan Mam i'r becws am bedwar o'r gloch ac yna byddai Ebuan yn ei dylino, ei dorri a'i roi yn y tuniau crasu gyda darn o bapur yn nodi pwy oedd y perchennog. Tua chwech o'r gloch roedd angen mynd yn ôl i'r becws i gasglu'r bara, ond yn y gaeaf ni fyddai Ebuan yn agor drws y becws tan fyddai'r bara yn barod ac wedi eu tynnu o'r popty. Rhaid oedd disgwyl yn yr oerfel, ac arogl hyfryd y bara fresh yn ein ffroenau. Byddem yn rhoi'r bara mewn sach wen i fynd adref, ond rhaid oedd blasu crystyn *fresh* ar y daith adref. Byddwn yn aml yn cael cosb ar ôl cyrraedd y tŷ am dyllu'r dorth! Tu cefn i'r becws a'r tŷ roedd iard fawr gydag adeilad hir yn y gwaelod â chi mawr o'r enw Jack yn ei warchod. Roedd nwyddau a phethau cyffelyb yn cael eu cadw yno ac hefyd yn y cwt roedd y 'paraffin' yn cael ei gadw. 'Oil lamp' a elwid y paraffin ar lafar.

Rwyf wedi cyfeirio o'r blaen at adeilad cyfleusterau cyhoeddus a oedd yn y cylch. Bu dadl brwd rhwng Mr John Jones a'r cyngor lleol ynglŷn â lleoliad yr adeilad ac aed â'r achos i'r Uchel Lys. Cafodd Mr Jones waharddiad i rwystro'r cyngor lleol adeiladu yn y man gwreiddiol, a symudodd y cyngor yr adeilad yn agosach i fynedfa Capel Bethesda. Anrhydeddwyd John Jones gyda'r 'British Empire Medal' am ei waith gyda'r post, ac ar ôl ymddeol, symudodd ei ferched i Deras Cefnmaes.

Drws nesaf i'r siop a'r post roedd tŷ Mr a Mrs Idwal Knight Griffiths a'u plant Doreen a Glyn. Bu farw Doreen yn ifanc; mae gennyf gof da ohoni yn yr ysgol. Perchennog modurdy y Cambrian yn y Blaenau oedd Mr Idwal Griffiths. Roedd yn fusnes llewyrchus – yn gwerthu a thrwsio moduron, gwerthu petrol ac yn cadw cerbydau ar gyfer angladdau, a chyflogai tua phedwar o ddynion. Bu ei dad yn cadw siop sadlar yn y dre.

Y tŷ cyntaf yn y bloc trigai Mr a Mrs Griffiths a'u merch Menna – a briododd ag Emrys Evans. Yn yr ail, roedd teulu Owen Jones, y Co-op; roedd John Llywelyn Jones wedi priodi â merch y tŷ ac yn byw ynddo. Chwarelwr oedd John ac roedd hefyd yn flaenor yng Nghapel Bethesda. Ar doriad yr Ail Ryfel Byd fe benodwyd John yn blismon yn y

Manod; swydd a wnaeth yn ddiwyd a doeth. Ar ôl y rhyfel, fe aeth fel clerc i swyddfa filwrol Trawsfynydd lle y bu tan ei ymddeoliad.

Ger hen Gapel Bethesda ac ar ochr arall i'r ffordd roedd siop fach. Yn hon y bu i Huwsa dorri gwalltiau ar ôl symud o Dyddyn Gwyn. Mae'n rhyfedd sut mae ambell i siop yn methu â bod yn llewyrchus o achos ei lleoliad, ac yr oedd hon yn un ohonynt. Prynodd Dick Roberts y siop er mwyn gwerthu a thrwsio peiriannau trydan a radios, ond ni fu'n llwyddiannus, ac un o'r rhesymau am hynny oedd i gwmni o'r de – 'Radio Relays' – ddod i'r cylch gyda system newydd o dderbyn signal i'r radio drwy gyplysu yr ardal gyda gwifrau i fast uchel ar ochr y mynydd. Newidiwyd enw 'Radio Relays' i 'Red Dragon'. Y tâl wythnosol oedd swllt a naw ceiniog – oedd yn cynnwys un 'speaker' yn y tŷ, ac roedd y 'signal' yn berffaith. Mr R. H. Roberts oedd rheolwr y cwmni, a chyn hynny yr oedd yn glerc yn chwarel Bwlch Slaters. Cafodd lysenw ar ôl derbyn ei swydd newydd ac yr oedd yn cael ei adnabod fel 'Dick One and Nine'. Cymeraf y cyfle yma i ddatgan diolch i Dick am ei holl waith ac ymroddiad ar hyd y blynyddoedd gyda'r Cyngor Dosbarth a Chyngor Gwynedd a phwyllgorau eraill yn y dref.

Drws nesaf ond un i'r siop trigai Mr a Mrs Rolant Edwards a'u plant Will, Bob a Bessie. Roedd Mrs Edwards yn cael ei hadnabod fel 'Mrs Edwards fawr'. Rolant oedd y gŵr, ac yr oedd yn cwyno bod y golau trydan newydd yn olau oer ac yr oedd yn well ganddo yr hen olau lamp oherwydd bod hwnnw yn cynhesu. Roedd Bob yn ddipyn o gymeriad ac yn hoffi barddoni. Byddai'n aml yn tynnu darn o bapur allan o'i boced gyda gwahanol frawddegau arno, a gofynnai; 'Be wyt ti yn feddwl o rhein?' Priododd Bob ac fe aeth i fyw i Fron Goch yn ardal y Bala. Daeth Elwyn, ei fab, yn un o feirdd gorau'r wlad ac yn fardd cadeiriol. Daw i'r cof yr hen ddywediad 'O'r fesen daeth y dderwen fawr.'

Ychydig i lawr, roedd Johnnie King a'i wraig yn byw. Settsman oedd o, ac wedi dod i'r cylch i weithio yn y gwaith setts.

Yn Rhif 73 trigai John Edward Jones a'i wraig Lisa (fy nhaid a nain). Roedd ganddynt saith o blant, Wmffra, Lissie Mary, Elen Ann, John David, Jennie, Iorwerth ac Ieuan Emyr. Aeth Wmffra yn brentis ffitar yn chwarel Graig Ddu, ond fe newidiodd ei waith ac ymuno â chwmni'r Great Western Railway, a'i swydd olaf cyn ymddeol oedd fel Station Master ym Mhenmaenpool. Roedd John David yn perthyn i Fand y Royal Oakeley ac yn chwarae y *soprano cornet*. Cafodd ei glwyfo yn y rhyfel a bu farw ychydig wedi iddo ddychwelyd. Gweithiai Iorwerth yn yr adran gofaint yn chwarel yr Oakeley a Chwmorthin. Chwarelwr oedd Ieuan hefyd a gwirfoddolodd gyda chriw'r chwarel er mwyn ymuno â chatrawd y Royal Engineers. Cafodd ei enw ei 'Mentioned in Despatches' am ei waith yn Llundain gyda thîm y Bomb Disposal. Gweithio mewn gwahanol wasanaethau cartref oedd y merched, fel oedd yn arferol ar y pryd.

Fel yr 'Hen Ogwan' yr adnabuwyd fy nhaid. Roedd yn gweithio yn Stesion Grêt yn dosbarthu'r llechi, ac yr oedd hefyd yn flaenor yng Nghapel Gwylfa. Byddai ffrind iddo yn byw dros y ffordd sef J. H. Jones, ac yr oedd yntau yn flaenor yng Nghapel Bethesda. Ar adeg lecsiwn, deuai'r cyfeillgarwch i ben ac felly 'roedd hi tan ddiwedd cyfnod yr etholiadau. Roedd etholiad yn rhan bwysig o fywyd y gymdogaeth, ac nid oedd yn bosib newid daliadau y bobl na'u gweithgarwch dros eu plaid.

Drws nesaf yn Rhif 74 y trigai Mr a Mrs Morgan a'u merch. Plismon oedd Mr Morgan, ond collodd ei swydd o achos ei ymddygiad gyda merch. Cafodd waith yn y chwarel ond fel 'Morgan Plismon' yr oedd yn dal i gael ei adnabod. Yr oedd eu merch yn arfer y grefft o ddweud ffortiwn, a chlywais ryw hen wag yn dweud nad oedd ganddi ddigon o synnwyr i ddod i mewn i'r tŷ o'r glaw, felly sut allai ragweld y dyfodol? Serch hynny, roedd llawer yn ei dilyn ac yn mynychu sioeau yn gyson yn ei phebyll.

Ynghlwm i'r tŷ roedd adeilad 'lean-to' â ffrynt fel siop iddo, ac yno fyddai Robaits Coed Tân yn llafurio. Cymerodd fy nhad ef drosodd adeg y rhyfel i fod yn weithdy saer coed, a dyna a fu am flynyddoedd wedyn – gyda thri saer gwahanol yn ei ddefnyddio. Yn ddiweddarach, bu'n siop hen bethau. Credaf mai siop fara a becws oedd yr adeilad yn wreiddiol. Tu ôl i'r ddwy ystafell roedd yna hen bopty mawr o'r hen deip; hynny yw, roeddent yn gwneud tân tu fewn i'r popty, a phan roedd y brics tân yn dod i'r tymheredd cywir, rhoddwyd y toes ynddo. Yr oedd llawr y popty wedi ei greu allan o frics tew a fesurai tua throedfedd sgwâr a rhyw dair modfedd o drwch. Wyddwn i ddim o'i hanes na phwy oedd y pobydd, na pha gyfnod fu iddo fod yn fecws.

Tu ôl i'r gweithdy a'r tai roedd rhes arall sef Teras Llwyn Hir – oedd ym meddiant cwmni chwarel Gwaith Setts. Yn ystod y tridegau, i raddau helaeth, rhai tlawd iawn oedd yn byw ynddynt. Mae gennyf gof plentyn am Joseph Evans a oedd yn chwarelwr. Câi ei adnabod fel 'Joe Dinas'. Cofiaf ef yn cerdded y ffordd adref bron bob dydd ar ôl bod yn nhafarn y Wynnes Arms, a'i gerddediad yn fregus – a hynny yn y cyfnod pan fyddai tai tafarnau, yn ôl y gyfraith, yn gorfod cau am naw o'r gloch yr hwyr. Byddai Joe wedi cael tipyn i yfed, ac er yr oedd bob amser yn fonheddig, edrychem ni'r plant arno fel pechadur. Rwyf wedi meddwl lawer gwaith wedyn mor anwybodus oeddem, ac fel popeth arall, roedd rheswm tu ôl i'r weithred. Bu Sergeant Joe Evans yn aelod o gatrawd y Royal Welsh Fusiliers. Gwasanaethodd yn Ffrainc a bu mewn amryw o frwydrau ffyrnig gan weld pethau erchyll; ni fedrai anghofio ei brofiadau. Nid oedd dim byd i gael i leddfu'r boen heblaw am y ddiod. Bu'n rhaid i filwyr ddisgwyl tan yr Ail Ryfel Byd cyn i'r awdurdodau milwrol ddeall anghenion meddygol milwyr.

Dros y ffordd i'r gweithdy roedd Bob Lloyd a'i wraig a'u dwy ferch Beti a Mair yn byw. Roedd ei fam-yng-nghyfraith, 'Mrs Jones Hafod' yn byw gyda hwy hefyd. Yr oedd ei wraig yn ysgrifenyddes yn swyddfa twrneiod Edward Jones a'i Fab a dreifar bysus Crosville oedd Bob. Clywais fy nhaid yn dweud bod gan 'Mrs Jones Hafod' gysylltiad â'r emyn dôn 'Tôn y Botel'. Adnabyddir y dôn hon hefyd fel 'Ebenezer' gan T. J. Williams (1869-1944).

Drws nesaf ond un trigai Huw Ellis a oedd wedi ymddeol o waith y chwarel. Roedd yn dad i Mrs Percy Hughes, gwraig yr ysgolfeistr.

Siop oedd Rhif 88, er nad oedd llawer o lewyrch arni erioed. Y cof cyntaf sydd gen i o'r lle oedd bod teulu'r Davies' yn byw yno; symudodd y teulu i'r de ar ddechrau'r rhyfel. Cofiaf wedyn i ferch Cadi Pritchard (oedd yn cadw siop llysiau yn y Blaenau) ei chymryd fel siop nwyddau ond heb fawr o lwyddiant. Fe addaswyd y siop i werthu *fish and chips* ond eto heb wneud fawr ddim elw. Yna daeth Caradog a Gwenno Roberts i redeg y siop *fish and chips*, a bu'n llewyrchus am y cyfnod yr oeddent yn ei chadw.

Ychydig is lawr roedd tŷ gweinidog Capel Hyfrydfa, Mr. Thomas a'i wraig. Roedd yn ddyn bach ond yn llawn ei groen, ac yn ôl arferiad yr Annibynwyr, nid oedd yn gwisgo'r goler gron. Ni chafwyd gweinidog llawn amser yn Hyfrydfa ar ôl Mr Thomas, a phan adawodd, symudodd Mr a Mrs Richard Lewis o Glanywern i'r tŷ.

Drws nesaf trigai Mr a Mrs Ellis Jones a'u plant, David Morris, Gwen Eira, Ellis Gruffydd a Lisi Mair. Câi Mr

Ellis Jones ei adnabod fel 'Ellis Traed', ac roedd gan Mrs Jones gysylltiad â ffarm Fron Dirion. Aeth David Morris yn brentis cigydd cyn y bu'n rhaid iddo ymuno â'r fyddin. Fe'i cymerwyd yn garcharor yn Tobruk gan yr Almaenwyr ac fe gludwyd y carcharorion ar long er mwyn mynd i'r Eidal. Fodd bynnag, tra roedd y llong ar Fôr y Canoldir fe fu i un o'r 'submarines' Prydeinig suddo'r llong a boddwyd yr holl garcharorion. Gwasanaethodd Ellis yn y fyddin hefyd, ac ymunodd Lisi Mair â'r 'Land Girls'. Clywais hanes y tad yn mynd at y meddyg lleol, Dr Morris, a chwyno nad oedd y ffisig a gafodd yn gwneud dim lles iddo ac yr oedd am gerdded i lawr at Ffynnon Doctor* (a oedd rhyw filltir go dda o'i dŷ) a chymeryd o'i dŵr – buasai hynny yn gwneud mwy o les iddo na'r ffisig. Atebodd yr hen ddoctor 'Ie neith y dŵr ddim byd i ti, ond fe wneith y walk.'

Drws nesaf roedd siop fach (Rhif 95) yn gwerthu pob math o nwyddau. Cafodd ei sefydlu gan Miss Parry ar ôl iddi ymddeol o gadw'r siop *fish and chips* i lawr y ffordd. Yn dilyn hynny, bu i Mrs Jones a'i merch, o gylch Trawsfynydd, gymryd y siop drosodd.

Drws nesaf roedd Mr a Mrs Williams. Saer coed oedd Mr Williams ac yr oedd yn gweithio ar y llongau. Gweithiodd eu mab Gwynedd yn siop y Bells yn y Blaenau' ond cafodd ei alw i fyny i'r llynges lle wasanaethodd fel cogydd. Collodd ei fywyd pan oedd yn gwasanaethu ar y llong 'Bon Adventure', pan gafodd ei suddo gan y gelyn.

Y tŷ nesaf oedd Bron Aber lle'r oedd Mr a Mrs Morris yn byw. Chwarelwr oedd Mr Morris oedd yn dioddef o helynt

---

* Roedd Ffynnon Ddoctor ar ochr y ffordd yng Ngheunant Sych (er mae gennyf gof plentyn o'r ardal yn cael ei alw yn Geunant Gwlyb hefyd). Roedd y dŵr yn dod i lawr y graig nes glanio mewn rhyw fath o ddysgl oedd wedi ei greu dros y blynyddoedd. Yn ôl yr hanes, byddai rhyw hen ddoctor yn gadael ei geffyl i gael diod ohoni ac nid oedd rhinwedd meddygol o gwbl iddi. Fe'i collwyd pan ehangodd y Cyngor Sir y ffordd.

y llwch. Yng ngwaelod ei ardd gefn roedd adeilad a oedd ar un adeg wedi bod yn stabal gyda llofft yn y nenfwd.

Dros y ffordd i'r tai roedd Ysgol Manod, sydd wedi ei dymchwel erbyn heddiw. Roedd staff yr ysgol yn cynnwys y Prifathro, Mr Percy Hughes, a oedd yn gofalu am Standard 5; Miss Jones, Bronclydwr yn gofalu am Standard 4; Miss Griffith yn gofalu am Standard 3 (roedd teulu Miss Griffith yn cadw siop lyfrau Gymraeg ger siop Pembroke House); Miss Davies yn gofalu am Standard 2 ac fe ddaeth Mr Bennet Williams o'r coleg i ddysgu Standard 1. Miss Griffiths oedd athrawes y babanod gyda athrawes arall yn ei chynorthwyo gyda'r gwaith. Ar y cyfan, roedd yr addysg gystal ag unrhyw ysgol arall yn y sir, ac roedd yr athrawon yn gwneud eu gorau. Yn y cyfnod yma, ni chaniatawyd i athrawesau priod ddysgu yn yr ysgolion; dyna oedd rheolau adran addysg y sir.

Yr oedd cyfleusterau'r ysgol yn wael ac yr oedd yr iard yn annymunol – gyda'r wyneb yn bridd caled â cherrig. Yn ddiweddarach, rhoddwyd tarmac arno a chreu iard i'r bechgyn a'r genethod ar wahân. Er hynny, roedd yn dal i fod yn ddiwerth ac nid oedd posib chwarae unrhyw chwaraeon ar yr iard.

Yn wir, nid oedd addysg gorfforol wedi ei ddarganfod a rhoddwyd pwyslais o hyd ar 'Hands on head – PUT!' Fodd bynnag, roedd yr athrawon yn gwneud eu gorau o dan amgylchiadau digon anodd. Cofiaf i fy nosbarth, sef Standard 5, gael eu cosbi oherwydd fod Percy Hughes wedi cael rhyw fath o afiechyd a oedd wedi amharu ar ei gerddediad ac yr oedd yn gorfod mynd adref o'r ysgol i orffwys. Byddai Miss Jones, Standard 4 yn arolygu'r dosbarth yn aml gyda'r hyn a elwir yn 'silent reading' ac mae'n siŵr bod hyn wedi amharu ar ganlyniadau yr arholiadau. Yng nghyfnod y rhyfel, daeth Mr E. W. Ridge yn brifathro – os cofiaf yn iawn. Sais o Swydd Efrog oedd ef ac roedd yn ddyn am gadw trefn. Credaf y byddai nifer y plant yn yr ysgol dros gant bryd hynny.

Wrth ochr yr ysgol roedd tŷ'r ysgol feistr, Mr Percy Hughes, ei wraig a thri o blant – Cynfael, Margaret ac Eryl. Geneth leol oedd Mrs Hughes ond yn un â syniadau uchelgeisiol. Aeth y mab hynaf, Cynfael, i'r coleg meddygol a bu'n gwasanaethu yn y fyddin yn ystod y rhyfel, cyn cartrefu yn Abergele gan wasanaethu'r cylch fel meddyg. Yn ddiddorol, byddai ffrind iddo yn y coleg, sef Dr. Whitaker, yn dod yn aml i 'Stiniog gyda Cynfael a bu yntau yn y fyddin. Ar ôl gorffen fe ddaeth i'r Blaenau fel partner i Dr Glyn Jones yn y feddygfa. Priododd Dr Whitaker geneth o'r Eidal ac yr oedd yn gymeriad da a phoblogaidd ac arhosodd yn y cylch tan ei ymddeoliad. 'Rwyf wedi cyfeirio at y ferch Margaret o'r blaen. Gweithiai yn adran fwyd y llywodraeth yn y Bermo ac yno cyfarfu ag Elio Roberts, mab Telynor Mawddwy (y telynor dall). Roedd Elio wedi bod yn y llynges ac fe'i cymerwyd yn garcharor yn Singapore lle cafodd driniaeth galed gan y gelyn. Roedd y mab arall, Eryl, yn ffrind i mi. Bu'n gadet ar y llong HMS Conway oedd wedi ei angori yn y Fenai, a chefais wahoddiad gan Eryl i fynd i'w weld ar y llong. Cefais ddiwrnod bythgofiadwy, yn hwylio o'r tir i'r llong, ac wedi inni gyrraedd bwrdd y llong roedd un o'r cadets yn canu pib. Gwasanaethodd Eryl ar amryw o longau a chafodd ei wneud yn Arolygydd Llongau yn Hong Kong. Gwnaeth ei gartref yno ac fe briododd â geneth leol. Ymddeolodd maes o law, a phan fu farw claddwyd ef yn Hong Kong.

Nid oedd Mr a Mrs Hughes yn cymryd unrhyw ddiddordeb yng ngweithgarwch y pentre. Yn wir, nid oeddent yn perthyn i unrhyw fudiad na chymdeithas ac yr oedd hyn yn golled i'r ardal gan y byddai'n arferol i athrawon fod yn gefn ac yn

Teras Tyddyn Gwyn

O'r chwith i'r dde – Jack (brawd hynaf), finnau, a'm chwaer, Kathlyn, tua 1930 yn Nhyddyn Gwyn

Yr awdur – tua 10 oed yn Nhyddyn Gwyn

Llun teuluol. Oedolion – fy Nhad, fy Mam (canol) ac Anti Lizzie, Llanrwst. Plant (ch – dde) – fy chwaer Kathlyn, fy mrawd Jack (cefn) a minnau yn y canol

Cefn Teras Tyddyn
Gwyn a seidings
Stesion Manod

Ffarm Tyddyn Gwyn

Rhesdai Glanywern
– hen gerdyn post
– (W.Ll.H. Manod
series)
(Llun: Steffan ab Owain,
Blaenau)

Hen lun o Gongl-y-Wal a Thyddyn Gwyn (cyn adeiladu tai), hen Stesion Manod a lein fach Blaenau – Llan

(Llun: Steffan ab Owain)

Hen lun o'r Ffordd Tyrpec Newydd

(Llun: Steffan ab Owain)

Hen lun o Stesion Manod a'r cylch

(Llun: Steffan ab Owain)

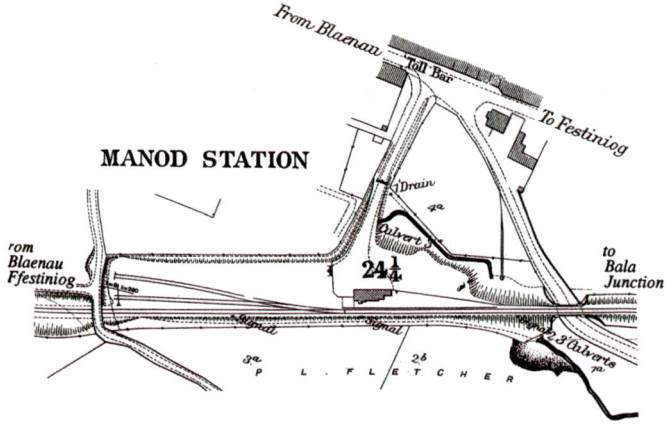

Cynllun trac
Stesion Manod a'r
tollborth

Gwesty'r Wynnes
Arms

Capel Hyfrydfa

Siop 'Manod House', 163, Heol Manod
gyda Robert a William Jones
(Llun: Steffan ab Owain)

Tŷ Gwyn ('Quarrymens Arms' gynt)

Capel Gwylfa
(Llun: Mrs Dilys Jones, Cae Clyd)

Capel Gwylfa
– y pulpud
a'r organ
Americanaidd
(Llun: Mrs Dilys
Jones)

Cofeb yn y wal
– carreg o'r hen
Gapel Gwylfa
(GWYLFA M. C.
1906)

Hen olygfa
o ardal y cae
ffwtbol tuag at
Manod – craig
'Carreg Wen' i'w
gweld uchod ar
y dde
(Llun: Mrs Ann
Rowlands, Awstralia,
gynt o'r Blaenau)

Golygfa mwy diweddar o ardal y cae ffwtbol tuag at Manod – Ysgol Gynradd Manod ar y bryn (canol uchod)

(Llun: Mrs Ann Rowlands)

Lleoliad yr hen dollborth gyferbyn â thalcen 158 Heol Manod

(Llun: Mrs Ann Rowlands)

Eglwys St. Martha (Eglwys Tyddyn Gwyn)

Hen lun o Heol Manod yn dangos talcen yr hen ysgol gynradd
(Llun: Mrs Ann Rowlands)

Gweithdy saer coed fy nhad – 74A Heol Manod

Fy nhad a minnau yn y gweithdy – Rhagfyr 1950

Capel Bethesda gwreiddiol a thŷ'r gweinidog

Lleoliad yr hen dafarn Glan Gors (wedyn Gweithdy Richard Lewis a'i Fab)

Gweithdy Gwilym Lewis (Richard Lewis a'i Fab) yn nyddiau ei ogoniant, gyda cherrig beddi tu allan

(Llun: gan ei fab – Mr David Lewis, Dolgellau – gynt o'r Blaenau)

Capel Bethesda newydd (cyn ei ddymchwel)

Golygfa tuag at Waith Setts
(Llun: Mrs Ann Rowlands)

Trên yn chwarel Gwaith Setts, Manod
(Llun: Steffan ab Owain)

Lleoliad newydd Tafarn Glan Gors

Heddiw – Glan Gors, Rhif 10 Heol Manod

Cefn Glan Gors

Capel Bethania (newydd)

Lleoliad gwreiddiol Capel Bethania

Heddiw – yr 'Old Post Office'

Tanygraig – ddoe (dim manylion – llun hen iawn)

Tanygraig – heddiw

Hen felin Pant yr Ynn

Plas Tanymanod
(Llun: Mr Gareth Tudor Jones, Pwllheli)

Trên GWR
ger seidings
Tanymanod

Manod Hotel / Brittania House (yn siop) / Lluest a Bronclydwr – cyn 1910
(Llun: Mr Trefor Edwards, Llangefni (gynt o'r Blaenau))

Carreg Filltir tu allan i Lluest /
Bronclydwr, Stryd Fawr

Manod o Glogwyn
Tŷ Coch

Defaid ar y
ffordd fawr ger
Tanymanod
(Llun: Mrs Ann
Rowlands)

Y Car Gwyllt

Brêc y Car Gwyllt

Mr Selwyn Evans, Stiward yn Chwarel Graig Ddu, yn dod i lawr yr inclén ar Gar Gwyllt

arweinyddion yn y gymdeithas leol. Yr oedd Mr Hughes yn aelod, ar bapur, yng Nghapel Bethania, ac ar ei ymddeoliad gwnaethant eu cartref yng Ngellilydan.

Ewn yn awr at Deras St Martha – a oedd yn cynnwys un ar ddeg o dai, ac fel yr awgryma'r enw, fe'i lleolwyd dros y ffordd i Eglwys St Martha. Yn y tŷ cyntaf, sef Rhif 97, trigai Mr a Mrs David Evans, ac yn Rhif 98 roedd teulu Mr a Mrs William Roberts a oedd gynt yn byw yn nhyddyn Bron Ffynnon. Roedd Mr Roberts yn gaeth i glwyf y llwch ac amharai hyn ar ei leferydd. Cof plentyn sydd gen i ohono. Roedd yn ŵr cydwybodol a deallus a bu'n siom i bawb na chafodd ei ethol yn flaenor yn Gwylfa. Roedd gan Mr a Mrs Roberts dri o blant – dwy ferch sef Margaret a Sera Lilian a mab o'r enw Emrys. Priododd Margaret â Bobby Rowlands, chwarelwr yn Graig Ddu a ddaeth yn berchennog ar siop ddodrefn llewyrchus yn Blaenau. Cawsant ddau blentyn sef Moira a Roy – roedd Moira yn yr un dosbarth â mi yn Ysgol y Manod. Ymfudodd Roy a'i briod Ann i Awstralia. Yr oedd Sera Lilian yn forwyn fach yn ffarm Cae Du gyda theulu Ifan Williams. Yr oedd yn gantores o fri, a phleser oedd gwrando arni yn canu mewn cyngherddau yn y capel. Priododd â bachgen o Ddolwyddelan a oedd yn gweithio i gwmni rheilffordd yr LMS a chartrefodd y ddau yn y pentref. Gweithiai Emrys y mab i gwmni y Co-op, ond motor beics oedd ei brif gariad. Ei freuddwyd oedd cael rasio yn y 'TT' yn Ynys Manaw. Byddai yn ymarfer gyda'r beic ar y tir ger beudy Tŷ Coch ac roeddem ni'r plant wrth ein bodd yn ei wylio yn mynd trwy'r rhychau. Cofiaf un person yn gofyn i Emrys sawl tro am gael mynd gydag ef ar y beic. Ildiodd Emrys yn y diwedd a chytuno. Yn fuan wedi dechrau'r daith gofynnodd Emrys i'r gŵr a oedd yn 'ok' ond ni chafodd ateb. Aeth yn ei flaen a holodd Emrys yr un cwestiwn eto, heb dderbyn ateb. Penderfynodd ddod â'r daith i ben ac er mawr sioc i Emrys, disgynnodd ei deithiwr i lawr ar y ffordd. Roedd wedi cael trawiad ar ei galon a bu farw.

Symudodd Mr a Mrs Thomas Williams o Y Ffynnon (Ffatri) i Rif 98 ar ôl i'r teulu Roberts ymadael. Roedd eu tair merch, Mary, Maggie a Grace wedi priodi ac wedi gwneud cartrefi iddynt eu hunan ac felly hefyd eu brawd, John Roderick. Chwarelwr oedd Mr Williams ac fe'i ystyriwyd yn weithiwr da a chaled. Er dywedwyd nad oedd yn rhy awyddus i gynorthwyo'r rybelwyr bach ar ddiwedd y mis gyda rhodd o glwt (darn o lechfaen a oedd yn barod i'w hollti i wneud yn llechen toi). Yr oedd yn flaenor yn y capel ac yn cael ei barchu fel dyn gonest ac un a oedd yn cadw'r safonau.

Yn Rhif 100 trigai William ac Elizabeth Parry a'u tair merch. Roedd William Parry yn gefnder i fy nhaid. Cofiaf y teulu yn wynebu sawl trallod. Boddodd darpar ŵr un o'r genethod ei hun ychydig wythnosau cyn priodi, ac yn 1936 cafodd William Parry ddamwain farwol yn y chwarel. Cofiaf weld ei gorff yn cael ei gludo ar ystol i'r tŷ ac yn cael ei gario gan bedwar o ddynion. Byddai corn y chwarel yn canu pan fyddai damwain yn digwydd a byddai'r gweithwyr i gyd yn mynd adre, dim ots pa amser o'r dydd oedd hi.

Roedd Ffrancwr yn byw yn y tŷ drwy gydol y rhyfel. Ei swydd oedd gofalu, atgyweirio a glanhau lluniau'r National Gallery yn Llundain a oedd yn cael eu cadw yn Chwarel Bwlch Slaters.

Wedi'r rhyfel, symudodd Hugh Pugh Roberts, ei wraig Elen Blodwen a'u plant – David Griffith, Cyril ac Wyn o Gae Clyd – i Rif 100. Brodor o Lanegryn oedd Mr Roberts ac roedd yn saer maen yn Chwarel Bwlch Slaters. Roedd Hugh Pugh Roberts yn aelod o'r Cyngor Dinesig dros Ward Congl-y-Wal, yn aelod o'r Blaid Lafur ac yn ddiacon yng

Nghapel Hyfrydfa. Siopwr oedd Dai Griff, a gwasanaethodd gyda chatrawd y RWF. Bu i mi ei gyfarfod yn yr Iseldiroedd cyn y frwydr am Arnhem yn 1945 heb wybod ein bod ein dau yn y cylch. Bu Wyn yn gynlluniwr i'r pensaer Morris Pritchard ac aeth i fyw yn y bynglo pren yn Glanywern gyda'i wraig.

Yn Rhif 102 roedd Mrs Martha Hughes a'i mab David. Gwraig weddw oedd Mrs Hughes a byddai'n gwneud bywoliaeth drwy olchi dillad, a'u hatgyweirio. Roedd David y mab yn artist ac yn ddarlunydd da. Ysgrifennodd lawer o operâu a dramâu hefyd. Roedd ganddo 'Magic Lantern', ac i'n diddanu fel plant, byddai'n rhoi ei law o flaen y peiriant a thaflu'r cysgod i'r cynfas wen a fyddai'n cael ei gosod ar y wal, a byddai siapiau o wahanol anifeiliaid yn ymddangos fel yr oedd yn symud ei fysedd.

Tŷ ni, Rhif 103 oedd nesaf ac yr oeddem ninnau wedi symud o Dyddyn Gwyn i'r Stryd Fawr ac i Deras St Martha.

Mr a Mrs Morris Humphreys oedd wedyn. Gofalu am y gwaith carthffosiaeth i lawr ar ochr ffordd Tyrpeg Newydd ar dir Tŷ Coch oedd Mr Morris Humphreys. Gwaith jam yr oeddem yn galw'r lle ar lafar. Yr oedd Moi yn arbenigo ar fagu cwningod o wahanol rywogaethau, a beirniadai mewn sawl sioe amaethyddol. Yn ystod y rhyfel, daeth ifaciwi o Lerpwl atynt. George Rogers oedd ei enw, ac yr oedd wedi dod o ran garw'r ddinas. Cartrefodd yn dda gyda hwy a daeth yn siaradwr Cymraeg rhugl. Pan ddaeth yn amser i George fynd yn ôl i Lerpwl, arhosodd am ryw ddwy noson yn Lerpwl cyn sylweddoli na fyddai'n hapus yno. Dychwelodd i Manod a gofyn i Mrs Humphreys ei gymryd yn ôl. Arhosodd yn y cylch trwy'i oes a phriododd â geneth o Rydyclafdy. Gweithiodd yn Atomfa Trawsfynydd.

Yn y tŷ nesaf trigai Mr a Mrs Wellington Thomas a'u

merch Violet. Gweithiai Wellington Thomas yn y rhan fwyaf peryglus o waith powdwr Penrhyndeudraeth.

Ychydig yn is i lawr, roedd siop fish and chips oedd yn cael ei rhedeg gan Mrs Parry. Cofiaf fynd i nôl *chips* gyda bowlen. Cymerai Mrs Parry'r fowlen a'i rhoi wrth y stôf i gynhesu tan y byddai'r *chips* yn barod. Rwyf bron yn sicr mae tân glo oedd yn cael ei ddefnyddio i boethi'r lard i goginio'r *fish and chips*. Lard oedd yn cael ei ddefnyddio i ffrio; nid oedd oes yr olew wedi cyrraedd, ac mae llawer yn dweud nad yw *fish and chips* heddiw mor flasus â phan yr oeddent yn cael eu coginio hefo lard. Byddai ystafell fach yn cael ei defnyddio i fwyta'r cynnyrch yn y siop ac weithiau, os oedd gennym bres, byddem yn cael mynediad i'r ystafell a chael *fish, chips* a *mushy peas* yn wledd – mae'r arogl yn dal yn fy ffroenau!!

Pob Nadolig roedd Mrs Parry yn gwerthu danteithion gwahanol. Cofiaf gacen fach gron Nadolig wedi ei addurno gyda *icing* ac fe brynodd Rosie Davies o Tecwyn House un i mi fel anrheg Nadolig. Roedd Rosie yn hynod hoff o blant, a phan fyddant yn mynd i'r tŷ i gael wyau, byddai'n rhoi un wy bach i'r plentyn fel anrheg. Gwerthodd Mrs Parry'r busnes i Mr Ifan a Mrs Polly Davies; yr oedd gan Mr Davies gysylltiadau â Chwm Cynfal.

Dros y ffordd (Rhif 135) roedd siop esgidiau crydd Mr Price. O Sir Fôn yr oedd Mr Price a'i wraig a'u merch Mair. Roedd gweithdy Mr Price yn yr ardd gefn a drws yno'n arwain i Dyddyn Gwyn. Byddai'r trigolion lleol, fel oedd yn arferol i bob gweithdy crydd, yn galw draw am sgwrs. Ar farwolaeth Mr Price, prynodd Selwyn Evans y siop a'i hagor fel siop groser. Roedd Selwyn wedi bod yn Stiwart yn Chwarel Graig Ddu, ac oherwydd nad oedd gwaith yn y chwarel, yr oedd angen arallgyfeirio. Bu farw Selwyn yn ifanc a dyfalbarhaodd ei wraig Dilys gyda'r busnes. Roedd yn fusnes llewyrchus, er bod rheolau *rations* yn dal i fodoli. Cofiaf lorri Garstang o Fae Colwyn, masnachwyr llysiau, yn cyrraedd y siop yn cario llysiau a ffrwythau nad oedd wedi bod ar werth ers blynyddoedd – bananas er enghraifft – ac roedd pawb yn ymfalchïo o gael yr hen lysiau a ffrwythau yn ôl.

Yn Rhif 136 trigai Mr a Mrs William Rowlands. Creigiwr yn y chwarel oedd William Rowlands, ond yr oedd ganddo fusnes arall yn gwerthu menyn ac wyau. Roedd William Rowlands yn ddyn mawr ei gorffolaeth, yn weithiwr egnïol, ac yn aelod o Nghapel Gwylfa oedd yn byw i'r gair. Cofiaf un tro ei weld yn eistedd ar ochr y mynydd yn mwynhau'r haul ar ddydd Sul. Gofynnodd i mi a oeddwn i'n credu ei fod yn pechu trwy wneud hynny ar y Sul. Mae'n rhaid cofio, fel creigiwr, nad oedd yn gweld golau dydd yn y gaeaf, dim ond ar benwythnos. Dyna oedd agwedd y cyfnod ac yr oedd yn anodd darbwyllo pobl o'r syniadau cyntefig. Yr oedd Mr a Mrs Rowlands wedi colli eu hunig fab. Dynes gefnog oedd Mrs Rowlands a phan fu farw, a chan nad oedd ganddi ddisgynyddion, aeth ei harian yn ôl i'w hochor hi o'r teulu, yn ôl yr hen ddull Gymreig.

Yn 137, trigai Mr a Mrs John Jones a'u merch Gwyneth. Glanhau'r ffyrdd i'r Cyngor Sir oedd John, a châi ei adnabod fel 'John Coch Gwan'.

Yna yn 138, trigai Mrs Roberts, Robert Baker a Jos. Ni wn beth oedd y berthynas rhwng y tri. Mab i Joe Dinas oedd Jos ac yn berson digon *rough and ready*, ond roedd Robert Baker o natur hollol wahanol. Roedd yn fwy bonheddig; yn brif glerc yn Chwarel Bwlch Slaters, yn bregethwr lleyg yn Eglwys St Martha ac yn ofalwr a warden arni. Priododd â geneth o Fryste a arferai fod yn gantores opera.

Ychydig i lawr roedd y Co-op yn gwerthu pob math o bethau, ond ddim i'r un safon â Siop y Post. Byddai'r *dividend* yn denu llawer o gwsmeriaid i'r siop, a mawr oedd yr aros i'w gael a'i rannu.

Yn y tŷ nesaf trigai Mrs Williams, ei merch a'i meibion Glyn a Cynan. Gweithiai Glyn ym mhrif swyddfa'r Co-op ac ar ôl gadael ysgol aeth Cynan i weithio yno hefyd. Ymhen amser, prynodd Cynan fusnes Pyrs Williams, perchennog siop yn gwerthu papur newydd, sigaréts a phethau cyffelyb. Symudodd y siop i adeilad a oedd cyn hynny yn swyddfa i bapur *Y Rhedegydd* – dros y ffordd i siop Woolworths bryd hynny. Wrth i'r busnes gynyddu, bu'n rhaid i Glyn roi'r gorau yn y Co-op er mwyn cynhorthwyo Cynan. Bu i wraig Glyn fod yn gofrestrydd y dre am flynyddoedd.

O droi yn ôl at y Siop Chips, yn 108, roedd Mr a Mrs John Williams a'u plant yn byw. Fel 'John Bron Manod' y câi John ei adnabod. Roedd ganddynt bump o blant sef Maria, Robin John, Dafydd Morris, Wmffra a Ted. Gweithiai'r bechgyn yn y chwarel i ddechrau. Yn ystod y rhyfel, gwasanaethodd Robin John gyda'r 'Welsh Guards' ac aeth Dafydd i'r fyddin, ond cafodd ei yrru adref oherwydd ei fod yn dioddef gyda chlefyd siwgr; a bu farw yn fuan wedyn. Ymunodd Wmffra â'r llynges fel *stoker* ac fe fu mewn sawl brwydr â'r gelyn. Priododd â Meg ac ymagrterfodd y ddau yng nghylch Llandudno lle gofalai Wmffra ar ôl rhyw adeilad a pheiriant twymo.

Drws nesaf roedd teulu Mr a Mrs Jones a'u dau fab Ernie ac Eric. Nid wyf yn siŵr beth oedd gwaith Mr Jones, (Spurc oedd ei lysenw ond nid wyf yn gwybod pam y cafodd yr enw yma) yr oedd ganddo fan, ac yr oedd yn ei chadw y tu cefn i siop Co-op. Credaf mai mân-werthwr ydoedd. Byddai Mrs Jones yn gweu sanau gwlân i ddynion, ac yn gwneud 'pennog pickles' oedd yn dra phoblogaidd a blasus. Does ryfedd mai 'Mrs Jones Pennog Picks' oedd ei henw, a phan goginiai'r pennog, byddai'r arogl yn treiddio ar hyd y ffordd fawr. Aeth Ernie ac Eric i'r fyddin a phriododd Ernie â geneth o Brighton a chartrefu yn yr hen dŷ. Mewn dim o dro, roedd ei wraig yn rhugl yn y Gymraeg. Gweithiai Ernie i gwmni glo y Co-op, tra roedd Eric wedi cartrefu tu allan i'r cylch.

Siop bapur newydd oedd rhif 110 er nad oedd hynny'n amlwg o'r tu allan i'r siop. Mr a Mrs Thomas oedd yn byw yno gyda Ronald a Catherine. Catherine oedd yn edrych ar ôl y busnes papur. Nid wyf yn gwybod beth oedd perthynas Catherine â Mr a Mrs Thomas, ond roedd Ronald Roberts wedi ei fagu ganddynt ers yn blentyn bach. Priododd Catherine ag un o'r Penrhyn a chartrefu yno. Ymunodd Ronald â'r Llu Awyr, ac ar ei ffordd adref ar Fôr y Canoldir, bu farw ar fwrdd y llong.

Yr oedd siop fach arall drws nesaf. Brawd a chwaer oedd yn ei chadw. Mae'n rhaid bod ganddynt amynedd Job wrth ddisgwyl i ni'r plant benderfynu pa felysion a oedd yn rhoi'r fargen orau am y geiniog.

Yn y tŷ cyntaf ar ôl y siop, trigai Mr a Mrs Humphreys. Roedd Maggie yn neilltuol o weithgar yn Eglwys St Martha a byddai'n garedig gyda rhai oedd yn wael neu mewn profedigaeth. Teulu arall yn y rhes oedd Mr a Mrs Owen. Chwarelwr oedd Mr Owen, ond fel 'Alice Champion' y câi ei wraig ei hadnabod. Roedd ganddynt ddau o blant sef Richie a Jennie. Ymunodd Richie â'r fyddin a chollais gysylltiad ag ef wedyn. Digwyddiadau cyffredin yn y cyfnod oedd i fechgyn fynd oddi-cartref a gwneud bywyd newydd iddynt eu hunain mewn ardal arall – yn aml trwy briodi.

Ymhellach i lawr y ffordd roedd teulu Mr a Mrs William Williams a phump o blant, John, Huw, Maggie, Grenville ac un ferch fach arall. Fel 'Wil a Maggie Sir Fôn' yr oeddent yn cael eu hadnabod. Settsman oedd Wil yn chwareli setts Manod ac Arenig, ger y Bala. Rhaid dweud bod y teulu yma yn un a oedd bob amser yn hapus, a byddai Maggie ar ben y drws yn barod i sgwrsio gydag unrhyw un, â gwên pob amser ganddi. Roedd John yn aelod o'r St John Ambulance lleol ac yn aelod wrth gefn i gatrawd feddygol y fyddin. Fe'i galwyd i'r fyddin yn fuan ar ddechrau'r rhyfel. Gwasanaethodd gydag anrhydedd mewn llawer gwlad, ac ar ôl dychwelyd adref ailymunodd â'r St John Ambulance lleol lle bu'n Brif Arolygwr y Cadets am gyfnod hir. Penodwyd ef yn Swyddog Cymorth Cyntaf yn ystod adeiladu yr Atomfa yn Nhrawsfynydd ac yna'n Wylfa, a chafodd ei anrhydeddu gyda'r fedal B.E.M.

Yn yr un rhes trigai Mr a Mrs Edwards; yn wreiddiol o'r Bala. 'Mr Edwards Station Master' oedd o i ni yn sgil ei waith yn Stesion Manod – er mai portar oedd o.

Yn yr un stryd roedd Mr a Mrs John Edwards neu 'John Hen Gerrig'. Fel yr awgryma'r enw, un o Gerrigydrudion oedd o. Dywedwyd yn y cyfnod, mai dau gynnig oedd i drigolion Cerrigydrudion a'r cylch; i gael gwaith roedd rhaid symud i 'Stiniog neu ymfudo i America. Roedd John Edwards yn godwr canu yng Nghapel Gwylfa, neu i roi'r enw crand, 'Blaenor y Gân'. Cawsant un mab, Christmas, a oedd yn yrrwr lorri nwyddau y Co-op, a llawer gwaith bûm gydag ef yn anfon nwyddau a blawd i wahanol ffermydd yng nghylch Dolwyddelan. Bu hefyd yn athro Ysgol Sul arnaf yng Nghapel Gwylfa. Ymunodd â'r Llu Awyr fel peiriannydd moduron a bu'n beiriannydd yn un o fodurdai Blaenau ar ôl dychwelyd adref.

Yn y rhes dai is, Rhif 125, trigai Mr a Mrs Wood a'u plant Eddie ac Evelyn. Am gyfnod, bu Eddie'n gweithio i'r Co-op.

Bu i gyfaill ysgol i mi, David, fyw yn y rhes yma gyda'i fam a'i dad, Mr a Mrs Williams, ei daid a'i ddau frawd. Gallai Mr Williams drin y llechan gyda chyllell fach. 'Anni

Metcalf' oedd Mrs Williams i ni ac felly adnabyddwyd ei phlant hefyd. Ymunodd David â'r Llu Awyr, ac arhosodd yno ar ôl y rhyfel, gan ddringo i swydd 'Warrant Officer'.

I lawr y ffordd roedd siop groser. Tŷ preswyl ydyw heddiw. Nid wyf yn cofio enw'r perchennog ond rwy'n cofio'r mab Gordon. Rhyw ddydd rhuthrodd allan o'r siop ac i'r ffordd fawr. Yn anffodus roedd bachgen arall yn dod i lawr y ffordd ar feic, aeth Gordon yn syth i mewn iddo, gan syrthio a thorri ei fraich. Y bachgen ar y beic oedd Gwilym Owen Thomas o Gae Clyd; aeth yn arbenigwr meddygol. Yr oedd yn yr Ysgol Sir ac yn y dosbarth uchaf pan ddigwyddodd y ddamwain. Rwyf wedi meddwl lawer gwaith ai hyn a roddodd gymhelliad i Gwilym fynd yn feddyg?

Drws nesaf i'r siop roedd teulu John Edward Ellis. Ef oedd ysgrifennydd y mudiad Recabaidd ac yr oedd yn cael ei adnabod fel dyn gwybodus. Roedd ganddo ef a'i wraig ddau o blant, Doris Rees a Dei.

Y tŷ nesaf oedd cartref fy ffrind pennaf Hugh Hughes, ei dad a'i fam, ei frawd a'i ddwy chwaer sef Gwynfor, Sally ac Eirwen. Cynigiodd Hugh a minnau wirfoddoli i'r Llu Awyr a chawsom alwad i fynd i Gaer am archwiliad meddygol. Cafodd y ddau ohonom ein rhestru fel 'A1'. Yna cawsom gyfweliad er mwyn penderfynu pa adran o'r Llu Awyr oedd yn agored i ni. Roeddwn eisiau defnyddio fy nghrefft (saer coed) ond doedd dim lle ar y pryd. Fe gynigiwyd i Hugh fynd yn 'air gunner' a derbyniodd. Aeth i'r Llu Awyr a bu'n hedfan lawer gwaith mewn 'bombers' dros wledydd y gelyn. Ar ôl y rhyfel, aeth yn saer maen ac mae'r wal sydd yn dal y tir ger Coleg Harlech yn dangos peth o'i waith.

Dewisais innau ymuno â'r 'Royal Engineers' oherwydd bod fy nhad wedi gwasanaethu yn yr union gatrawd hwnnw yn y Rhyfel Byd Cyntaf. Cefais archwiliad meddygol yng Nghaernarfon a chael fy rhestru eto fel 'A1'. Rhaid oedd disgwyl am y papurau 'call up'. Un diwrnod, daeth llythyr swyddogol yn gofyn i mi fynd i Gaernarfon am archwiliad meddygol. Wedi cyrraedd y man archwiliad roedd popeth yn wahanol. Y llynges oedd wrth y llyw. Pasio eto yn 'A1' a chael gweld swyddog o'r llynges – a hwnnw yn dweud gydag awch yn ei lais *'You've been accepted for duties in the Royal Navy'*. Cafodd dipyn o sioc pan ddywedais wrtho nad oeddwn eisiau ymuno â'r llynges. Trodd yn gas a dweud *'You have no choice'*. Y prif reswm dros fy amharodrwydd i ymuno â'r llynges oedd nad oeddwn yn medru nofio. Yn wir, nid oedd pwll nofio yn 'Stiniog a'r unig le i ni allu nofio oedd Llyn Du – a oedd yn bwll peryglus yn afon Teigl. Cefais y 'call up', ac mewn llai na phythefnos yr oeddwn yn gwisgo lifrau'r Llynges mewn gwersyll yn Devonport ac yn cael fy hyfforddi.

Drws nesaf i dŷ Hugh roedd Mrs Edwards a'i merch Agnes. Hen ferch oedd Agnes yn edrych ar ôl ei mam; roedd pawb yn deall fod Mrs Edwards o drâs bonedd. Yr oedd gan Mrs Edwards un ferch arall yn 'America'.

Siop fechan oedd yn dilyn, yn cael ei rhedeg gan Mrs Griffiths.

Y tŷ olaf yn y rhes oedd Rhif 134 – cartref Lewis Jones, ei wraig, a'u plant Glenys a Gruffydd. Un o deulu ffarm Brondirion oedd Lewis Jones. Bu'n gweithio yn y chwarel, a gwasanaethodd yn y rhyfel ac yn Iwerddon. Yr oedd yn flaenor yng Nghapel Gwylfa ac yn athro Ysgol Sul ar ddosbarth o bobol ifanc ac yn cael hwyl arni hefyd. Dyn preifat a thawel ond yn fedrus ei wybodaeth ac yn barod i wneud cymwynas ag unrhyw un. Collodd teulu agos iddo eu tad a mam mewn byr amser. Cymerodd Lewis Jones y mab hynaf, Stanley, i fyw gyda hwy ac aeth y mab arall – Ted Breeze Jones – at ei fodryb a'i ewythr i Stryd Dorfil yn y Blaenau.

Siop y Co-op oedd Rhif 140, a rhes o dai yn arwain i lawr at dafarn y Wynnes Arms.

Yn Rhif 142 roedd John Roderic a'i wraig Olwen Mai. Un 'petite' a byr oedd Olwen ac roedd ganddi natur o fod yn finiog ei thafod. Person digon tawel oedd Roderic ac yn un hawdd gwneud ag ef.

Yn Rhif 143, trigai Mr a Mrs Robert Hughes, dau fab a pherthynas iddynt o'r enw Dilys. Gweithio yn y chwarel oedd Robert Hughes, ac yn berchennog ar ychydig dir. Roedd Mr a Mrs Hughes yn aelodau o Gapel Gwylfa. Pan fu farw Robert Hughes, roddodd ei weddw a'r plant organ hardd Americanaidd yn anrheg i'r capel mewn coffadwriaeth am briod a thad gofalus. Roedd yr organ yn werth £66 bryd hynny – dros dair mil yn ein harian ni heddiw. Y mae'r organ yn festri Capel Bethesda erbyn hyn. Aeth y mab hynaf i'r coleg meddygol gyda'r bwriad o fod yn feddyg ond er i'w fam ddisgwyl am ganlyniadau llwyddiant bu rhaid i'r meddyg lleol, Dr Morris, ddweud wrthi nad oedd ei mab wedi llwyddo i gyrraedd y nod a phenderfynodd hyfforddi i fod yn fferyllydd. Cafodd Mrs Elin Hughes sioc arall yn fuan wedyn. Yr oedd y mab ieuengaf, Dick, yn berchennog ar feic modur a dyna oedd ei fyd. Mewn sied yng nghefn y tŷ, byddai'n glanhau a thrwsio'r beic. Yr oedd yn rasiwr beic gwych, ond cafodd ddamwain farwol. Roedd teimlad o golled yn y cylch wedi marwolaeth un mor ifanc a medrus.

Mrs Elin Hughes fyddai yng ngofal paratoi bwyd at wahanol gyngherddau a chyfarfodydd arbennig yn y capel – byddai'r merched i gyd yn gwrando arni. Priododd Dilys â Gwilym Davies o'r Blaenau. Chwarelwr oedd Gwilym ar y pryd. Cawsant un mab, Dick, ond bu iddo farw yn weddol ifanc o diphtheria. Yn ystod y rhyfel bu Gwilym yn gwasanaethu ar ffarm yng nghylch y Bala. Fe'i penodwyd yn drefnydd Undeb Gweision Ffermydd. Yr oedd yn aelod o'r cyngor lleol, Cyngor Sir Meirionnydd a Chyngor Gwynedd, a chafodd ei anrhydeddu gyda'r MBE a'i urddo yn Buckingham Palace ar yr un pryd â grŵp y Beatles. Yr oedd yn ddeacon yng Nghapel Hyfrydfa ac hefyd yn aelod o Gôr y Brythoniaid; roedd ganddo lais bas bendigedig. Cof da am Gwilym fel ffrind a chyd-gynghorwr.

Rhif 144 oedd cartref Ifan Thomas a'i ail wraig. Magwyd ei fab Islwyn gan ei daid a nain yn Llys Aled, Cae Clyd. Dyn mawr cryf oedd Mr Thomas ac yn dipyn o 'handy man'. Chwarelwr oedd ei brif waith. Fe ddywedwyd ei fod yn gallu codi wagan â chlwt llechan arni, oedd wedi mynd oddi ar y lein, a'i gosod yn ôl ei hun.

Yr wyf eisoes wedi cyfeirio at deulu John Huw Evans, ond mae un digwyddiad yn sefyll yn y cof o'r cyfnod pan oedden nhw'n byw yn rhif 145. Priododd Selwyn y mab hynaf â geneth leol, ond syfrdanwyd yr ardal ychydig wythnosau ar ôl y briodas gan i'r wraig ddianc gyda'i chyn-gariad.

Siop oedd rhif 146, ond yn un o'r siopau hynny a oedd yn wag rhan fwyaf o'r amser. Cofiaf y teulu Morgan yn byw yno. Cigydd oedd Mr Morgan a chofiaf weld *pork pies* o wahanol feintiau yn ffenest y siop oedd yn tynnu dŵr i ddannedd – a ninnau'n gwybod nad oeddem yn eu cael. Roedd Mr Morgan yn frawd i Mr John Morgan a oedd hefyd yn cadw siop cigydd yn Heol yr Eglwys yn y Blaenau. Symudodd Mr Morgan a'r teulu i'r Blaenau a bu'r siop yn wag am flynyddoedd wedyn. Prynodd Urdd Gobaith Cymru yr adeilad a'i addasu yn Aelwyd yr Urdd. Penodwyd Sion Davies, Tyddyn Gwyn yn drefnydd, a bu'n hynod o lewyrchus am gyfnod. Ond ymhen amser, collodd diddordeb y bobl ifanc a bu i'r Aelwyd gau.

Yr oedd y tŷ nesaf yn dŷ dwbl. Yn y blaen roedd teulu'r Davies', a chofiaf y ferch Vera a'i brawd, Tommy, a oedd yn unawdydd tenor da. Yn y cefn, roedd teulu arall. Nid wyf yn cofio enwau'r teulu, ond cofiaf fod Gwyn y mab yn ddarlunydd pensel gwych.

Awn ymlaen a chael ychydig o hanes y bloc nesaf – sef rhif 149 hyd at 157. Yn ôl cyfrifiad 1891, John Jones o Gilcain, Sir Fflint, ei wraig Margaret a'u mab 'Ben T' oedd yn byw yn 149. Un o Langollen oedd Margaret a'i mab wedi ei eni yn Llandysilio. Chwarelwr oedd John Jones oedd wedi bod yn gweithio mewn chwareli yn Sir Fflint cyn symud i'r Blaenau. Roedd y mab hynaf, John David, yn fyfyriwr ym Mhrifysgol Aberystwyth, ond cafodd salwch a chynghorwyd ef gan y meddygon mai'r unig obaith o adferiad oedd symud i hinsawdd gynhesach. Fe benderfynodd fynd i Awstralia. Yn 1894 casglodd Eglwys Bethesda £124 i'w gynorthwyo. Dychwelodd adref ym Mehefin 1895. Bu'n weinidog nodedig a llwyddiannus yng nghapeli Cymraeg a Saesneg Aberdyfi am rai blynyddoedd ond bu farw yn 1902 yn 36 mlwydd oed ac fe'i gladdwyd yn y dref.

Yn rhif 149 roedd yr ysgol feistr a'r dramodydd John Ellis Williams yn byw gyda'i wraig Cadi (Kate Ellen) a'u dwy ferch Haf a Men. Roedd Cadi yn ferch i John Hughes a oedd yn byw yn Cae Meddyg, Congl-y-Wal ac yn flaenor yng Nghapel Gwylfa. Un o Landdeiniolen oedd John Ellis Williams; yn berson oedd yn llawn syniadau gwahanol i'r arferol. Roedd yn athro yn Ysgol Ganol, Blaenau bryd hynny ac yn aelod yng Nghapel Gwylfa. Nid oedd yn rhy hapus gyda threfn y gwasanaethau ac roedd am newid ei ffurf. Meddai ei syniadau ei hun. Yr oedd gan John un gwendid – atgasedd at bobl gyda gradd – a thrwy ei holl fywyd ceisiai ddangos ei fod gystal neu'n well na graddedigion. Symudodd y teulu i fyw i'r Blaenau er mawr rhyddhâd i flaenoriaid Gwylfa. Ymunodd John â'r cwmni o chwarelwyr 'Stiniog oedd wedi gwirfoddoli i'r Royal Engineers, a chafodd ei wneud yn sarjant. Trosglwyddodd i adran addysg y fyddin, a bu hyn yn destun siarad ymysg yr hogiau a hwythau ar fin mynd i wasanaethu yng Ngogledd Africa.

James Vernon Williams a'i wraig ddaeth i fyw yn Rhif 149 wedyn. Un o Lanrwst oedd gwraig Jim ac fel 'Jim Llwyn Crai' roeddem yn ei adnabod. Signalman yn y stesion Grêt oedd Jim ac yr oedd yn feistr ar dorri gwallt yn ei amser hamdden. Perchennog gwreiddiol y tŷ oedd Robert Jones, Cae Du – a adawodd y tŷ a phres yn ei ewyllys i Gapel Gwylfa.

Bu llawer o symud yn y tai nesaf. Cofiaf Jennie Evans a Ieuan yn byw yno ond nis gwn dim o'u hanes wedi hyn. Roedd Inspector Morris yn byw yn un ohonynt ar ddechrau'r rhyfel. Aeth yn ei flaen i gael ei benodi yn Swyddog Diogelwch yn Atomfa Trawsfynydd. Bu Rhif 152 yn gartref i deulu enwog, teulu John Lloyd Saer. Roedd ei dad yn bobydd a masnachwr menyn. Yn ogystal, roedd Ted Lloyd, John Ben a John Henry yn byw yn y rhes. Yn ddiweddarach bu'r teulu Griffiths yn byw yn 153 gyda'u dwy ferch, Mary ac Alwena. Fe briododd Mary â Glyn Parry a oedd yn byw yn Congl-y-Wal ac yn aelod o'r teulu adnabyddus 'Parry Garn'. Gweithio fel siopwr yn y Co-op oedd Glyn cyn iddo redeg busnes papur newydd *Foster* yn y Llan a symud i fyw i'r pentref. Bu i Alwena briodi Wil Willey, peiriannydd gyda gwaith trydan Tanygrisiau ac fe adeiladwyd byngalo pren iddynt yng Nglanywern, Tyddyn Gwyn, ond bu rhaid iddynt adael y cylch yn sgil gwaith Wil.

Yn Rhif 154 roedd teulu arbennig arall sef y Morrisiaid – Joseph Morris, chwarelwr o Lanllyfni, ei wraig Gwen a'u plant Maggie, Annie, John, William, Joseph ac Edmund. Mawr fu cyfraniad y teulu i'r gymdogaeth, yn enwedig y plant. Bu farw'r tad ac roedd Gwen â baich go fawr yn magu'r plant ac i sicrhau eu bod yn cael yr addysg gorau. Credaf, yn ôl yr hanes, ei bod yn berson cryf yng ngwir ystyr y gair, ac nid oedd yn ddoeth i'w chroesi. Priododd Maggie mab rhif 152, sef John Lloyd a chawsant ddwy ferch – Gwen a Meiriona. Yn 1910 roedd John wedi mynd i America gyda Chôr y Moelwyn ac yr oedd am aros yno, ond nid oedd Maggie'n cydweld a bu'n rhaid i John ddod yn ôl i 'Stiniog. Priododd Annie â Ellis Jones o Drawsfynydd ac aethant i fyw i'r pentref. Crydd oedd Ellis Jones a chafodd weithdy pren yn New Road yn y Blaenau. Cawsant bump o blant: Eirlys, Guto, Joe, John ac Emwnt. Graddiodd John, mab hynaf Joseph a Gwen, ac aeth yn athro. Fe orffennodd ei yrfa fel Arolygwr Ysgolion o dan nawdd y Llywodraeth.

Torrodd William ei goes wrth chwarae pêl droed, ac fe gyfyngodd hyn ei ddewis o waith. Yn Ionawr 1913 bu i Gapel Bethesda gymryd llais yr Eglwys ac yn unfrydol rhoddwyd caniatád i William i fynd i'r weinidogaeth ac i'r coleg. Bu'n weinidog a phregethwr gwych gan weinidogaethu'n bennaf yng nghylch Caernarfon. Enillodd y gadair yn yr Eisteddfod Genedlaethol a bu hefyd yn Archdderwydd.

Arhosodd Joseph yn y cylch a bu am gyfnod yn brentis saer coed gyda John Lloyd, ond roedd y dynfa i fod yn feddyg yn gryfach. Cafodd fynediad i Goleg Meddygol Caeredin lle graddiodd gydag anrhydedd. Gwasanaethodd yn y fyddin a dod yn ôl fel meddyg i'r dref a'r cylch – a oedd yn cynnwys Dolwyddelen hefyd. Yr oedd yn cael y parch a oedd yn ddyledus iddo ac roedd ei ymchwiliad feddygol yn fanwl a chlir; bu'n gwasanaethu heb feddwl am iechyd ei hun. Mae llawer o atgofion ohonno fel meddyg a chymwynaswr. Cofiaf fynd ato wedi i mi syrthio a brifo fy ngarddwn; teimlodd fy llaw a dweud 'Does dim asgwrn wedi torri' – roedd hyn cyn dyddiau X-rays yn yr ysbyty lleol. Dro arall aeth fy mrawd, Jack, i'w weld. Yr oedd Joseph eisiau gwybod popeth am ei yrfa yn y coleg a pha bwnc yr oedd yn ei astudio. Teimlai Jack yn euog ei fod yn cadw'r cleifion yn disgwyl yn yr ystafell allanol, ac yn amlwg roedd yr hen ddoctor yn deall hynny a dywedodd wrth Jack, 'Paid â phoeni amdanynt, byddant yma eto yr wythnos nesaf, "regulars" ydynt.' Cofiaf fabi fy chwaer yn crio mewn poen ac nid oedd posib ei leddfu. Daeth Joseph i'r tŷ a 'phloncio' ei hun ar y gadair a gofynnodd i mam. '*Elin Ann be oeddet ti yn rhoi i dy blant pan oeddent fel hyn?*' '*Colsyn coch o'r tân ac yn ei roi mewn dŵr ac wedyn ei hidlo a'i roi ef i'r plentyn*' meddai mam a dyma'r doctor yn dweud '*Gwna yr un fath i hwn*', ac yn wir fe weithiodd. Heddiw does dim sôn am golsyn coch o'r tân!

Pan adawodd y plant y cartref, prynodd Joseph y tŷ i'w fam, a daeth Gwen Lloyd, ei hwyres, i fyw gyda hi ac i edrych ar ei hôl. Priododd y doctor a chael un mab, Edmund. Roedd ei wraig yn chwaer i'r fferyllydd J. D. Willams; siop fferyllydd Powys Davies erbyn hyn.

Cafodd Edmund ei addysg yn Ysgol Friars, Bangor, ond bu rhaid iddo ymuno â'r Ysgol Sir, yn y Blaenau i gael mwy o hyfforddiant i lwyddo yn yr arholiadau. Fe wasanaethodd yn y fyddin yn ystod y rhyfel a bu'n aelod o'r Commandos, yng nghatrawd y Royal Welsh Fusiliers. Anafwyd ef ym mrwydr Arnhem a'i gymryd yn garcharor. Ar ôl gadael y fyddin bu'n fyfyriwr mewn coleg yn Wrecsam lle cafodd hyfforddiant i fod yn athro. Dysgodd mewn llawer o ysgolion yn Lloegr a bu'n swyddog yn adran filwrol y 'Territorials'. Priododd â chael un ferch, Gwyneth, sydd yn byw yn yr Alban nawr.

Ar farwolaeth Gwen Morris bu i'w merch Annie a'r teulu ddod i fyw i hif 154. Dechreuodd y plant ddewis gwahanol lwybrau gyrfaol. Roedd Guto yn weithgar yn Lloegr gyda'r Frigâd Dân, ymunodd Joe â'r llynges ac fe dreuliodd peth amser yn Awstralia lle ymgartrefodd yn ddiweddarach. Roedd John yn yr oedran i'w gael ei orfodi i ymuno â'r

'Militia'. Roedd y llywodraeth wedi ei gwneud yn ddeddf bod rhaid i bob bachgen ymuno ag un o'r lluoedd arfog am chwe mis i gael hyfforddiant milwrol; galwyd hwynt yn 'Militia Men'. Ymunodd John â'r fyddin, ond yn hytrach na chwe mis o wasanaeth, fe wnaeth chwe mlynedd am fod yr Ail Ryfel Byd wedi torri allan. Cafodd ei yrru i Ffrainc, a phan drechwyd y wlad, cymerwyd ef yn garcharor ac ni ddaeth llawer o wybodaeth amdano i'w gartref wedyn. Priododd fy chwaer Kathlyn ar y 12fed o Fai 1945, ac wrth iddi deithio i Gapel Gwylfa, bu'n rhaid i'r modur stopio oherwydd fod rhywun wedi rhedeg yn wyllt i ganol y ffordd. Annie Morris oedd hi ac fe agorodd ddrws y modur rhwng chwerthin a chrio gan gofleidio fy chwaer a dweud – 'Mae o yn saff, mae o yn rhydd.' Yr oedd newydd gael gwybod fod John wedi ei ryddhau, ac yr oedd yn rhaid iddi ledaenu'r newydd i bawb. Mae'n siwr y bu'r newydd yn ryddhad iddi – a hithau heb wybodaeth am gyflwr John ers amser maith. Bu John yn aelod o grŵp trydanol y BBC yn Llundain am flynyddoedd, ac ar ei ymddeoliad cartrefodd ef a'i deulu yn Nhrawsfynydd.

Cofiaf Emwnt yn dweud wrthyf nad oedd yn ddigon cryf i ymuno â'r fyddin ac fe fu'r teulu'n pendroni beth fyddai orau iddo fel gwaith. Daeth y syniad iddo fynd i'r weinidogaeth, a dywedodd Dr Morris y buasai ef yn mynd ag Emwnt i weld ei frawd, y Parch William Morris yng Nghaernarfon, i gael cyfarwyddyd ganddo o'r ffordd orau ymlaen iddo fod yn weinidog yr Efengyl. Gofynnodd William Morris i Emwnt; 'Wyt ti wedi cael dy alw fy machgen i?' Ffyrnigodd hyn yr hen ddoctor a dywedodd wrth ei frawd, 'Pryd ddiawl geis ti dy alw' a throdd at Emwnt a dweud, 'Tyrd adref 'rŵan'. Dyna ddiwedd ymgais Emwnt i fynd i'r weinidogaeth. Cafodd waith gyda Banc y Midland ym Metws y Coed a Llanrwst, ond bu'n rhaid iddo adael y banc ar ddiwedd y rhyfel gan fod yr hogiau yn dychwelyd adref o'r llu arfog ac yn dod yn ôl i'w hen swyddi. Fodd bynnag, derbyniodd swydd gyda Banc India yn Llundain ac ymgartrefodd yno.

Cofiaf Mr a Mrs Evans yn byw yn Rhif 155, chwarelwr oedd Mr Evans. Roedd ganddynt ddwy ferch, priododd y ferch hynaf, Lillian, â bachgen o Nefyn a bu i'r chwaer arall briodi bachgen lleol. Roeddynt yn aelodau yng Nghapel Gwylfa.

Siop oedd ym mhen y bloc tai ond ni wn pwy oedd yn byw yn y tŷ. Bu i Dai Gruff Roberts a'i wraig Morfudd (Rhiwlas) werthu llysiau yno am gyfnod.

Ar ddiwrnod priodas fy chwaer, roeddwn yn dychwelyd o'r Iseldiroedd ar ôl gwasanaethu gyda'r llynges yn Arnhem – dyna'r tro cyntaf i'r Llynges Brydeinig weithredu mor bell i fewn mewn gwlad estron. Roeddem yn dod yn ôl ar Fôr y Gogledd mewn llong cludo Americanaidd ac ar ein ffordd i'r Alban. Rhybuddiwyd ni ein bod yn hwylio trwy ddarn o'r môr lle'r oedd y gelyn wedi gosod ffrwydron [mines] ynddo. Y noson honno, wrth gysgu yn y 'bunks' Americanaidd, bu coblyn o dwrw a meddyliodd pawb ein bod wedi cael ein taro gan y ffrwydron. Dyma frysio i'r dec lle'r oedd y cychod achub, ond doedd neb arall ar y dec. O archwilio, dyma ganfod fod y cadwynau a oedd yn dal y 'bunks' wedi torri a'r sŵn oedd y 'bunks' haearn yn taro'r dec haearn oddi tanynt – yr oedd yn brofiad erchyll ar y pryd.

Yn sefyll ar ei ben ei hun roedd Tafarn y Wynnes Arms. Credaf ar un amser fod ceffylau'r goets fawr yn cael eu newid yma, gan fod stablau ac iard dda yn perthyn iddi. Rwyf yn cofio Mr a Mrs Evans a'i merch yn cadw'r dafarn, ac ar eu hôl, Mr a Mrs Jones. Roedd Mrs Jones yn chwaer i Albert Roberts, cigydd yn y Blaenau. Ni chredaf fod y dafarn yn un llewyrchus o ran busnes; yr oedd lle ynddi i wely a brecwast, ond yn y cyfnod yma ni fyddai llawer o bobl yn mynd ar wyliau, a'r unig obaith oedd bod trafaelwyr nwyddau yn aros am noson. Mae'r dafarn wedi'i lleoli ar y ffordd o'r Blaenau i'r Llan, ar gyffordd Ffordd Tyrpec Newydd – heb fod nepell o'r ffyrdd sy'n arwain i Dyddyn Gwyn, Stesion Manod a Chae Clyd. Mae'n drychineb erbyn heddiw ei bod wedi gorffen ei hoes fel man cyfarfod a bod dyfodol ansicr iddi.

Ar draws y ffordd i'r dafarn roedd tri thŷ. Yn un ohonynt, Glaneiddion, roedd teulu Pleming yn byw, wedi symud o resdai Tyddyn Gwyn. Mae'r ddau dŷ arall yn wynebu ffordd Cae Clyd. Yn y cyntaf trigai Mr a Mrs William Williams, eu merch Marian a'u mab Ifan. Chwarelwr oedd Mr Williams ac fe'i benodwyd yn drefnydd Undeb y Chwarelwyr. Roedd yn drefnydd effeithiol a bu yn y swydd am gyfnod da, ac yntau'n gredwr cryf yn y Blaid Lafur. Bu hefyd yn aelod o Gyngor Dosbarth y dre, y Cyngor Sir ac yn aelod o Gapel Hyfrydfa. Yr oedd Marian yn ddawnus â chrochenwaith. Byddai'n arddangos ei gwaith i wahanol gymdeithasau. Symudodd y teulu o'r Manod i fyw yn y Sgwâr yn Blaenau.

Yn y tŷ uchaf, trigai Mr John Thomas a'i chwaer. Athro Cymraeg yn Ysgol Ganol y Blaenau oedd Mr Thomas. Yr oedd yn Ynad Heddwch ac yn aelod o'r Seiri Rhyddion hefyd. Roedd yn ddyn teimladwy, deallus, medrus a meddylgar, ond ni wnâi lawer yn gymdeithasol – a oedd yn rhyfedd i feddwl fod ganddo'r gallu i arwain. Câi ei gymryd braidd yn ysgafn gan ei ddisgyblion yn yr ysgol, ac fel 'Jaco' yr oedd y plant yn cyfeirio ato. Byddai'r plant wrth eu bodd yn cael dweud eu bod wedi gwneud i 'Jaco' grio. Mae'n debyg i hyn ddechrau wedi i John roi ei ben yn ei ddwylo mewn rhwystredigaeth o achos diffyg y plant i ddeall yr hyn yr oedd ef yn ceisio ei ddysgu iddynt.

Capel Annibynnol Hyfrydfa, a adeiladwyd yn 1879, oedd

nesaf i'r dafarn. Capel plaen dirodres gyda festri yn y cefn ydoedd. Y fam eglwys oedd Capel Bethania a oedd rhyw hanner milltir i ffwrdd , ond ni fu llawer o gydweithio rhwng y ddwy eglwys ar hyd y blynyddoedd. Eto, yn wahanol i amryw o gapeli eraill, doedd yna fawr ddim o hoelion wyth yn Hyfrydfa.

Cofiaf fel plentyn fynd i'r 'Band of Hope' (Gobeithlu) yn Hyfrydfa ac yr oeddem wrth ein bodd yno am ei fod yn fywiog – yn hollol wahanol i drefn Calfinaidd Gwylfa. Yn wir, nid oedd blaenoriaid Gwylfa yn awyddus i ni fynychu Gobeithlu yr Annibynwyr.

Cofiaf glywed sôn fod mellten wedi taro talcen ffrynt y capel un tro gan roi hollt ynddo. Mae Capel Hyfrydfa yn un o ddau gapel Annibynnol y cylch sydd yn dal i fod â'i ddrysau yn agored heddiw, er bod niferoedd yr aelodau yn fach erbyn hyn.

Yn dilyn y ffordd ymlaen o'r capel roedd bloc o dai. Yn y tŷ cyntaf trigai Emlyn Jones, ei wraig Gwen (Lloyd) a'u dwy ferch, Nesta a Gwenda. Roedd cartref gwreiddiol Emlyn ger y bont lein ar y ffordd newydd ac roedd ei dad yn swyddog yn chwarel y Diffwys. Cafodd John Idwal, ei frawd, yrfa lwyddiannus fel ffisegwr. Bu yn yr Ysgol Sir, yn y coleg ym Mangor a gwnaeth radd 'PhD' ym Mhrifysgol Zurich yn y Swistir. Aeth yn ddarlithydd ym Mhrifysgol Hull. Roedd brawd arall, Glyn, yn brifathro ar Ysgol Sir Machynlleth. Roedd Emlyn yn brif glerc Chwarel Diffwys ac fe ddaeth yn rheolwr y chwarel. Merch i 'John Lloyd saer' oedd Gwen, a hi oedd wedi bod yn edrych ar ôl ei nain yn Rhif 152.

Drws nesaf roedd William Davies a'i wraig. Chwarelwr oedd William Davies. Enillodd sedd ar y Cyngor Sir o dan faner y Blaid Lafur – rwy'n meddwi mai dyma'r sedd gyntaf i'r Blaid Lafur ei hennill ar y cyngor. Roedd y mab, Wil, yn wrthwynebwr cydwybodol a bu rhaid iddo fynd o flaen tribiwnlys. Dyfarnwyd ef i weithio ar y tir. Aeth i ffarm yn Nhrawsfynydd a phriodi'r ferch a chartrefu yno.

Drws nesaf roedd teulu Mr a Mrs Humphreys a'r plant; Gwilym, Huw, Eluned Mai a Bessie. Yn y chwarel roedd yr hogiau'n gweithio a chafodd Bessie goleg a hyfforddiant i fod yn athrawes. Roedd Bessie yn golffiwr gwych – er nad oedd yn arferol i ferched chwarae bryd hynny. Priododd â Dei Morris, mab Sir Evan Jones (Rhosydd), y Llan.

Yn y tŷ nesaf roedd Mr a Mrs Robert Oliver Roberts, roedd y teulu yma wedi symud o Tai Uchaf, Cae Clyd, i lawr i'r brif ffordd.

Yn rhif 162 trigai dau frawd a chwaer sef Robert John, Owen a Nell Pritchard. Roedd y ddau frawd yn gweithio yn Chwarel y Lord; Robert John yn glerc cerrig ac Owen yn chwarelwr, a Nel yn gofalu am y tŷ.

Siop Manod House oedd nesaf. Dau frawd oedd yn ei chadw. Yr oeddent yn lân, taclus a chwrtais ac yn barod i roi cymorth o hyd. Cefais gyfle yn ddiweddar i weld hen 'invoice' y siop ac roedd y pennawd yn darllen fel hyn:

MANOD HOUSE
Bought of Robert Jones
Draper & Grocer
Shoe & Ironmongery Warehouse

Roedd yn newydd i mi fod y siop yn gwerthu esgidiau a nwyddau haearn ar gyfer y tŷ. Nid oeddem ni, ym mhen arall i'r fro, yn ymweld â'r siop, ond yr oedd yn ddarn pwysig o fywyd trigolion Congl-y-Wal. Cofiaf un digwyddiad diddorol ac anhygoel – bu i'r brodyr brynu modur, ac felly rhaid oedd cael garej i'w gadw. Prynwyd un pren ac fe ddaeth John Lloyd i'w gosod tu cefn i'w iard gefn oedd yn wynebu'r ffordd. Un noson bu storm o wynt enfawr, a phan aethant allan yn y bore i weld y modur, nid oedd y garej yno. Yn hwyrach fe'i darganfuwyd tu ôl i Gapel Gwylfa; roedd y gwynt wedi ei chodi i fyny a'i chario dros do y capel a'i gollwng ar dir fflat yn union fel petai John Lloyd wedi ei gosod hi yno ei hun. Ni chafwyd difrod i'r garej. Wedi i'r siop gau, aeth yr adeilad yn dŷ preswyl.

O ddilyn Heol Manod o'r siop i gyfeiriad Llan Ffestiniog, diddorol yw cofio'r hen gymeriadau a oedd yn byw yno, a chychwyn yn y tai nesaf i'r siop sef 164 a 165 a thalcen y tŷ cyntaf yn wynebu Heol Manod. Cofiaf i Mr Johnson a'i fab fyw yn rhif 164. Roedd gan y mab lais bâs bendigedig. Ni ddychwelodd i'r cylch ar ôl mynd i'r fyddin. Roedd ei dad yn ddyn smart, wedi'i wisgo'n daclus a phob amser yn cario ffon â'i phen wedi ei harddurno gydag arian. Un tro, roedd wedi gweld tramp ar y ffordd, a dyma Mr Johnson yn troi ato a dweud 'I know you, you were in Shrewsbury Gaol two years ago'. Meddyliodd y tramp mai hen warden y carchar oedd yn ei gyfarch, ac atebodd 'Yes Sir'. Cofiaf am y teulu a ddaeth i fyw i'r tŷ ar ôl y Johnson's. Cofrestrodd y mab, Owen Jones, i'r fyddin pan oedd yn ddeunaw oed. Ond y tro hwn, 'Bevin Boys' oedd angen a bu'n rhaid i Owen fynd i weithio i'r pwll glo yn Wrecsam – a hynny yn erbyn ei ewyllys. Gwasanaethodd yn y pwll glo hyd ddiwedd y rhyfel cyn cael ei ryddhau. Fodd bynnag, fe arhosodd yn y diwydiant a dringodd i fod yn ddirprwy reolwr a bu yno tan ei ymddeoliad.

Roedd hen wraig yn byw yn Rhif 165 a byddai'n gwneud diod dail. Byddem ni'r plant yn mynd ati i gael llond cwpan o'r ddiod am geiniog – ie, nectar y tlawd. Nesaf ato roedd siop fach Mrs Pugh yn gwerthu mân bethau, melysion a sigarets.

Yna roedd cartref Bob Davies a'i wraig, Gwen. 'Bob Sal'

oedd ef i ni oherwydd ei fod yn fab i Mrs Sally Davies, 12, Tyddyn Gwyn. Yn yr un rhes roedd Mrs Annie Parry a'i mab Gwilym. Roedd Mrs Parry yn chwaer i Dafydd John Russell y dyn glo, ac yn cael ei hadnabod fel 'Annie Russell'. Roedd Gwilym yn blastwr da ond yna aeth yn asiant insiwrans ac fe symudodd o'r ardal.

Yn rhif 171 roedd Mr a Mrs Harry Jones a'u dau fab. Un o Feddgelert oedd Harry ac felly 'Harry Beddgelert' oedd o ar lafar gwlad. Aeth y mab hynaf Aled i'r llynges. Yna gweithiodd yn y siop bost ac yna fel asiant insiwrans. Dechreuodd ef a'i wraig fusnes groser yn 147, Heol Manod ac er nad oedd y siop yma yn y man gorau, fe fu'r fenter yn llwyddiannus. Un person arall sydd yn dod i'r cof yw Elsi Ro. Gwraig o Benrhyndeudraeth oedd hi ac wedi cael, mae'n debyg, bywyd caled a thlodi. Yr oedd yn aelod yng Nghapel Gwylfa ac yn mynychu dosbarth Ysgol Sul fy nhad, a chlywais ef yn dweud lawer gwaith ei bod yn dra hyddysg yn ei Beibl.

Ar ddiwedd y rhes roedd dau dŷ mewn cyflwr truenus. Perchennog y tai oedd Lord Newborough. Ar ben y rhes roedd yna lwybr troed yn arwain o Heol Manod o dan y lein i ffordd Tyrpec Newydd. Ger y lein roedd Ffynnon Grisiau ond fe'i difrodwyd hi pan wnaed y lein o Blaenau i Llan Ffestiniog. Ond mae'r dŵr yn dal i lifo er nad oes ffynnon yno. Mae'n debyg mae hon oedd y ffynnon a oedd yn gwasanaethu trigolion Congl-y-Wal yn yr hen amser. Yr un ochr â Manod House, roedd un tŷ ger y llwybr troed, ond nid oes gen i unrhyw wybodaeth amdano.

Yn rhif 166, drws nesaf i gapel Gwylfa, trigai Mr a Mrs Roberts a'u dau fab Herbert a Frank. Roedd gan Mr Roberts sawl cwch gwenyn yn ei ardd gefn. Prentisiwyd Herbert gyda Sadie Shape, torrwr gwallt yn y Blaenau. Cofiaf i mi wrthod ei gynnig i dorri fy ngwallt – dyma fyddai ei dro cyntaf wrthi. Erbyn hyn, rwy'n difaru gwrthod! Aeth Frank i'r coleg a bu'n athro yn Ysgol Maenofferen.

Yr oedd gweddill y rhes yn ddieithr i mi. Ar ben y rhes oedd ffordd yn arwain i'r iard roedd stablau Tŷ Gwyn, rhif 172. Y teulu Roberts oedd yn byw yno bryd hynny. Cofiaf i'r mab, Jack, gael damwain – roedd wedi mynd i nofio i Lyn Du, Cwm Teigl ar y Sul a syrthiodd a hollti ei droed. Y farn gyffredinol oedd iddo gael ei gosbi am nofio ar y Sul, a rhaid cyfaddef bod hyn yn syniad ddigon poblogaidd ar y pryd. Blynyddoedd yn ddiweddarach, a finnau'n byw yn Bermo, cwrddais â bachgen o 'Stiniog. Ni allwn yn lân â'i gofio er iddo ddweud ei fod wedi byw yn Tŷ Gwyn. Soniais am y bachgen a gafodd ddamwain yn Llyn Du, a'r peth nesaf, mi dynnodd ei esgid a'i hosan ac yno'n glir oedd hoel y ddamwain. Erbyn hynny, roedd yn osodwr brics campus yn y Bermo.

Mr a Mrs Robert Pierce a'u mab Hughie oedd yn byw yn rhif 173. Gwasanaethodd Hughie yn adran feddygol y fyddin yn ystod y rhyfel. Yn 175, trigai Walter a Kate Edwards a'u mab Gwyn. Walter 'hefo'i sbectol tew' ond roedd yn gymeriad diddorol i fod yn ei gwmni.

Y rhes dai nesaf oedd pedwar tŷ cyngor. Cofiaf iddynt gael eu hadeiladu. Lord Newborough oedd perchennog gweddill y tai yn y cylch, ac ar y cyfan roedd rhent y tai tua hanner coron (dau swllt a chwe cheiniog [2/6], neu 12½p heddiw) yr wythnos. Roedd y cyngor yn gofyn am saith swllt a chwe cheiniog am eu tai hwy, a phawb yn methu a deall sut oedd bosib talu y fath swm ar gyflog bach y chwarel. Yn rhif 176 roedd Mr a Mrs Hugh Pugh a'u plant – Beatrice, Annie May, Ieuan, Megan, Kitty ac Olwen. Credaf fod Ieuan wedi bod yn y fyddin yn ystod y rhyfel a bu'n gweithio yn y chwarel. Bu farw yn 1968 yn 58 mlwydd oed, ac yn ôl yr arysgrif ar y garreg fedd roedd yn byw yn Rhif 194, Heol Manod. Bu Megan yn edrych ar ôl Bwlch Iocyn, cartref am gyfnod i Koestler yr awdur enwog, a phriododd â Jack Edwards, un o gylch y Bala. Aeth y ddau i fyw i un o dai newydd y cyngor 176 – 179 yng Ngongl-y-Wal. Bu i Olwen, a anwyd yn 1921, briodi un o Benrhyn a byw yno.

Cofiaf y tenantiaid cyntaf, sef Mr a Mrs Roberts a'u dwy ferch. Phyllis oedd y ferch ieuengaf ac yr oedd hi yn cyd-oesi â fi yn Ysgol Manod. Yn y tŷ pen, rhif 179, trigai'r teulu Parry. Roedd y teulu yma'n adnabyddus fel 'Parrys Garn' oherwydd eu bod yn hanu o Garndolbenmaen. Yr oedd y dynion yn cael eu hystyried yn focsiwyr gwych. Yn y Manod roedd Mr Parry yn lafurwr penboeth, a chefais sawl ymgom gydag ef. Roedd wastad yn fonheddig a pharchus o'r syniadau gwahanol i'r hyn a gredai ynddynt. Roedd gan Mr a Mrs Parry chwech o blant sef Kitty, Wil, Cyril, Hefin, Glyn ac Alwyn os gofiaf yn iawn. Cafodd Cyril PhD mewn gwleidyddiaeth a bu'n gweithio yn y Brifysgol ym Mangor. Bu yn aml ar y teledu yn siarad yn effeithiol iawn am gyflwr y wlad yn gyffredinol.

Y tŷ nesaf oedd Tŷ Mawr lle trigai teulu 'Harry Plumber' – nis gwn ei enw go iawn. Credaf mai gweithio iddo'i hun oedd Harry, ac yn wir, pan fyddai'n mynd yn ei hen gerbyd Ford, yr oedd ei blant fel syrcas o'i gwmpas. Cofiaf un tro i Harry ddychwelyd o Lundain yn y modur, ac fel yr oedd yn cyrraedd y tŷ, dyma'r car yn torri lawr fel pe buasai yn dweud 'digon yw digon'. Symudodd y teulu i Birmingham ac ni chlywyd ddim amdanynt wedyn.

O ddilyn y ffordd gul ymddangosai'r hen ysgoldy, Bryn Glas. Bu i John Lloyd (saer) ei brynu a'i addasu i fyngalo a'i osod i Mr Jones a'i wraig am flynyddoedd; clerc â gofal am Fanc Barclays oedd gwaith Mr Jones. Wedyn, bu i John Lloyd (saer) a'i wraig dreulio eu blynyddoedd olaf ynddo.

Yn gorffen y cylch yr oedd pedwar tŷ arall a safai ar eu pennau eu hunain sef Frongaled. Dros y ffordd roedd tri thŷ unigol sef Bron Rhos, 205 Heol Manod a Penbryn wedyn. Mae gen i gof plentyn mai Bryngwyn Owens oedd yn byw ym Mhenrhos ac yr oedd yn magu mulod.

Ymhellach ymlaen roedd Rhiwlas, eto nis gwn be oedd rhinwedd yr adeilad ond cofiaf y ddau blentyn a oedd yn byw yno sef Maldwyn a Marian.

Ymhellach ymlaen roedd tŷ a adeiladwyd ar ddechrau'r rhyfel. Harry Roy, a oedd yn ŵr adnabyddus yn y byd cerdd yn Llundain ac yn arweinydd band dawnsio poblogaidd, oedd wedi cynllunio'r tŷ er mwyn i'w wraig gael lloches o ffrwydriadau a bomiau yn Llundain. Roedd ei wraig, Elizabeth Vyner Brooke yn gantores ac actores, a'i henw llwyfan oedd 'Princess Pearl'. Roedd yn ferch i Syr Charles Vyner Brooke, Rajah gwyn olaf y Deyrnas Sarawak. Bu farw Elizabeth yn Florida yn 2002.

Ar ôl i'r teulu lloches adael, daeth Mr a Mrs Elias Jones i fyw yno gan ailenwi'r tŷ yn Gwernant. Pobydd oedd Mr Jones yn Nhanygrisiau, ac fel 'Lei Becar' y câi ei adnabod gan bawb. Yr oedd yn gymeriad unigryw ac yn barod bob amser i wneud cymwynas fel bo'r angen. Cofiaf am helbulon y 'sliced bread'. Yr oedd gan Lei fusnes bara neilltuol o dda yn y dref a bu i ddyfodiad y 'sliced bread' haneru cynnyrch ei fusnes traddodiadol bron dros nos. Bu llawer o bendroni a phryder cyn iddo gael peiriant sleisio bara – bu'n llwyddiant a dyrchafodd y busnes yn ôl i'w safle naturiol. Yr oedd Mrs Margaret Jones 'Gwernant' yn ddynes alluog ac amryddawn – yn enwedig gyda'i llaw, a hi oedd yn gyfrifol am sefydlu Sefydliad y Merched yn y Manod a fu'n llewyrchus am flynyddoedd. Bu hefyd yn asgwrn cefn i weithgarwch y merched yng Nghapel Gwylfa. Roedd ganddynt bedwar o blant – John Humphrey, a aeth yn Brifathro mewn ysgol breifat yn Lloegr, Arthur a ddilynodd ei dad fel pobydd, Arwel oedd yn ffarmio a Gareth Maelor. Dechreuodd Gareth ei yrfa yn y banc yng Nghorwen ond nid oedd wedi ei dorri allan i weithio mewn swyddfa, felly penderfynodd fynd i'r weinidogaeth. Am gyfnod bu yng Ngholeg y Methodistiaid yn y Bala cyn mynd i'r Coleg Diwynyddol yn Aberystwyth. Bu'n weinidog yng nghylch Harlech ac yr oedd yn gymeradwy gan bawb. Cyhoeddodd amryw o lyfrau plant a bu ef a'i wraig yn Wardeniaid yng Nghartref Bontnewydd. Mae lle i minnau ddiolch iddo canys ef a briododd Gwyneth a fi yn y Bermo. Symudodd teulu Elias Jones o Gwernant i Llwyn Crai, a oedd ar un adeg yn ddau dŷ. Bu i Arwel, un o'r meibion, gynyddu tiriogaeth y ffarm drwy brynu peth o diriogaeth Bwlch Iocyn a Thyddyn Gwyn. Roedd y ddwy ffarm erbyn hynny yn dai preswyl, a daeth Llwyn Crai yn un o ffermydd mawr y cylch.

Bron dros y ffordd i Gwernant roedd rhesdai Tanrhos. Roeddent mewn cyflwr difrifol; bron yn adfeilion ac yn loches i dramps aros dros nos. Cawsant eu haddasu ac maent erbyn heddiw yn rhesdai prydferth. Pedwar tyddyn oedd nesaf sef Tŷ Newydd Ffynnon, Y Ffynnon (Ffatri), Bron Ffynnon a Hendre Ddu. Tyddyn hynafol yw Tŷ Newydd Ffynnon ac yn nodedig am ei simneiau mawr. Yno trigai Dafydd Hughes, ei wraig a thri o blant – Tommy, Myfanwy a Sally. Prif waith Dafydd oedd yn y chwarel, ond byddent yn cadw rhyw bedair o fuchod ac un ceffyl, gan werthu'r llaeth a phethau eraill a gynhyrchwyd ar y ffarm i'r trigolion. Tyddyn bach arall oedd Bron Ffynnon, ac os cofiaf yn iawn, bu i'r teulu yma ymfudo i Awstralia.

Mae lleoliad Tŷ Newydd Ffynnon, Gwernant, Bron Ffynnon a Hendre Ddu ar ffurf pedol, a thu fewn i'r bedol mae llecyn o dir. Dyma lle honir oedd yr unig ffynnon sanctaidd yn ardal 'Stiniog sef Ffynnon Sant Mihangel.

Mae G. J. Williams yn *Hanes Plwyf Ffestiniog* yn sôn am gario dŵr o'r ffynnon i eglwys y plwyf sef Eglwys St. Michael, Llan Ffestiniog, ar gyfer gwasanaeth sacrament y bedydd. Fe honwyd bod rhinweddau iachaol i'r ffynnon, a byddai llawer yn cyrchu yno er mwyn gwella o wahanol anhwylderau. Adeiladwyd tŷ dros y ffynnon a'i alw'n Tŷ Ffynnon.

Mewn erthygl yn *Rhamant Bro*, o dan y teitl 'Ffynhonnau ein Hardal' mae Steffan ab Owain yn cyfeirio at erthygl yn Y *Rhedegydd* yn y 1930au gan R. Lewis Jones, Granville, Efrog Newydd. Yn ei atgofion, mae'n awgrymu nad yr adeilad presennol yw'r un gwreiddiol. Fel hyn mae'n dweud:

Gwelwn fod hen dŷ 'Y Ffynnon' wedi cael ei chwalu i'w sylfeini. Yr oedd yn hen dŷ bychan tlws, a gardd helaeth o'i flaen, yr holl fyddai yn llawn blodau prydferth gynt. Yr oedd hefyd bistyll o ddŵr croyw, gloyw yn llifo'n wastadol o'i dalcen isaf (agosaf i'r Llan). Gofynnwn i fy mam am esboniad ar y dwfr a lifai yn ddiderfyn, tra nad oedd yn y golwg un math ar ffrwd yn rhedeg iddo o un cyfeiriad. A dywedodd hithau wrthyf y cyfrifid hwn yn ddŵr meddyginiaethol, ac y deuai llawer yma yn yr hen amser i gael eu gwella. Bernid fod yn y tir feteloedd gwerthfawr, yn cyfrannu o'u rhin i ddynolryw drwy gyfrwng dŵr yr hen bistyll caredig. Yr olaf ag yr wyf fi yn gofio'n byw yn yr hen dŷ ydoedd Owen Roberts y Gof, brawd i'r Meddygon John, Robert a Griffith Roberts, yr oedd eu rheini hefyd yn cael eu cyfrif yn feddygon gwerthfawr mewn ardal wledig fel oedd y Blaenau y pryd hynny.

Diolch i'r diweddar frawd Emrys Evans am yr erthygl ganlynol yng Nghylchgrawn *Cymdeithas Ffynhonnau Cymru*, Rhif 2, Haf 1997:

Bu i Isallt (Robert Roberts y meddyg, un o frodyr Owen Roberts y Gof) rhoi ychydig o wybodaeth fel a ganlyn:
    'Deuent o bellteroedd am wellhad rhag ffitiau a chrydcymalau a hefyd parlys, meddai rhai. Ni fu oes hir iddi – ni chynhwysai ei

dŵr unrhyw sylwedd fferyllol. Mae ei holion o fewn y murddun eto o ffurf chwe ochrog, a dau ris i fynd iddi, – ond wedi ei gorchuddio a sbwriel, pridd ayyb.'

Fe adeiladwyd Tŷ Newydd cyfagos i'r hen dŷ. Tua 1997 bu i'r Tad Deiniol wneud gwaith i ddarganfod yr hen ffynnon, ac fel hyn yr adrodda Emrys Evans yr hanes:

Yn ddiweddar, hynny yw, yn ystod y flwyddyn neu ddwy ddiwethaf, bu'r Tad Deiniol, offeiriad yr Eglwys Uniongred Roegaidd ym Mlaenau Ffestiniog, yn ymddiddori yn y ffynnon. Mae hi wedi'i chysegru ganddo a bu'n ceisio cael nawdd gan adran o'r Gymuned Ewropeaidd er mwyn clirio'r safle a'i dacluso, ac adfer adeiladwaith y ffynnon.Yn anffodus, nid oes arian ar gael i wneud y math yma o waith, ac felly, mae'r ffynnon yn dal wedi'i chladdu dan gerrig a phridd a sbwriel.

Ar dir 'Y Ffynnon' fe adeiladwyd ffatri wlân yn 1859, a bu mewn bodolaeth am ugain mlynedd. Mae Steffan ab Owain wedi archwilio hanes yr hen ffatri a'i olion heddiw. Bu i Joseph Lewis, yn enedigol o Lanfrothen, brynu lês ar dir yn perthyn i fferm Cae Du oddi wrth Lewis Thomas, Maenofferen. Yn ôl y cytundeb, roedd rhent o £2 i'w dalu arni yn flynyddol. Cae Du oedd perchennog y tir cyfagos i gyd. Fe'i hadeiladwyd ar lecyn ar ochr Afon Manod ychydig islaw hen dŷ a elwid 'Ffynnon Ddwfr'. Honnir bod yr adeilad yn cynnwys dau lawr gyda olwyn ddŵr ar un talcen i weithio'r peiriannau i wneud y brethyn. Ni fu'r ffatri yn llewyrchus oherwydd na allant gystadlu â ffatrïoedd mawr a allai gynhyrchu y brethyn yn gynt ac yn rhatach. Yn 1879, bu erthygl yn y papur lleol yn hysbysu fod y ffatri ar werth, a dyna oedd diwedd 'Ffatri Y Ffynnon'.

Roedd y 12fed o Fai 1935 yn ddiwrnod arbennig – diwrnod

dathlu Jiwbili Arian teyrnasiad ei Fawrhydi Siôr y Pumed. Rhoddodd y Cynghorau Sirol anrheg o lyfryn bach a mwg lliwgar gyda llun y Brenin a'i Frenhines arno i bob plentyn a oedd yn mynychu ysgolion y sir i gofio'r achlysur. Trefnwyd i gael coelcerth enfawr ar ben Garreg Wen. Bu cryn baratoi yn cario pethau i'w llosgi i'r Garreg Wen. Roedd y modurdai lleol yn manteisio ar y cyfle i gael llosgi eu hen tiars. Gyda'r nos, tannwyd y goelcerth, a hyfryd oedd ei weld yn llosgi ac yn goleuo'r cylch.

Yr unig rai oedd yn anhapus oedd teulu'r Ffynnon – amgylchynwyd hwy gan fwg drewllyd ac yr oeddent yn cael trafferth anadlu. Aethant i dŷ'r ferch Mary a'i gŵr John a oedd yn byw bryd hynny yn un o dai St. Martha sef 98 Heol Manod.

Fe ymddeolodd Mr a Mrs Thomas Williams o'r Ffynnon yn fuan wedyn a chyfnewid tŷ gyda'i merch, Mary. Aeth John a Mary a'u merch Myra i fyw yn y Ffynnon am gyfnod go dda cyn ail gartrefu yn ôl yn 98 Heol Manod ar ôl marwolaeth tad a mam Mary.

Y tŷ olaf ar y briffordd (yn ward Congl-y-Wal i gyfeiriad Llan) oedd 'Cartref', neu i fy nghenhedlaeth i, 'Plas Bowton'; cartref Richard Bowton a oedd yn ddyn pwysig yn ei gyfnod. Un o Lundain ydoedd; yn reolwr chwarel Graig Ddu ac yn gyfarwyddwr Rheiffordd Ffestiniog o 1906 hyd 1921. Yr oedd hefyd yn Gynghorwr dros ward Congl-y-Wal. Adeiladoddd 'Cartref' ar gyfer ei briodas â Hephzibah Elizabeth Davies a oedd yn enedigol o Benbedw ond yn un o deulu Cae'r Blaidd – merch D. W. Davies a wyres i John Davies. Enw hebraeg o'r dwyrain canol yw Hephzibah a'i ystyr yw 'fy hyfrydwch ynddi', neu yn Saesneg *my delight in her*. Bu'r ddau'n byw yn 'Cartref' a bu farw Richard Bowton yn 1923. Yng nghyfrifiad 1901, nid yw ei wraig wedi ei rhestru yng nghyfrif y tŷ. Nodir bod Richard Bowton yn

'Slate Factor', a bod ganddo ddwy forwyn a 'coachman'. Nid oes gwybodaeth a fu ei wraig yn y tŷ wedyn, ond bu hithau farw yn 1938 yn Bakewell, Swydd Derby. Er fod ei gŵr wedi ei gladdu ym mynwent y Llan, nid oes sicrwydd ei bod hi wedi ei chladdu yno er bod ei henw ar y garreg fedd.

Mae Plas Cae'r Blaidd ar ffin ward Congl-y-Wal, ac yno y trigai'r teulu Davies'; teulu â dylanwad cryf ar gymdogaeth y Blaenau. Roedd William Davies yn reolwr ar y Ffestiniog and Blaenau Railway Co. Ltd. – y lein fach gwreiddiol o'r Blaenau i Llan – o 1862 i 1882, pan gafodd ei benodi fel swyddog methdaliad y rheilffordd. Yr oedd gan y teulu swyddfa yn y Blaenau wedi ei leoli yn ymyl Steison Grêt a Gwesty y Frenhines, fel roedd yn cael ei hadnabod yn y cyfnod.*

Byddai'n fuddiol i gyfeirio at ddylanwad y pedwar capel yn y fro, sef Bethania, Bethesda, Hyfrydfa a Gwylfa. Bethania oedd y capel Annibynnol cyntaf yn y cylch. Bethesda oedd y capel Methodistiad hynaf. Gwylfa oedd y capel olaf i gael ei adeiladu, ac mae wedi ei ddymchwel erbyn hyn. Mae Hyfrydfa ar agor o hyd, gydag ychydig o aelodau. Bu rhaid edrych ar gyfrifiad 1891 a 1901 er mwyn cael gwell syniad o'r cyfnod.

Dros y ffordd i 'Manod House' roedd Eglwys Gwylfa (MC). Rhyw ffordd o ddarparu at y dyfodol oedd adeilad y Gwylfa. Yn y 1900au, roedd 'Stiniog yn un o'r trefi pwysicaf yng Ngogledd Cymru a'r chwareli yn atynnu gweithwyr o bob rhan o'r gogledd. Er mai Saeson oedd perchnogion y chwareli, yr oedd y gweithwyr i gyd yn Gymry. Yn sgil y cynnydd yn y boblogaeth, adeiladwyd Capel Gwylfa.

---

* Diddorol oedd gweld poster ar yr we (https://i0.wp.com/caerblaidd. com/wp-content/uploads/2018/08/eisteddfod-programme.jpg?ssl=1) yn hysbysu cyngerdd yn y dre i godi arian at Eisteddfod Genedlaethol Brenhinol yn y Blaenau yn 1898. William Davies oedd Llywydd y cyngerdd.

127

Ychydig ar ôl adeiladu Capel Bethesda yn 1869, sefydlwyd cangen ysgol yng Nghongl-y-Wal gan y capel, mewn ystafell yn nhŷ Mr John Hughes, Cae Meddyg (yr oedd yn dad i Mrs Cadi Ellis Williams). Bu Mr John Hughes yn arolygwr ar yr ysgolion am ddeunaw mlynedd, ac yr oedd yn ddarllenwr mawr, diwinydd ac athro rhagorol. Daeth yr adeilad i fod yn rhy gyfyng a phenderfynwyd adeiladu ysgoldy newydd, ac fe wnaed hynny ar gost o £500, ac felly y daeth Ysgoldy Bryn Glas, a oedd tu ôl i Tŷ Mawr, i fodolaeth. Aeth yr adeilad yma hefyd yn rhy gyfyng ac yr oedd yn rhaid dod i benderfyniad – naill ai ehangu'r ysgoldy neu adeiladu capel newydd yng Nghongl-y-Wal. Penderfynodd swyddogion Bethesda gael capel newydd yn lle ysgoldy. Cynlluniodd Mr Rowland Jones o Gaernarfon y capel, ac roedd yn adeilad hardd iawn. Mr Evan Jones, Groeslon, Caernarfon gafodd y gwaith o'i adeiladu am gytundeb o £4,000, £100 am y tir a £400 am gau'r terfynau. Yn garedig iawn, bu i aelodau o Gapel Bethesda a'r Ysgoldy, yn eu hamser hamdden, glirio'r tir a thorri ffôs i'r sylfaen a'r garthffosiaeth, gan arbed llawer o arian i'r eglwys. Bu i'r Parch William Morris ddatgan lawer gwaith ei fod yn un o'r rhai a fu'n gweithio yn wirfoddol ar y gwaith yma. Fe agorwyd y Capel yn Hydref 1906 ac fe'i galwyd yn Gwylfa; yr enw o adnod yn Llyfr Habacuc yn yr Hen Destament – yr adnod gyntaf ym mhennod dau:

> Safaf ar fy nisgwylfa, ac ymsefydlaf ar y tŵr, a gwyliaf, i edrych beth a ddywed efe wrthyf, a pha beth a atebaf pan y'm cerydder.

Yr oedd y capel wedi ei gynllunio i ddal 500, ac nid oedd angen festri mawr oherwydd bodolaeth Ysgoldy Bryn Glas. Ymunodd dros 100 o aelodau Capel Bethesda â'r capel newydd gydag un blaenor, Robert Jones, Cae Du. Er y darogan am gynnydd, mewn gwirionedd dyna oedd dechrau'r dirwasgiad. Tua blwyddyn ar ôl agor Gwylfa, dechreuodd y dirwasgiad ar y diwydiant llechi a barhaodd tan 1920. Ar hyd y blynyddoedd, daliodd yr Eglwys at ei rhif o gant i gant ac ugain a rhyw bedwar deg o blant.

Roedd fy mrawd yn ysgrifennydd yr Ysgol Sul, a chofiaf iddo gael rhif o gant un Sul, ac yr oedd hyn yn destun cryn lawenydd. Arolygwyd gwaith y capel gan Robert Jones, Cae Du, hyd nes etholwyd swyddogion. Etholwyd Robert Jones a John Hughes yn flaenoriaid ymysg eraill. Yn yr ail etholiad cafodd fy nhaid, John Edward Jones, a 'John Lloyd saer' eu hethol. Y blaenoriaid yn y pedwardegau oedd John Jones, 'Post Office'; John Lloyd, Lluest; Evan Williams, Llys Aled; John Davies, Bronmanod; William Lloyd, Hendre Ddu; Lewis Jones, Frondirion ac Emrys Williams, Bron Haul, Cae Clyd. Yr organyddes oedd Miss Nellie Jones, 'Post Office' a'r codwyr canu oedd John Edwards, Hen Gerrig a Thomas Haydn Williams, Cae Clyd. Etholwyd W. O. Williams a minnau yn swyddogion yn 1954, ond gwrthododd W. O. Williams ac yr oeddwn innau yn pendroni beth i'w wneud o achos perthynas y teulu dros y blynyddoedd gyda'r capel. Nid hawdd oedd gwrthod, felly derbyniais y swydd – a chamgymeriad oedd hynny. Er bod gennyf barch mawr at y swyddogion, roeddent yn byw yn yr hen drefn. I mi – un a oedd wedi cael profiad o ryfel – roedd rheolau y cyfundeb ddim yn gymwys rhagor; hynny yw, roeddent wedi pasio eu dyddiau ers peth amser, ond nid oeddent yn gweld hynny. Dirywiodd pethau pan fu i un aelod ifanc gweithgar yn y capel gael ei gariad yn feichiog. Yn ôl y drefn, yr oedd yn rhaid i'r mater ddod gerbron y swyddogion a doedd ond un gosb sef gorffen ei aelodaeth. Nid oeddwn yn cydweld â hyn – yn fy marn i, nid fy swyddogaeth oedd i dorri allan aelodau ond yn hytrach cymell aelod i berthyn i'r enwad. Fodd bynnag, dywedwyd wrthyf, pan i mi dderbyn y swydd, yr oeddwn hefyd i dderbyn y rheolau. Yn rhyfedd, ni welais gopi o'r rheolau ac nid wyf yn credu bod gweddill y blaenoriaid wedi eu gweld ychwaith; roedd yn ymddangos fod y rheolau yn cael eu trosglwyddo o genhedlaeth i genhedlaeth yn y modd llafar. Yn y diwedd, gofynwyd i'r bachgen atal cymeryd y cymun am un tro. A oedd hyn yn y rheolau – nis gwn – ond yr oeddwn wedi cael digon a bu i mi ymddiswyddo, er gofid i rhai aelodau. Ni welwyd y bachgen yn y capel ar ôl hynny, ond fe briododd y ferch a bu'r ddau yn aelodau da a ffyddlon mewn enwad arall; colled fawr i Eglwys Gwylfa.

Mae'n ddig gennym fod y capel wedi cau ei ddrysau ac wedi ei ddymchwel erbyn hyn, ond mae atgofion melys o'r gymdeithas a'r cariad a fu iddo ei roi i ni y plant mewn adeg caled. Roedd un dyn, yn ei amser, yn sefyll allan yn hanes Gwylfa, sef Robert Jones, Cae Du, ond roedd yn cael ei adnabod fel 'Yr Hen Gae'. Chwarelwr ydoedd ac roedd hefyd yn ffarmio yng Nghae Du. Yn ei ddyddiau cynnar yn y fro, byddai yn y chwarel ar ddechrau'r mis, yn gwneud bargen gyda'r Stiward. Yna byddai'n llogi dynion i wneud y gwaith a thalu cyflog y dydd iddynt, ond ar ddiwedd y mis byddai'n pocedu'r elw. Un o Bant Glas, Eifionydd ydoedd a ddaeth i gylch 'Stiniog pan oedd yn ugain oed i weithio yn y chwarel, gan letya yn Tai Uchaf, Cae Clyd. Yn fuan, dewiswyd ef yn flaenor yn Eglwys Bethesda. Bu'n byw am gyfnod byr ym Mhorthmadog, ond buan y daeth galwad iddo ddod yn ôl i 'Stiniog gan aelodau Eglwys Bethesda a'i gyfeillion. Bu i Doctor Lewis Edwards ei berswadio, mewn ymddiddan personol, ac fe ildiodd a chartrefodd yn Bodfaen, Tyddyn Gwyn, ac yno bu tan ei farwolaeth yn 1915 yn naw deg chwech oed. Mae llawer o hanes am ei ddawn; bu yn egnïol ym Methesda. Roedd ganddo ddosbarth darllen yr ysgrythurau bob bore cyn yr oedfa Sul. Gallai weithredu yn gyfan oddi ar gariad teyrngar tuag at ei Arglwydd a'i

Waredwr. Yr oedd hefyd yn angerddol ac yn ymarferol, yr oedd ei syniadau a'i anerchiadau'n llawn synnwyr da. Rhoddwyd achos Gwylfa dan ei ofal nes dewis swyddogion, a daeth cenhadon o'r Cyfarfod Misol i gynorthwyo Eglwys Gwylfa i ddewis swyddogion. Cafodd Robert Jones ei ethol yn un o'r swyddogion newydd, ac mewn gwirionedd ef oedd Tad yr Eglwys. Yr oedd yn cael ei adnabod fel un o hoelion wyth Achos Methodistaidd y fro. Parhaodd ei ddylanwad ar yr eglwys am flynyddoedd maith ar ôl ei farwolaeth.*

Ond er yr holl edmygedd, nid oedd y plant yn ei garu; yr oeddent yn byw mewn ofn ohono ac yn ofnus o gael cerydd ganddo. Cofiaf fy mam yn dweud yr hanes wrthyf am ferch ifanc, a oedd wedi cael gwaith fel morwyn fach yn Nhafarn y Wynnes Arms, gael ei thorri allan o'r capel am ei bod yn gweithio yn 'Nhŷ y Diafol'. Hefyd, ar ddiwrnod Ffair Llan yr oedd rhaid cuddio rhag ofn i Robert Jones weld y plant yn mynd i 'Ffair y Diafol'.

Cynhaliwyd eisteddfodau llewyrchus yn flynyddol yn y capel, a hyn er mwyn codi arian i glirio'r ddyled ar yr adeilad. Yr oedd yn un o eisteddfodau pwysicaf y fro ac yn denu cantorion a phartïon o fri i gystadlu. Roedd y Parch Trefor Evans, gweinidog Gwylfa, yn gwrthwynebu cynnal yr eisteddfod oherwydd bod llawer o'r cantorion yn mynychu Tafarn y Wynnes Arms cyn dod i ganu yn y capel. Yn aml, roedd rhaid i rywun fynd i'r dafarn i'w cael i gystadlu ar y llwyfan – teimliai'r 'Parch' nad oedd hynny yn weddus i gapel ac fe ddaeth yr eisteddfod i ben. Cynhaliwyd cyngherddau hefyd, ac un flwyddyn daeth yr enwog Leila Megàne, cantores opera adnabyddus a hanai o gylch Pwllheli, yn westai arbennig. Colled ariannol oedd y cyngerdd, ac roedd

---

* Rwyf yn ddiolchgar am hanes Gwylfa o 'Hanes Methodistaidd Gorllewin Meirionnydd' a roddwyd ynddo gan fy nhaid – John Edward Jones.)

fy nhaid yn flin am nad oedd Leila Megàne wedi gostwng ei ffi, ond, cantores broffesiynol oedd hi, a dyna oedd y fargen ac fe gadwodd ati. Daeth tro ar fyd a chaewyd drysau Capel Gwylfa o achos diffyg aelodaeth, ac fe ddisgwyliwyd i'r ffyddloniaid ymuno â Chapel Bethesda. Bu'r adeilad yn wag am gyfnod, ond fe'i prynwyd gan gwmni Evans a'i addasu fel modurdy a gorsaf betrol. Bu'n llewyrchus am gyfnod, ond yn y diwedd cafodd yr adeilad ei ddymchwel, ac yn awr mae cais cynllunio i adeiladu saith tŷ un llawr ar y tir. Mae'r garreg â'r enw Gwylfa arni wedi ei gosod yn un o'r waliau terfyn er ei bod wedi cael peth difrod.

Anfonodd Enid Roberts o Fangor (er fel Enid Williams, Fron Haul, Cae Clyd rwyf yn ei hadnabod) benillion i mi a oedd wedi cyfansoddi am y capel, ac rwyf yn ddiolchgar iddi amdanynt:

Capel Gwylfa

Fe'm magwyd pan yn blentyn
Yng nghapel yr M. C.
Adeilad hardd saerniaeth goeth
Oedd Gwylfa yn ei fri.

Ar fore Sul fe'n gwelid
Yn rhedeg tua'r man
Lle casglai'r hen a'r ifanc
I addoli yn y llan.

Parch mawr oedd i'n gweinidog,
Gŵr bychan mewn cot laes,
A'i wallt yn grych fel tonnau
Yn byw yng Nghefn y Maes.

Ond hwyliog iawn oedd cwmni
Aelodau'r capel bach,
A chanent a'u holl egni
Yn fethedig ac yn iach.

Tom H. yn codi'r canu,
A John Ll. ambell dro,
A Nell yn chwythu'r organ
I leisiau gorau'r fro.

John y saer a W. O.
Elin Ann a Gwilym,
Men ac Em a Thomas H
A'r gweddill oedd i ddilyn

Blaenoriad saith addolant
Ym mreichiau y sêt fawr,
A'r gweddill, lu ohonom,
Mewn seti ar y llawr.

Ar noson yn yr wythnos
I'r Band of Hope âi'r plant
Yno dysgu y sol-fa
Roedd rhywbeth at bob dant.

Nos Fawrth y câi'r oedolion
Eu noson hwyliog hwy,
Nos Fercher roedd y seiat
Ond nid oedd llawer mwy.

Gwnio, gwae a chrosio
Wnâi'r merched bob pnawn Iau,
I godi 'chydig arian
I lenwi y coffrau

Roedd Mrs Jones o'r Gwernant
Yn wraig o aml ddawn,
Ond Gareth oedd yn helpu
Y plant i actio'n iawn.

Blynyddoedd hapus oeddynt
Yng nghwmni'r teulu triw
Nawr mae'r capel wedi mynd
A'r garej sydd yn friw!

Enid Roberts

Ysgrifennodd Mrs Lewis R. Lewis (mam Eigra Lewis Roberts) bennill pan gaewyd Capel Gwylfa:*

Nid oes lleisiau yn addoli,
Yn hen Gapel Gwylfa glyd,
Trodd y gweddill ffyddlon adref
Yn eu siom i lawr i'r stryd.

Mrs L. R. Lewis

---

* Diolch i Eigra am ganiatâd i ddefnyddio'r pennill.

134

Cae Clyd

MAE ARDAL CAE Clyd yn agos iawn at fy nghalon. Priododd fy hen, hen, daid, John Peter o Dreflys, Pentrefelin â Gaenor Griffiths o Hafod Las, Dolgellau, a thua 1834 cafodd waith yn un o chwareli 'Stiniog. Aethant i fyw i Rhif 1, Penfforddgoch, Cae Clyd. Un o fanteision y tŷ yma oedd bod ganddo gwt mochyn yn yr ardd gefn a olygai ei bod yn bosib cadw dau fochyn ynddo, fel oedd yn arferol yn y cyfnod. Un mochyn at anghenion y cartref a'r llall yn cael ei werthu am arian i dalu'r rhent a chostau cael dau fochyn bach arall at y tymor newydd.

Mae Ffordd Cae Clyd yn cychwyn gyferbyn â Gwesty'r Wynnes Arms, ac mae wedi ei metalu hyd at dai Fron Oleu / Fair Haven ac yna'n arwain i'r ffordd drol i ffarm Bron Manod. Ceir llwybr troed wedyn i Fryn Eithin a Cae Canol, cyn i'r llwybr wahanu'n ddau – un i gyfeiriad Llyn Manod a'r llall i gyfeiriad ffarm Tryfal gan ymuno â ffordd Cwm Teigl sydd yn arwain i chwarel y Manod (Bwlch Slaters).

Y ddau dŷ cyntaf i'w gweld ar y ffordd oedd Rhif 1 a 2 Tanybwlch. Roedd y tai yma, ers marwolaeth y tenantiaid, wedi syrthio i gyflwr truenus, a gwydrau'r ffenestri wedi eu malurio. Roedd Rhif 2 Tanybwlch yn hen gartref i Ted Breeze Jones, y Naturiaethwr.

Un diwrnod, galwodd dynes yng ngweithdy fy nhad (gweithdy saer coed) a gofyn a fyddai'n rhoi gwydr yn ffenestri Tanybwlch gan egluro ei bod hi wedi eu prynu ac yn bwriadu byw ynddynt. Mrs George Evans oedd y ddynes, ac yr oedd ganddi bres yn ei llaw i dalu. Teulu crwydrol oeddent ar y pryd, yn gwneud bywoliaeth trwy gasglu hen ddillad a hen haearn diwerth ac mae'n rhaid cyfaddef bod eu gwaith yn wasanaeth i'r cylch. Credaf i'r llywodraeth gyflwyno rheol bod rhaid i bobl grwydrol gael cyfeiriad sefydlog, a dyna sut y daethant i Danybwlch. Mrs Evans oedd meistres y teulu. Dywedwyd bod George, ei gŵr, yn un o benaethiaid y tylwyth crwydrol. Yn ei gynhebrwng, yr oedd y dafarn leol yn neilltuol o brysur gydag aelodau o'r holl dylwyth yno.

Nesaf ar y dde roedd y domen sbwriel a gafodd ei haddasu mewn ychydig amser i fod yn gae pêl-droed o safon, ond cawn fwy o hanes hynny yn y man.

Roedd dau dŷ yn ymyl pen y domen. Llys Aled oedd y cyntaf lle trigai Evan Williams a'i wraig Mary Ellen. Yr oeddent yn magu eu gor-wyres – Marie Julia, ac Islwyn a oedd yn ŵyr iddynt. Bu farw ei fam, Maggie Catherin, o fewn wythnos i'w eni. Roedd Marie Julia wedi symud i'r gogledd o Senghennydd pan fu farw ei mam Laura o'r dicáu – dwy oedd Marie pan gollodd ei mam. Un o Gorris oedd ei thad, yn gweithio yn y pwll fel saer coed. Priododd ei thad eilwaith gyda merch o'r Traws, ond bu hithau farw'n ifanc. Chwarelwr oedd prif waith Evan Williams ond bu'n ffarmio Cae Du ar ôl dychwelyd o'r de gyda'i blant sef William, Emrys a Maggie Catherin cyn iddynt hwythau wneud cartrefi iddynt eu hunain. Yr oedd yn flaenor yng Nghapel Gwylfa. Gwnaeth 'faux pas' pan oedd yn cymryd y seiat trwy godi ar ei draed a dweud 'Cawn baned o de rŵan'. Yn amlwg nid oedd wedi dilyn y bregeth y noson honno! Yr oedd ei fab, William, ac yntau wedi bod yn gweithio yng Nglofa Senghennydd yn y de ac roeddent yno pan ddigwyddodd y ffrwydrad a laddodd 439 o weithwyr ar y 14eg o Hydref 1913. Roedd 950 yn gweithio yn y lofa ar y pryd ac ystyriwyd hon yn un o'r damweiniau mwyaf yn hanes y glofeydd.

Nid wyf yn sicr o enw'r ail dŷ. Cafodd ei adnabod dros y blynyddoedd fel Llwyn Mafon, Bron Eifion ac yn awr Gwylfa. Bu i hen ferch, Miss Williams, fyw ynddo, ac wedyn fe'i gwerthwyd i Trefor Lewis a'i wraig. Pobydd oedd Trefor, yn cynnal ei fusnes mewn siop yn ymyl pont Afon Dubach ar y brif ffordd. Cofiaf ei fod yn mynd â'i fara a'i sgons i'w gwsmeriaid ar fotor beic a sidecar, hwnnw wedi ei addasu i ddal cwpwrdd pren. Wedi cyfnod Trefor Lewis, bu Emrys Evans, ei wraig Menna a'u dwy ferch, Marian a Gwennan, yn byw yn y tŷ.

Uwch i fyny roedd 'Bryn Teg', cartref Aneurin a Peggy Jones a'u mab, Wil bach. Bu Griffith Williams, neu 'Guto Glan' yn byw yno hefyd. Roedd yn chwarelwr yn Graig Ddu, cymeriad hynod o ddiddorol, pysgotwr gwych a chyfaill mawr i Emrys Evans – gyda'r ddau wedi cyd-weithio yn y chwarel.

Trigai Emrys Williams (Caedu), ei wraig Elizabeth a'u plant, Enid ac Elfed, yn Fron Haul. Gweithiai Emrys yn y chwarel ac etholwyd ef yn Drefnydd Undeb y Chwarelwyr – swydd bwysig a fu ynddi nes iddo ymddeol. Bu'n aelod o'r Home Guard, er na allaf feddwl amdano fel milwr. Bu'n flaenor yng Nghapel Gwylfa am flynyddoedd ond pan gaewyd y capel, ymunodd â Chapel Bethesda a gwrthododd fod yn flaenor yno. Bu hefyd yn gynghorydd dros Ward Congl-y-Wal yn nechrau'r pumdegau.

Mr a Mrs Ellis, tad a mam Kate Winnie, oedd yn byw yn Llwyn Eithin. Gosodwyd y tŷ yma i lawer o wahanol bobl, ond y rhai amlycaf oedd Bob Morgan a'i wraig. Arweinydd Band yr Oakeley oedd Bob, ac yr oedd wedi bod yn aelod o fandiau pres llewyrchus yn Swydd Efrog. Yr oedd yn chwaraewr trombôn penigamp. Saesnes oedd ei wraig ac roedd ganddynt ddwy ferch –Shirley oedd yn fyddar ac Ann. Priododd Shirley â Glyn, a oedd hefyd yn fyddar, ac roedd gan Glyn fusnes torri gwallt yn y Bermo.

Ger talcen Bron Eryri, roedd ffordd yn arwain i'r ffridd, a hon oedd y ffordd a ddefnyddiwyd pan oedd angen mynd â cheffyl i Dyddyn Gwyn i bori yn y ffridd. Catherine Jane Hughes a'i merch Nansi oedd yn byw yno ac roeddent yn aelodau selog o Gwylfa.

Nesaf roedd Manod Villa ac yno roedd Mr a Mrs John Thomas yn byw. Yr oeddent yn rieni i Moi (Co-op), Gwilym (Dr G. O. Thomas) a Jennie. Roedd John Thomas yn flaenor yng Nghapel Bethesda ac yn un o'r hoelion wyth. Llafur oedd ei blaid, ond nid oedd yn gweithredu'n ymarferol drosti. Cofiaf iddo ddweud wrthyf ei fod wedi penderfynu gweithredu dros y capel yn hytrach na'i blaid. Yr oedd yn ddyn agos iawn i'w le a bob amser yn fonheddig ac yn barod i roi cymorth i unrhyw un.

Yn y tŷ canol o'r bloc trigai Mr a Mrs Huw Owen Jones. Slatiwr yn y chwarel oedd Huw. Am flynyddoedd bu'n dysgu Cymorth Cyntaf i blant. Yr oedd yn un o'r cyntaf ym Mrigâd Cymorth Cyntaf 'Stiniog i ymuno ag adran feddygol y fyddin a bu'n gwasanaethu am dros bum mlynedd cyn dod yn ôl i'w hen waith.

Mr a Mrs Williams a'u mab, Ifan oedd yn byw yn Bryn Gwyn. Roedd gan y teulu gysylltiad â Bron Manod. Gŵr gwael oedd Mr Williams wedi ei gaethiwo gyda broncitis ac effaith llwch y llechen. Yr oedd Ifan yn beiriannydd yn y llynges fasnachol ac wedi dringo i swydd uchel.

Yr oedd y ffordd wedyn yn culhau fel petai dau bentan wedi eu rhoi pob ochr i'r ffordd. Roedd ffordd fach gul wedyn yn mynd at Dai Uchaf. Nis gwn lawer am y tai yma ond cofiaf Robert Oliver Jones, a'i wraig Jennie, oedd yn

ferch i John Thomas, yn byw yno, cyn iddynt symud i Heol
Manod ger 'Manod House'. Hefyd bu i Mr a Mrs Robin
Roberts a'u plant – pobol o gylch y Bala – fyw yno. Dim ond
un tŷ oedd yn gyfanheddol; tai golchi a lle i gadw ieir oedd
gweddill Tai Uchaf. Cofia Enid Roberts fynd yn blentyn i
Pennfforddgoch i weld Robin Roberts, ac yn ei ardd roedd
wermod lwyd yn tyfu. I rai dros eu chwe degau, rydym
wedi cael y profiad o orfod cymryd y wermod lwyd wedi eu
paratoi mewn dŵr poeth i gael y maeth ohono gan yfed y
dŵr chwerw wedyn i lanhau'r stumog.

Ymlaen wedyn at resdai Neuadd Lwyd – cartref Mr a Mrs
Morris John Jones a'r ddwy ferch Lina Lloyd a Jean Lloyd.
Chwarelwr oedd Morris. Cafodd ei wneud yn Stiward ac
yna'n Brif Reolwr Chwarel yr Oakeley. Symudodd y teulu i
Rhes Glanywern, Tyddyn Gwyn.

Ysgrifennodd Enid Roberts erthygl yng nghylchgrawn
Gwreiddiau Gwynedd, Rhif 73, a gyhoeddir gan Gymdeithas
Hanes Teuluoedd Gwynedd. Ynddo mae'n cyfeirio at Gae
Clyd ac at un o'r trigolion. Yr wyf yn ddiolchgar iddi hi a'r
gymdeithas am ganiatâd i mi ddyfynnu o'r erthygl:

> Sôn yr wyf am yr hen Gae Clyd – Cae Clyd y pedwardegau, cyn
> dyfodiad y jac codi baw a'i ffrindiau sydd wedi newid y tirwedd
> yn llwyr. Ychydig yn uwch na fy nghartref roedd bythynnod
> gwyngalchog ac yno yn 'Neuadd Wen' roedd cwpwl oedrannus yn
> byw – Rolant Wynn Edwards a'i briod Elizabeth Wyn neu Beti
> Wyn, chwedl yntau. Roedd Rolant Wyn yn gefnder i Mary Evans,
> mam Hedd Wyn. Hoffai yntau farddoni, roedd yn bryddestwr ac
> yn enillydd saith o gadeiriau eisteddfodol.

Roedd Rolant Wyn wedi byw y rhan helaeth o'i oes
ym Mhenbedw, gan weithio yn Lerpwl fel gofalwr y 'City
Buildings & Colliery Chambers'; swydd â chyfrifoldeb yn
perthyn iddi. Dyma'i gerdd i'r hen 'Gae Clyd':

Cae Clyd

Tu ôl i'r Manod yng Nghae Clyd
Mae'r Neuadd Wen er dechrau'r byd,
Caf yno fyw nes delo'r wawr
Fy nghalw i fyny ac i lawr,
'Mhlith Cymry glân di-lest eu bai
Ac ogla da y Traws ar rai.

Does yma neb sy'n tynnu'n groes
Ond pawb yn byw o flaen ei oes,
Ac yn Cae Clyd ers amser maith
Does neb yn marw ond un waith.

Mor dlws yw'r pentref bach un stryd
Sydd ym myw llygaid haul o hyd,
Pobl gyweithas eu tras a'u trefn
Geir o Lys Aled i Fair Haven.
Yn ysbryd Robart Jones, Cae Du
Sy â'i waed ar gapan drws pob tŷ.

Tu ôl mae'r mynydd mawr fel Duw
Yn atal ei ddwyreinwynt gwyw
'Rhoddwch i Dduw gadernid', yw
Ei bregeth ef i ddynol ryw.

Wythnos o Sabbath ar ei hyd
I mi yw trigo yn Cae Clyd
Ail Eden wiw tu yma i'r llen
A gardd, heb waharddedig bren
Rhagluniaeth a'm harweiniodd i
I fyw a marw ynddi hi
Mewn perffaith hedd nes delo'r wawr
Y galw i fyny ac i lawr
I'r tŷ to gwellt sy'n f'aros i
Ym Maes Macpelah'n teulu ni.

Rolant Wyn Edwards

Ymlaen yn awr i res fwyaf pwysig Cae Clyd sef Rhesdai
Penfforddgoch, er fy mod wedi gweld yr enw Rhes Bronant

yn cael ei ddefnyddio arnynt hefyd. Bu rhai o'n nheulu yn byw yn y tŷ cyntaf – 'Llys Arthur'. Bu'n gartref i fy hen, hen, daid, John Peters, a oedd yn enedigol o Dreflys, Porthmadog, a'i wraig Gaynor (Griffiths) a oedd o Ddolgellau. Cawsant lawer o blant ac yr oeddent yn cadw lletywyr hefyd. Bu i Humphrey Jones o Fryn Eglwys, Sir Ddinbych ddyfod i letya atynt ar ôl cael gwaith yn un o'r chwareli. Priododd eu merch Elin, a hwy oedd rhieni fy nhaid sef John Edward Jones – yntau wedi ei eni yn Rhif 1, Penfforddgoch. Yn ddiweddarach, aeth fy modryb, Elizabeth a'i gŵr Robert Stoddart i fyw yno. Chwarelwr oedd Uncle Bob; saer maen da. Ei hobi oedd 'wireless' fel y gelwid yn y cyfnod. Yr oedd yn medru eu hadeiladu a'u trwsio, ac roedd yn fedrus gyda'r aerial – yn aml yr oedd rhaid cael tua pum llath ar hugain o weiren gopor a chwilota i gael signal da. Ganed iddynt chwech o blant; Emyr, Ifan David, Jack, Arthur Henry, Owen a Dorothy. Buont yn byw yng Nghae Clyd am flynyddoedd, ond aethant i fyw i Oxford Street yn y Blaenau wedyn. Cofiaf y diwrnod ymfudo – y lori agored, a oedd yn eiddo i Dick Hughes y Blaenau, yn cael ei llenwi gyda dodrefn ac yna aeth y teulu cyfan ar y lori, gan eistedd ar dincar y wagan ac i ffwrdd â hwy. Roeddwn yn methu deall lle'r oedd fy 'Uncle', ond mewn peth amser gwelais dacsi yn dod ac yn sefyll ger y tŷ gwelais fy 'Uncle' yn dod ohono yn cario 'wireless'. Wireless '14 valve Superhet Model' oedd o, a allai gael sain o bob gwlad yn y byd. Yn y cyfnod yr oedd tair sianel, y 'Long Wave', 'Medium Wave' a 'Short Wave', a'r 'Short Wave' oedd sianel gyffredin y byd. Y mae'n rhaid i mi gyfaddef, ar y pryd, nad oeddwn yn deall pam bod y *wireless* yn cael ei chludo mewn tacsi a gweddill y teulu'n gorfod bod ar ben ôl y lori i fynd i'w cartref newydd. Wedi meddwl, roedd y set yma yn un ddrud i'w phrynu er mae'n debyg ar y *never never* y prynwyd hi, rhaid oedd gofalu amdani! Bu i'r mab, Ifan David, ymuno â'r llynges fasnachol yng nghyfnod y rhyfel. 'Neidiodd llong' yn Awstralia a phriodi geneth leol yno. Ni ddychwelodd adref wedyn.

Symudodd y teulu i fyw i Slough ar ddechrau'r rhyfel gyda'r gobaith o gael mwy o waith. Bu i mi aros gyda hwy ac yr oedd dull eu bywyd wedi newid yn llwyr – mwy o ryddid a mwy o arian, llai o fywyd cymdeithasol ond digon o fywyd yn y clybiau.

Aeth brawd arall fy mam i'r tŷ sef Rhif 1, Penfforddgoch. Roedd Iorwerth wedi priodi â Lowri o Lanfrothen a chawsant ddau o blant sef Geraint Wyn ac Olga. Gofaint yn chwareli Cwmorthin a'r Oakeley oedd fy ewythr. Cafodd Geraint yrfa dda yn y brifysgol, a bu'n athro yng Ngholeg Harlech cyn ymuno fel darlithydd ym Mhrifysgol Bangor. Bu Olga'n wael gydag MS, a chaethiwyd hi i gadair olwyn am flynyddoedd.

Y tŷ nesaf oedd Islyn – cartref gwraig weddw, Mrs Edwards 'Gof', ei mab Dewi a'i merch Mrs Annie Geiss, a'i merch hithau, Joan. Saer Coed oedd Dewi a gweithiodd i Ceidiog Davies yn y Blaenau cyn cael swydd gyda chwmni mawr yn Lerpwl oedd yn gwneud ffenestri a drysau ar gyfer adeiladu tai newydd.

Yn Rhif 3 trigai Mr a Mrs Thomas Haydn Williams a'u merch Lona. Chwarelwr oedd Twm Haydn. Ef oedd yn gyfrifol am dwymo Capel Gwylfa am flynyddoedd yn ddi-dâl, yn godwr canu, ac yn hynod o dda gyda'r plant yn y Band of Hope. Cofiaf amdano'n mynd i dŷ cyfaill a oedd mewn salwch a'i gynorthwyo i fynd i'w wely bron bob nos – ie, Cristion ymarferol oedd Twm Haydn. Roedd gan Mrs Williams chwaer, Kate Winnie, a oedd yn byw yn Heol Manod ond wedyn symudodd i dŷ yn Cefn Cymerau, Llanbedr.

Yn Rhif 4, trigai Mrs Blackburn ac ar ôl ei hymadawiad

bu i fy modryb Jennie a'i gŵr, Dick Stoddart, brynu'r tŷ cyn iddynt symud i fyny i'r Blaenau.

Gwraig weddw, Mrs Gwen Owen a'i mab John Huw oedd yn byw yn y tŷ pen, Rhif 5. Roedd Mrs Owen yn chwaer i Mrs Percy Hughes, Tŷ'r Ysgol. Cafodd John Huw waith gyda chwmni Astons yng Nghaernarfon fel gosodwr carpedi.

Mae ffordd gul yn mynd heibio talcen Rhif 5, gan arwain at ddau dŷ. Cartref Mr a Mrs Williams, eu mab Dafydd Bryn a'u merch Heather oedd y cyntaf. Roedd Mr Williams (Jac Glan) yn chwarelwr ac yn bysgotwr gwych, fel ei frawd Guto. Priododd Dafydd Bryn a byw yng Nghwm Teigl a phriododd Heather a byw ym Mhorthmadog.

Yn yr ail dŷ roedd Mr a Mrs Hugh Pugh Roberts yn byw cyn iddynt symud i Heol Manod.

Prynwyd y ddau dŷ gan ddau frawd, meibion Now Cradoc – Robert Griffith a John David, a newidiwyd enwau'r tai i Awelfryn a Morawelon. Gweithiai Robin Griff yn y chwarel ac ymunodd â'r llynges fel 'Sick Bay Attendant'. Yn rhyfedd, cefais ddamwain pan oeddwn yn gwasanaethu ar HMS Effington (a oedd gynt yn 'HMS Brittania, Royal Naval College, Dartmouth'), ac fe'm cymerwyd i'r 'Sick Bay' – a phwy oedd yn rhedeg pethau yno ond Robin Griff! Ni wyddem ein bod ar yr un llong. Pan gafodd ei ryddhau o'r llynges, cafodd swydd yn Ysbyty Meddwl, Dinbych, lle bu tan iddo ymddeol.

John David oedd yr hynaf ac yr oedd yn gigydd yn siop 'Dewhurst' yn y Blaenau, a phan fu farw Moss Roberts, cigydd yn Maenofferen, prynodd John y busnes. Bu'n gynghorydd am gyfnod ac roedd ef a'i frawd yn aelodau da o Gapel Gwylfa. Un o Drefriw oedd Evelyn, ei wraig, ac yr oedd am gyfnod yn asiant i 'Spirella Corsets'. Yr oedd ganddynt un ferch, Pearl.

A dyma ddod at y tai olaf yng Nghae Clyd. Yn y cyntaf

trigai Robert Caradog Roberts (Now Cradog), ei wraig Maggie a Caradog y mab. Roedd Gwendolen, y ferch, yn gweithio oddi cartref. Teulu Frondirion oeddent ac yn ymfalchïo yn hynny. Roedd Now yn dipyn o gymeriad. Cofiaf stori amdano wedi cael damwain yn y chwarel – roedd y twll wedi tanio cyn ei amser gan anafu Now Cradog, a bu'n rhaid mynd ag ef adref yn yr hen ddull o bedwar dyn yn ei gario ar ystol. Pan oeddent tua hanner can llath o'i dŷ yng Nghae Clyd dyma Now yn dweud 'Reit hogia, mi gerdda i o'r fan yma i'r tŷ, os gwelir Maggie fi fel hyn ceith ffit', ac fe gerddodd pob cam adref!

Yn y ddau dŷ nesaf roedd hogiau Simon Roberts – Arthur a Ned. Yr oedd y ddau yn gweithio yn y chwarel cyn i Ned brynu ffarm Bron Manod. Y tŷ olaf oedd Fair Haven. Mr Davies oedd yn byw ynddo. Gweithiodd am gyfnod yn chwareli llechi Fair Haven yn America, a chynorthwyodd Mr Khan yn yr hen neuadd farchnad yn y Blaenau yn gwerthu nwyddau gwaith a tŷ. Yr oedd yn dad i John a oedd yn saer ac yn athletwr gwych – yn enwedig y 'pole vaulting'. Yn ddiweddarach, prynodd Ted Breeze Jones y tŷ a'i enwi yn Bronant.

Yr Ymadawiad o Gae Clyd

MAE CAE CLYD yn le delfrydol i'w drigolion; wedi ei leoli yng nghesail mynyddoedd Manod Mawr a Manod Bach sy'n cysgodi'r ardal mewn tywydd gwlyb, gwyntog a stormus. Dros amser, adeiladwyd tua 25 o dai yn y man yma, ac roedd y gymdeithas yn arbennig o glos.

'Gwaith chwarel' oedd ar gael yn yr ardal, a phan oedd y chwareli ar eu hanterth – gwaith caled a pheryglus, oer a gwlyb lle digwyddai damweiniau i weithwyr yn rheolaidd – doedd dim sôn yn y dyddiau hynny am iechyd a diogelwch! Roedd y cyflog yn isel a'r oriau'n hir – gweithio pump diwrnod a hanner bob wythnos. Roedd llawer o deuluoedd o'r ardal wedi ymfudo, yn bennaf, i'r America, i chwilio am fywyd gwell. Erbyn y 1850au, roedd y diwidiant llechi yn dioddef a'r gweithwyr a'r oriau llai, gwaith pedwar diwrnod yn unig gan fod angen am lechi wedi llehau. Hefyd roedd talu treth y degwm yn loes i lawer, er nad oeddent yn aelodau o Eglwys Loegr. Yr oeddent yn gobeithio fod amodau byw yn well yn America – a mwy o barch i'w gwaith. Roedd y mwyafrif o'r Cymru yn teithio i dalaeth Vermont lle roedd chwareli llechi yn bodoli.

Un teulu a drigai yng Nghae Clyd oedd Griffith Evans a'i wraig, Gwen Joseph a'i deg o blant – sef Evan Griffith, Joseph, Ellen, Catrin, Humphrey, William, Gwen, Ann, a Griffith, ond does dim gwybodaeth am y degfed plentyn. Dros amser, aeth chwech ohonynt i'r America. Brodor o

Lanystumdwy oedd Griffith Evans ac wedi cael gwaith yn y chwarel, roedd y teulu i gyd yn aelodau o Gapel Annibynnol, Bethania. Neuadd Wen, yn rhesdai Tai Isaf, oedd eu cartref, roedd fy hen hen daid, John Peters, yn gymydog iddynt ac maent wedi eu rhestru yng nghyfrifiad 1841. Yn ôl traddodiad yr amser, roedd cyfenwau y bechgyn yn dilyn enw cyntaf ei tad – Griffith, a'r merched yn dilyn eu mham fel Evans.

Rydym wedi sôn eisioes am Robert Jones – 'Yr Hen Gae', a phan oedd yn ugain oed daeth o Bant Glas yn Eifionydd i weithio yn y chwarel. Gyda'r teulu yma y bu yn lletya, ac ymhen amser daeth yn aelod ac arweinydd y gymdeithas a chael y llys enw o 'Pab Bethesda'.

Pan oeddwn yn aelod yng Nghapel Gwylfa, roedd gan yr Eglwys glwb o'r enw 'Cymdeithas Di-log'. Pwrpas hwn oedd i'r aelodau ei ddefnyddio i gynilo eu harian a'r Capel yn cael y llog tuag at 'yr achos'. Roedd gan y rhan fwyaf o'r capeli 'Gymdeithas Di-log', a'r rheini wedi eu sefydlu dros ganrif ynghynt. Yn yr adeg hynny, tua's 1850au, nid oedd banciau na chymdeithasau adeiladu yn bodoli ar gyfer y werin bobol. Byddai rhai capeli yn fodlon rhoi benthyciad i'r aelodau os oedd angen, a manteisiodd llawer o'r ymfudwyr i'r America a'r hyn. Amod unrhyw fenthyciad oedd bod rhaid ad-dalu'r ddyled, ac yn wir, yn ôl pob hanes, gwnaethwyd hyn gan bawb.

Am hanes y chwech plentyn a aeth i'r America, rwyf yn ddiolchgar i Enid Roberts am ganiatad i aralleirio o'i herthygl 'O Gae Clyd, Manod i Vermont' a oedd yn rhifyn 36 o Rhamant Bro, 2017. Yr oedd gan Enid ddiddordeb yn y teulu gan fod un o'i neiniau yn chwaer i Gwen Joseph.

Roedd y mab hynaf, Evan Griffith, wedi ei alw yn weinidog i Gapel yn Llanegryn. Priododd ag Elizabeth a ganwyd iddynt bump o blant, ond bu farw tri ohonynt.

Ymfudodd y teulu i America pan alwyd Evan Griffith i fugeilio Eglwys Bethesda, Utica, a bu yno am chwe mlynedd cyn symud i Racine, Wisconsin lle bu ei wraig farw. Ail briododd a newid cyfeiriad ei yrfa trwy brynu a gwerthu tir yn Iowa. Yn ddiweddarach, fe'i sefydlwyd yn weinidog ar Eglwys Gymraeg yr Annibynwyr yn ninas Efrog Newydd ac fe orffennodd ei yrfa yn Wisconsin.

Bu Joseph Griffith, ail fab Griffith a Gwen farw yn 30 oed. Ganwyd mab i'w briod, Jennet, dri mis ar ôl ei farwolaeth a fe'i galwyd yn Joseph ar ôl ei dad. Ymhen amser, priododd Joseph â Margaret ac aethant i fyw i KeoKuk, Iowa. Yr oedd yn beiriannydd sifil profiadol ac yn arolygydd ar yr afon Mississippi.

Diwrnod i'w gofio oedd priodas ddwbl Humphrey a'i chwaer, Gwen Evans, yng Nghapel Bethania; Humphrey yn priodi â Margaret a Gwen gyda Richard Hughes. I Fair Haven yn nhalaith Vermont aeth Humphrey a'i briod, ac roedd wedi cael swydd i arolygu un o'r chwareli llechi yno. Gwerthodd ei frawd hynaf dir iddo yn Iowa a dechreuodd ffarmio; bu yn llewyrchus am dros drigain mlynedd. Roedd sibrydion ei fod hefyd yn weinidog a phregethwr.

Mae hanes dyfodiad Gwen a Richard Hughes o Gae Clyd i'r America yn Ebrill 1853 wedi cael ei nodi gan un o'r plant. Diwrnod mawr oedd cychwyn ar doriad gwawr yn nechreu mis Ebrill – a Sion Ifan, y certiwr, oedd yn mynd a hwy i ddal y fferi ym Mhorthaethwy. Roedd y cymdogion wedi paratoi bwyd ar gyfer y daith – llond casgen o fara ceirch, penwaig, menyn a chaws, a'r cert wedi ei lwytho yn llawn y diwrnod cynt, gyda'r bwyd, dillad, blancedi, nwyddau o'r tŷ a thrysorau bach pwysig. Gyda'r plant yn y cert, cerddai y rhieni wrth eu hochor; siwrne o oddeutu hanner can milltir. Roedd rhaid cyrraedd Porthaethwy mewn amser i ddal y fferi i Lerpwl. Heddiw, mae'n anodd i ni ystyried siwrna o'r un fath; taith o awr a chwarter mewn cerbyd. Ond nid felly yng nghyfnod Gwen a Richard. Taith o Gae Clyd trwy Portmadoc i Fangor ac wedyn i Borthaethwy. Roedd cyflwr y ffyrdd yn druenus ac roedd angen gofal. Cyflymdra arferol ceffyl a throl oedd tua tair i bedair milltir yr awr. Buasai hyn yn golygu i'r daith gymeryd diwrnod llawn ond gan fod angen seibiant i ymlacio, ymgeleddu, cysgu yn rhywle a rhoi cyfle i'r ceffyl bori ar ochor y ffordd, cymerai'r daith, mewn gwirionedd, tua dau ddiwrnod.

Cwmni 'Liverpool & North West Steamship Co.' oedd yn rhedeg y fferi, ac yr oedd hefyd yn galw yn Llandudno i godi teithwyr. Roedd y llong yn fudr a drewllyd gan ei bod hefyd yn cario pob math o gargo yn cynnwys anifeiliaid.

Wedi cyrraedd porthladd Lerpwl, roedd llawer o deuluoedd eraill o Gymru yn ymfudo i'r America hefyd; ymysg y rhain roedd brawd Gwen Hughes – y Parchedig Griffith Griffiths. Roedd rhaid disgwyl am ddau ddiwrnod cyn cael mynd ar y llong hwyliau y 'James Wright' i'w cludo i'r America. Siwrna enbydus oedd hon; croesi Môr yr Iwerydd, taith o tua 3000 o filltiroedd, gyda'r holl daith yn dibynnu ar y tywydd a'r gwynt ac yn gallu cymeryd rhwng pump wythnos i dri mis i gwblhau'r croesiad. Roedd y 'James Wright' yn lwcus, a chwbwlhawyd y daith mewn saith wythnos, er ei bod wedi cael storm ddrwg.

Yr oedd llongau stêm yn hwylio Môr yr Iwerydd ac yn croesi mewn amser byr i gymharu a'r llongau hwyliau – ond nid oedd gan yr ymfudwyr cyffredin y modd i dalu y pris cludo a allai fod rhwng £25 a £35 yn dibynnu ar pa ddosbarth y dewiswyd. Pris tocyn un-ffordd a'r y llong hwyliau oedd £3, ac un dosbarth yn unig oedd ar gael, yn yr adeg hynny. Teimla'r werin bobl fod llongau hwyliau yn fwy diogel na'r llongau stêm newydd.

Roedd yr amodau ar fwrdd y llong yn bur druenus,

gyda tua saith gant o ymfudwyr arni yn cynnwys Cymru, Gwyddelod, Albanwyr a rhai o Loegr. Nid oes sôn sut na lle roeddent yn cysgu, na sut oedd darpariaeth bwyd iddynt, a oedd y casgen bara ceirch a gweddill bwyd y cymdogion i barhau tan diwedd y daith? Ar y fordaith, cawsant storm enbyd a oedd wedi dychryn amryw o'r ymfudwyr. Cynhaliodd y Parch Griffith Griffiths oedfa bregethu yn Gymraeg ac yn Saesneg ar fwrdd y llong yn ystod y storm, gyda llawer o'r teithwyr yn gweddïo hefyd.

Ar ôl mordaith llwyddianus, cyrhaeddwyd Efrog Newydd mewn llai na saith wythnos. Arhoswyd yno am ddau ddiwrnod, cyn symud wedyn ar gwch, drwy'r nos, i dref Albany, Vermont, a gorffen eu siwrna mewn ceir stêm i dref Fair Haven. Cyrraeddon nhw yno ar y cyntaf o Fehefin – dau fis ar ôl gadael Cae Clyd ac aros gyda Humphrey a Margaret nes iddynt gael tŷ eu hunain. Chwareli llechi oedd yn Fair Haven, ac roedd y Cymry wedi cael gwaith ynddynt ac yn medru dilyn eu crefft am arian teilwng.

Aeth Catrin (Evans) a'i gŵr, a'i brawd William a'i deulu i'r America yn 1854 a setlo yn Granville, Vermont, ond aros gartref yng Nghae Clyd oedd hanes Ellen ac Ann.

Llwyddianus oedd ymdrech yr holl deulu i wella eu hunain yn yr America, ac yn ôl pob hanes, yr oeddent i gyd wedi cael swyddi da a phwysig ac yn cadw'r traddodiad Cymreig. Byddant yn cwrdd bron yn flynyddol fel cenedl ac yn ymfalchio yn eu perthynas â Chae Clyd.

Yn 1872, daeth y Parchedig Evan Griffith, a oedd erbyn hyn yn 65 mlwydd oed, o'r America i'w hen gartref yng Nghae Clyd i weld ei fam. Bu iddo bregethu yng Nghapel Bethania, ond tarawyd ef yn wael a bu farw. Claddwyd ef ym mynwent Eglwys Sant Mihangel, Llan Ffestiniog, ac yno mae ei fedd gyda'r geiriau:-

Er cof am y Parch Evan Griffith, Cae Clyd,
America gynt, gweinidog gyda yr Anibynwyr,
ganwyd Mawrth 5 yn 1807, bu farw Ebrill 29 yn 1872
yn 65 mlwydd oed

Hefyd yn y bedd mae'r canlynol:

Er cof am Griffith Evans yr hwn a fu farw
Ebrill 24 1867 yn 83 oed

Hefyd Gwen Evans anwyl briod yr uchod
yr hon a fu farw Ionawr 16, 1876
Yn 94 mlwydd oed

Er cof am Joseph Gryffydd yr hwn
a fu farw Medi 26 1836 yn 28 oed

Er cof am Joseph mab Robert
a Chath'n Jones, Cae Clyd a fu farw
Gorph. 7, 1848 yn 2 mlwydd oed

Yn Awst 1947, cafodd golygydd 'Y Rhedegydd' (papur
wythnosol 'Stiniog), lythyr Cymraeg oddi wrth Mr Joseph
Williams, Granville, talaith Efrog Newydd, yn disgrifio ei hun
fel 'Sergeant-at-Arms', Y Cynulliad, talaith Efrog Newydd,
a'r llythyr wedi ei arwyddo 'Joe Cae Clyd'. Cyhoeddwyd y
llythyr yn y papur a dyma grynodeb o'i gynnwys:

Mae'n sôn am bicnic a gynhaliwyd yn flynyddol yn Hyderville,
Vermont gan ddisgynyddion ymfudwyr o Gae Clyd. Yn bresennol
roedd 90 o fobol.

Nain Joseph oedd Gwen Hughes o Gae Clyd ac roedd pedwar
deg, a oedd yn y picnic, yn perthyn iddi, a deuddeg a fedra ei
galw yn nain. Roedd Joseph yn meddwl, wrth edrych ar y dorf, be
fuasai trigolion Cae Clyd yn ddweud o'u gweld yn ymfalchio yn
eu treftadaeth. Roedd Gwen a Richard a'r mab hynaf, William,
yn bileri yng Nghapel Annibynol, Fair Haven. Bu i'r ddau fyw i'r
oedran 84 a William yn 94.

Yn bresennol yn y picnic roedd llawer o fobol mewn swyddi pwysig, crefftwyr gwych, meddygon, cyfreithwyr, ffermwyr, peirianwyr trydan a llawer a oedd wedi gwasanaethu yn y fyddin ac wedi cyrraedd uchel swyddi. Roedd llawer o'r merched yn athrawon ysgol, dwy yn athrawon yn y Brifysgol. Roedd nith i Joseph yn dal swydd yn y Llys Genhadaeth, Brasil.

Mae hefyd yn cyfeirio at ei swydd fel Sergeant-at-Arms i'r Cynulliad yn nhalaith Efrog Newydd a chael yr anrhydedd o dywys, ddwy waith, y llywodraethwr, Thomas E. Dewey, i gymeryd y Llw Ffyddlondeb.

Byddai seremoni'r Llw Ffyddlondeb yn ddiwrnod pwysig ac arbennig a byddai y Sergeant-at-Arms yn trefnu y cwbl a cherdded o flaen y Llywodraethwr.

Mae'n dweud, pan ei fod yn y swydd, byddai ei feddwl lawer gwaith yn mynd yn ôl i Gae Clyd, a be fuasai y trigolion yno yn meddwl am ei ddyrchafiad i swydd mor bwysig ac am ei ymroddiad i'w wlad newydd.

Mae swydd y Sergeant-at-Arms yn hen swydd a phwysig mewn llawer senedd ar draws y byd; y prif waith oedd cadw trefn yn y 'Senate' neu Cynulliad neu mewn unrhyw gyfarfod o bwys – yn enwedig cyfarfod cyfreithiol – trefnu achosion seremoniol pan fyddai personau pwysig yn ymweld â'r dalaith.

Dyna hanes y teulu bach o Gae Clyd, ac er eu bod wedi mynd yn alltud oddi yno, maent yn parhau i gofio eu cysylltiad â'r hen gynefin delfrydol.

Yn ôl cyfrifiad 1901, byddai Siôn Ifan yn ugain oed yn mynd â'r teulu o Gae Clyd i Borthaethwy. Byddai weithiau yn mynd i Loegr i 'nôl potiau pridd a dysglau, a chymerai dridiau i wneud y siwrnai yn ôl ac ymlaen. Cadwai stalwyn a mulas yn stabal Tan y Bwlch, Cae Clyd, ac roedd yn ddipyn o saer coed. Gwnâi drol newydd bob blwyddyn ar gyfer Calan Mai. Byddai'r ceffyl a'r fules yn cael eu golchi, eu brwsio a'u haddurno gyda rubanau a phres. Gwisgai Siôn Ifan drowsus melfaréd gwyn gyda rhes o fotymau perl ar hyd y ddwy goes, gwasgod melfaréd ddu, coler a thei, het feddal â chantel ac esgidiau du. Yna, byddai'n mynd i ben draw Congl-y-Wal ac yno troi'r cerbyd i wynebu'r Blaenau – y fules ar y blaen a'r stalwyn rhwng llorpiau'r drol, â Siôn Ifan yn cerdded wrth eu hochor. Byddent yn cerdded drwy'r Manod i ben draw'r Blaenau ac yn ôl i Dan y Bwlch. Gwnâi hyn pob Calan Mai. Pam? Pwy a ŵyr?

Cyfeiria Enid at gymeriad arall a oedd yn Cae Clyd yn yr un cyfnod â Siôn Ifan, sef Gryffudd William neu 'Guto Cae Clyd'. Creigiwr yn chwarel Lord oedd Guto. Roedd bob amser mewn côt lliain wen a throwsus ffuston gwyn a het wellt. Nid oedd ganddo unrhyw ddiddordeb mewn crefydd. Gwnaeth y goeden, a oedd dros y ffordd i'w gartref yn Rhif 1 Fron Oleu, i siâp cadair trwy dorri rhai o'r canghennau a phlygu a phlethu eraill. Byddai'n eistedd ynddi yn gyfforddus, a galwyd hi yn 'Goeden Guto Cae Clyd'. Roedd yn hyddysg ar chwarae yr acordian ac eisteddai yn ei gadair i'w chwarae

Enillydd eto

Sul, gŵyl a gwaith. Nid oedd hyn yn plesio'r capelwyr Prys Jones, Bryn Eithin, a 'Phab Capel Bethesda' – Robert Jones, Cae Du (Yr Hen Gae) – gan fod rhaid iddynt hwy dramwyo y ffordd i fynd i'w cartrefi, ac ar y Sul byddent yn cerdded y ffordd chwe gwaith wrth fynd a dod o'r moddion. Roedd clywed Guto gyda'i acordian yn loes iddynt gan ei fod yn torri sancteiddrwydd y Saboth. Wrth gwrs, roedd Guto yn ymwybodol o hyn ac yn gwneud yn fawr o'i gyfle i'w herian a'u poeni.

Mae gan Enid hanes arall am un o'r cylch, sef Gwenno:

Dafad oedd Gwenno, yn un o ddefaid Bron Manod ac roeddent i gyd yn boen i'r ardal ond roedd Gwenno wedi ei magu yn oen llywaeth, felly nid oedd ganddi ofn unrhyw un. Roedd yn ddafad a oedd yn feistr ar bawb ac yn un cyfrwys ond yr oedd ganddi frêns. Crwydrai ar hyd y ffyrdd ar caeau o fore gwyn tan nos a hyd yn oed i'r ffordd fawr, roedd fel petai'n gwybod pa ddiwrnod o'r wythnos oedd ac yn anelu am y siopau bwyd. Hyn er bod pump adwy ar draws ffordd Cae Clyd. Taliau ymweliad â phob siop o Gongl-y-Wal i Dan y Manod gan wledda ar y ffrwythau a'r llysiau, byddai'r holl siopwyr yn ei melltithio ond roedd Gwenno yn fodlon iawn ei byd ac yn eu herio wythnos ar ôl wythnos. Os oedd drysau'r tai yn lled agored, i mewn yr â Gwenno i chwilio am damaid blasus ac ambell dro yn lwcus i ddwyn cinio neu bwdin reis. Er ei holl ddrygioni ar hyd y blynyddoedd roedd trigolion Cae Clyd yn colli'r hen Gwenno pan fu farw.

Yn wir, rhwng defaid ffermydd Bron Manod a Thyddyn Gwyn, nid oedd yr un ardd yn sâff. Roeddent yn dringo waliau uchel a rhyw ffordd yn gallu agor adwyon. Yn aml, yr oedd yn boen codi yn y bore i weld y gerddi, a oedd unwaith yn llawn o flodau hardd, bellach fel anialwch. Nid oedd angen gofyn pwy, oherwydd yr oeddent hefyd wedi gadael eu hoel. Dros amser, roedd llawer o ddadlau ac awgrymiadau wedi eu cynnig i leihau'r broblem, ond mae'n ymddangos fod gan y defaid fwy o hawl ar y tir na'r trigolion! Tir cynefin y defaid ydyw ac y mae'r dref wedi ei hadeiladu arno.

Priodol fyddai cynnwys penillion gan Enid Roberts, a diolchaf iddi am roi caniatâd i'w dyfynnu:

Yr hen Gae Clyd

Aeth llawer blwyddyn heibio
Ers pan ym ganed i,
Yng nghesail y mynyddoedd
O sŵn y byd a'i fri.

O flaen y tŷ roedd caeau
Bryn Glas a Ffridd Cae Du,
Lle porai'r gwartheg glewion,
A'r tarw mawr ei ru.

Fe neidia'r ŵyn a'r defaid
Dros waliau gerddi'r fro,
A Ned yn cael ei feio
Am beidio eu rhoi dan glo.

Wel agos iawn at natur
Oedd bywyd plant Cae Clyd,
Lle tyfai'r blodau gwylltion
Yn garped lliwgar drud.

Bysedd cochion, meillion gwyn,
Gold y gors a'r ffacbys,
Dagrau Mair, a glas y llwyn
Clychau'r gog a'r gwlithlys.

Roedd côr y wig yn canu
Eu symphoniau gwiw
Y fwyalch bêr a'r êos
Ehedydd mwyn a'r dryw.

Y Sul oedd diwrnod sanctaidd
Trigolion 'r hen Gae Clyd,
Yn fintai gref, cerddai'r praidd
I'w gŵylfan yn y stryd.

Merched yn eu hetiau plu,
A'r gwŷr mewn bowler gron
Ffrogiau llaes a chotiau du,
Ac ambarél a ffon.

Ar fore Llun fe glywid
Clec hoelion ar y stryd
Ac utgorn mawr y chwarel
Yn galw'r gweithwyr 'nghyd.

Ond heddiw prin yw'r blodau
I'w gweld yno mwy,
Mae'r 'acid rain' a'r strontiwm
Wedi eu difa hwy.
Ni chlywir sŵn yr hoelion,
Na llithrad llechan las,
Nac ymgom cwmni diddan,
O Dduw rho inni ras.

Yn bwydo'r ceir di-ri,
A nawr y diwrnod sanctaidd
Yn ddiwrnod 'jambori'.

Enid (Fron Haul)

Soniais am y ddomen ludw a'r cae chwarae – mae hanes diddorol i'r cynllun. Dros y blynyddoedd, roedd cynghorwyr Congl-y-Wal wedi ceisio cael y cyngor i roi'r gorau i'w ddefnyddio fel lle sbwriel – ond yn ofer. Yr hen ofn – os y buasant yn ei gefnogi, lle roedd y lle nesaf i roi y sbwriel? Buasant yn cydweld ag unrhyw gynnig ond iddo beidio â bod yn eu iard gefn hwy. Roedd lleoliad y domen ludw yng Nghae Clyd yn achosi problemau; roedd yr ardal wedi datblygu dros y blynyddoedd a mwy o dai yno. Afiach iawn oedd y lle i'r trigolion – arogl drewllyd, mwg llosgi a miloedd o bryfaid yn yr haf. Problem arall gan y Cyngor yr amser yma oedd dirywiad y chwareli, a rhaid oedd cael gwaith arall i'r ardal. Ond y broblem oedd sut i'w ariannu. Gofynwyd am gyngor gan yr Iarll Lloyd George, ac ymatebodd gan ddweud mai un o'i gyflawniadau pan yn Brif Weinidog oedd creu cronfa er mwyn adeiladu ffatrioedd i helpu cyn-filwyr i gael gwaith ar ôl y Rhyfel Gyntaf, a bod y gronfa yma yn dal mewn bodoliaeth. Gwnaed cais i'r gronfa am gymhorthdal tuag at adeiladu ffatri, a bu hyn yn llwyddiannus. Tua 1954 adeiladwyd y ffatri* (Metcalfe) ar gae Haygarth, Glanypwll. Bu'r cae yn gae pêl-droed i dîm ffwtbol y Blaenau, felly roedd rhaid edrych am le arall i chwarae. Manteisiodd tri o gynghorwyr Congl-y-Wal ar y cyfle i gael gwared â'r domen sbwriel a'i throi yn gae pêl-droed ac yn eiddo i'r Cyngor. Teimlad y Cyngor oedd, bron yn unfrydol, nad oedd cae ym mhen isaf y dre yn dderbyniol i'r cyhoedd, a dylasai'r cae fod yn nes i'r canol – er nad oedd lle arall wedi ei awgrymu nac yn amlwg. Yr oedd pob rhwystr yn cael ei roi i ladd y syniad o leoli'r cae yn y Manod. Yr oedd yn ddyletswydd ar y tri o gynghorwyr Congl-y-Wal i frwydro ymlaen i ddod â'r cynllun i fodolaeth. Bu i Basil Jones, tirfesurydd y Cyngor, lunio cynllun am gae, a rhoddodd y cwmni 'En Tout Cas' bris am y gwaith. Trafodwyd y cynllun gan y Cyngor, ond y teimlad oedd fod y pris yn rhy uchel ac awgrymwyd pris derbynniol gan y Cyngor. Treuliodd y tri chynghorydd nosweithiau lawer yn arolygu'r cynllun gwreiddiol, gan hepgor unrhyw elfen o'r cynllun nad oedd yn hanfodol. Llwyddwyd i gael y pris o dan y swm awgrymodd y Cyngor ac felly roedd yn rhaid i'r Cyngor gytuno a roi sêl eu bendith ar y cynllun diwygiedig.

Rhoddodd trigolion tai Cae Clyd ochenaid o ryddhad pan weddnewidwyd 'Tomen Sbwriel Cae Clyd' a'i wneud yn

---

* Agorwyd y ffatri yn swyddogol ym mis Hydref 1954 gan y Gwir Anrhydeddus Harold Wilson AS, cyn Weinidog dros Y Bwrdd Masnach a mae'r ffatri yn dal mewn bodolaeth heddiw.

gae chwarae gwastad, glas ei flewyn – a thrwy hynny cael gwared â'r pryfaid a heidiai i'r tai.

Yn un o gyfarfodydd Cymdeithas Lenyddol Capel Bethesda, gofynnwyd am gerdd ar y testun 'Cae Ffwtbol Cae Clyd'. Dyma'r buddugol*:

Cae ffwtbol Cae Clyd

Fy mhlentyn bach, pan ddêl y dydd
Datguddir pob rhyfeddod cudd,
Cofia y Cownsul fu wrthi cyd
Yn trin y domen yng Nghae Clyd.

Cofia y lludw'n domennydd mawr
A'r holl ysbwriel drwg ei sawr;
A chofia'r llygod, a'r defaid lu,
A'r gwybed heidiai i bob tŷ.

Cofia'r hen domen, y mwd a'r baw
A'r dŵr bistyllai ar bob llaw;
A'r araf gyfnewid ddaeth i'r lle
Er cymaint bai y Pwyllgor Tre.

O bob rhyfeddod sy'n y byd,
Wel dyma'r mwyaf un i gyd,
Gweld yr hen domen, a'i chofio gynt,
Yn grêt o le i gicio gwynt!

Menna Evans

Roedd dylanwad y Cyngor yn y pumdegau yn bellgyrhaeddol mewn achosion fel cefnogi cynllun atomfa Trawsfynydd, a chefnogi cynllun trydan i Danygrisiau. Wedi methiant y cynllun gwreiddiol, bu i'r Cyngor a Mr Warnock, a oedd yn brif beiriannydd i'r Bwrdd Trydan, gydweithio i wireiddu cynllun Tanygrisiau, ac nid oes digon o ddiolch i'r

---

* Dyfynnir y penillion yma o ysgrif Emrys Evans, 'Golwg ar Cae Clyd', *Rhamant Bro* (2007).

cynghorwr Richard Roberts am ei waith ynglŷn â'r cynllun yn y cyfnod y bu'n gadeirydd y Cyngor. Bu yn eithriadol o weithgar, a mynnodd gael manteision a gwaith i'r dre.

Dyma enwau swyddogion ac aelodau Cyngor Dinesig Ffestiniog yn y pump degau:

Clerc: H. Evans Jones, a ymddiswyddodd i fod yn Glerc y Llys

Swyddog Ariannol: D. O. Jones a wnaed yn Glerc maes o law

Tirfesurydd: Basil Jones

Iechyd: Cyril Parry a fu hefyd yn Dirfesurydd

Swyddfa: Bryn Williams Jones a Gwynfor Edwards

Casglwr Treth: John Jones

Dyma enwau'r Cynghorwyr fel y cofiaf hwy:

Cylch y Blaenau: R. H. Roberts, Lewis Moelwyn Jones, Mrs Cadfan Jones, Owen Roberts, William Ellis Richards, W. O. Thomas, Evan R. Jones, R. D. Williams, O. T. Jones, Mr Roberts Y Maes a Moss Roberts.

Manod: Leslie Darbyshire, Gwilym Davies a Hugh Pugh Roberts.

Llan: Iolo Williams, Edward Jarret Jones a Hywel Williams.

Bu i Mrs Cadfan Jones, Iolo Williams a minnau gynrychioli Cyngor Dinesig Ffestiniog, ar wahoddiad Bwrdd Croeso Cymru, i ymweld â gwaith y Bwrdd yn y de.

Yr hen Gongl-y-Wal

HEDDIW, YN SWYDDOGOL mae ward etholaeth Congl-y-Wal yn ymestyn o Afon Teigl hyd at Afon Dubach ger ffarm Cae Drain ac i fyny at ochr Ffatri Pant yr Ynn. I'r rhan fwyaf o drigolion y Manod, llecyn yw Congl-y-Wal rhwng Gwesty'r Wynnes Arms a Rhiwlas sydd ger y ffordd i ffarm Frondirion.

Mae pwysigrwydd hanes Congl-y-Wal yn y cyfnod euraidd 1830-1880 yn werth ei gofnodi. Pentref bychan gydag ychydig o dai ydoedd, ond tyfodd a daeth yn ardal bwysig yn sgil y diwydiant llechi. Yma roedd canolfan i'r chwareli ddosbarthu eu cynnyrch. Aed âr llechi ar gefn mulod a cheffylau i Gongl-y-Wal, cyn eu trosglwyddo i droliau a'u hanfon i gylch Maentwrog – lle'r oedd cychod bach yn eu disgwyl. Yna aed â nhw i lawr yr afon Dwyryd a'u dadlwytho i'r llongau hwyliau ger Ynys Gifftan.

Nid oedd ffyrdd yn y cyfnod hwnnw. Byddai'r mulod a'r ceffylau yn defnyddio'r hen lwybr o'r chwarel i lawr i Gwmbowydd ac i fyny heibio beudy Neuadd Ddu ac ymlaen drwy Dyddyn Gwyn i Gongl-y-Wal. Mae yna lythyr diddorol gan David Jones, a oedd yn cadw llygad ar eiddo Lord Newborough pan âi i Lundain. Ynddo mae'n cynnig gwelliant i gludo'r llechi o'r chwarel:

> I could wish your Lordship would please to keep a part of
> Cwmbowydd farm in your own hands, in order to keep a few

horses, for the one Horse would draw a ton of slates from the quarry to the bridge marked L in the map. Three or four small horses might carry the slates from there to the Corner of the Wall where the road joins the Parish Road, about three quarters of a mile from the bridge, rather a hilly ground...

Y bont a gyfeirir ati yw'r bont dros afon Dubach yng Nghwm Bowydd. Rhaid cofio nad oedd 'Blaenau' yn bodoli bryd hynny – yn wir, bodolaeth y chwareli sydd wedi creu'r dref. Trwy weithgarwch perchnogion y chwareli y mae holl ffyrdd 'Stiniog wedi'u creu – er mwyn cwtogi costau cludo'r llechi i'r llongau.

Dywedwyd i Methusalem Jones freuddwydio am ddarganfod llechfaen yng Ngheunant Diffwys yn 1760 a dyna ddechrau ar gynhyrchu llechi. Prynodd William Turner a William Casson, o Ardal y Llynnoedd, brydles ar y chwarel yn 1800, gan ehangu'r dull o weithio. Dechreuwyd cloddio am y lechen trwy wneud agoriadau yn y mynydd, a bu hynny'n lwyddiant rhwng 1820-1860. Adeiladwyd ffordd newydd o gyffiniau'r chwarel i Gongl-y-Wal, ac yn fuan bu i'r adeiliadwyr adeiladau tai o gwmpas y ffordd newydd, megis tai Tanymanod a Heol Manod.

Yn wreiddiol, aed â'r cynnyrch o Gongl-y-Wal trwy Lan Ffestiniog i Allt Goch, ond gan fod yr Allt Goch mor serth, byddai'r ceffylau yn cael trafferth i ddal y llwyth yn ôl, ac yn aml, rhaid oedd cario llai o lechi. Yr oedd hyn yn boen i berchnogion y chwareli, a phenderfynwyd cael ffordd newydd i osgoi'r Allt Goch. O ganlyniad, adeiladwyd ffordd o Gongl-y-Wal ger Gwesty'r Wynnes Arms i lawr y ddau geunant, gan ymuno â'r hen ffordd ar waelod yr Allt Goch ger Pont Talybont. Mae'n bosib mai hon, y 'Llan Bypass', oedd y cyntaf i'w hadeiladu yn yr ardal i osgoi rhwystrau. Mae'n debyg mai ychydig iawn sy'n cofio'r hen enw ar y ffordd hon erbyn hyn – sef Ffordd Tyrpec Newydd. Mae

Samuel Holland yn cyfeirio yn ei atgofion at ffyrdd y cylch, ac yn dweud bod y ffordd i chwarel Rhiwbryfdir mewn cyflwr drwg pan gymerodd ei dad y chwarel drosodd yn 1821.

Tua'r un flwyddyn, cynlluniwyd ffordd newydd o Danymanod i Four Crosses, ond roedd Messrs Turner & Casson yn gwrthwynebu'r cynllun ac yn gwrthod rhoi caniatâd i'r ffordd fynd trwy eu tir. Er nad oedd eu tir ond ychydig, roedd yn ddigon i rwystro'r gwaith rhag fynd yn ei flaen. Cododd Samuel Holland y mater yn y Quarter Sessions yn Nolgellau yn 1823, a chafodd gefnogaeth gan lawer o'r ynadon a gwahoddwyd hwy i ymweld â'r cylch ac iddynt gymeradwyo'r egwyddor 'locus in quo'. Bu iddynt ddyfarnu fod y gwaith i gael ei gyflawni. Roedd rhan fwyaf o berchnogion y tir yn fodlon ar y telerau ac yn awyddus i weld y ffordd yn cael ei hadeiladu. Dechreuwyd ar y gwaith ar ôl cynnig pris teg am y tir i Messrs Turner & Casson, ond bu iddynt ei wrthod. Yn 1825, a chyn gorffen y ffordd, gwerthodd Samuel Holland chwarel ei dad i'r Welsh Slate Co., a hwy orffennodd y ffordd a thalu'r swm am y tir i Messrs Turner a Casson ac eraill am y pris y cytunwyd arno. Bu i Samuel Holland ddefnyddio'r ffordd am gyfnod, gan dalu'r toll priodol hyd nes iddo ddechrau cario'r llechi ar y rheilffordd. Erbyn hynny, roedd Messrs Turner & Casson wedi adeiladu ffordd newydd o Dyddyn Gwyn i Dalybont.

Ar ôl adeiladu Ffordd Tyrpec Newydd, sylweddolodd William Casson a'i gwmni y byddai ffordd o gylch Tanygrisiau i lawr y Cwm, i gysylltu â ffordd newydd Casson a Turner ger Cymerau, yn hwyluso'r gwaith o gael cynnyrch Chwarel Cwmorthin i lawr i'r Afon Ddwyryd ym Maentwrog. Cawsant ganiatâd Mr Holland – a oedd wedi cymryd prydles ar Danygrisiau – i adeiladu'r ffordd trwy ei dir, ar yr amod ei bod yn rhydd i'w wasanaeth ef a'i denantiaid. Yr oedd rhaid i bob cwmni arall dalu toll i ddefnyddio'r ffordd, ac fe adeiladwyd Tŷ Toll Cymerau a rhwystr ar y ffordd i gael yr arian.

Roedd gan bron bob tref a phentref eu tai toll neu dai tyrpec a oedd wedi eu hadeiladu i gasglu arian tuag at gynnal a chadw'r ffyrdd yn eu cylch. Cyfeiria'r gair tyrpec at y dull milwrol o gau mynediad trwy roi 'Turnpike' ar draws y ffordd fel rhwystr ac yn ei droi i alluogi mynediad i'r rhai oedd wedi talu. Byddai'r hawl i weithredu'r tollbyrth yn cael ei roi i'r person a oedd wedi cynnig y pris gorau mewn ocsiwn cyhoeddus, ond yn aml byddai'r buddugol yn llogi rhywun i hel yr arian yn ei le. Ymddangosodd yr hysbyseb hon yn y papur lleol yn 1811:

> *Turnpikes for Sale*
>   *Notice is hereby Given that the Toll Gates at Maentwrog, Festiniog and Pont Aberglaslyn in the County of Merioneth... will be let By Auction to the highest bidder at the house of Griffith Thomas at Maentwrog... 18th March 1811... which tolls produce last year (above the expense of collecting them) viz –*
>   *Maentwrog: £200.0.0.*
>   *Festiniog: £30.0.0*
>   *Pont Aberglaslyn: £31.0.0*
>   *Whoever happens to be the best bidder must at the same time give sufficient security with sufficient sureties.*
>
> *G. Thomas*
Clerk to the said trustees.

Mae'n amlwg bod y toll ym Maentwrog yn adlewyrchu toll llechi 'Stiniog.

Roedd safle toll wrth Gapel Engedi yn y Llan ac yn Manod ger Gwesty'r Wynnes Arms – sy'n cael ei ddangos ar hen gynllun o Stesion y Manod yn 1885 gan reilffordd y Great Western, ac mae'n nodi fod y rhwystr ar gyfer 157 Heol

Manod. Adeiladwyd Tŷ Tyrpec Cymerau pan gysylltwyd ffordd Tanygrisiau / Dolwen â'r ffordd newydd, a chofiaf weld adfeilion y tŷ cyn iddo gael ei ddymchwel gan y Cyngor pan wnaethant ledu'r ffordd. Bu'r tŷ yn ysgol am gyfnod, ac o dan adain Capel Bethesda (1842-1844). Dywedir bod tua deugain o blant yno, ac yn wir, mae'n anodd credu bod adeilad mor fychan wedi dal cymaint o blant. Yn ôl Dr. Lewis Lloyd, Llanfair, Harlech, bu i'r Ymddiriedolaeth Tollau Ffestiniog, Maentwrog a'r Bermo ymuno yn 1851, ac fe orffenwyd yn 1882.

Ni cheir llawer o wybodaeth am Dollborth y Manod. Dyma ddywed Steffan ab Owain:

> Hoffwn droi fy ngolygon at dyrpeg arall rŵan, sef yr un a fu gerllaw 152 Heol Manod, cartref Mr John Henry Williams. Credaf mai rhywdro yn yr 1860au y daeth y tollborth hwn i ddefnydd gyntaf. Gwelir yr hen dollborth hwn mewn hen lun o ardal Congl-y-Wal a Thyddyn Gwyn a dynnwyd rywbryd cyn codi Capel Hyfrydfa. Codwyd y capel yn y flwyddyn 1879.

> Diddorol ydi sylwi ar y prisiau a delid i fynd trwy'r tollbyrth yn yr 1860au hefyd.Dyma rai ohonynt:
> Am bob cerbyd (coach) trol, men, a.y.b. – chwe cheiniog
> Am bob ceffyl llwythog neu heb llwyth – dwy geiniog
> Am bob asyn llwythog neu heb llwyth – ceiniog
> Am yrr o wartheg, ychain – deg ceiniog y sgôr
> Am ddefaid, moch, lloi – pump ceiniog y sgôr

> Yng Nghyfarwyddiadur Meirionnydd am y flwyddyn 1882 hysbysid tyrpeg y Manod fel a ganlyn:

> TYDDYN GWYN TOLL-GATE – J. Griffiths
> Clerk to the trustees.

> Ac eithro'r uchod, ychydig iawn o'i hanes wyf wedi ei weld yn unlle arall. Serch hynny, mae gennyf gof bach am hen lidiart haearn y dollborth gerllaw Gwesty'r Wynnes hyd at ganol 1970au, ond aethpwyd â fo i rywle wedyn. Yn ôl rhai a holais

yn ddiweddarach, symudwyd y giât i Telford neu Ironbridge yn Lloegr.

Nid wyf yn hollol gytûn â Steffan am leoliad y tollborth. Yn ôl cynllun yn 1884 gan gwmni y Great Western Railway o Stesion Manod a'r cylch, maent yn dangos toll bar (sylwer mai'r gair 'bar' sydd yn cael ei ddefnyddio ac nid 'giât') gyferbyn â thŷ Rhif 157; hwn oedd y tŷ ym mhen y rhes, a chredaf mai'r adeilad hwnnw oedd tŷ'r tollborth. Yn yr hen amser, roedd ffenestr fawr ym mlaen y tŷ a ffenestr arall yn nhalcen y tŷ oedd yn rhoi golygfa o'r ffordd dyrpec newydd ger Gwesty'r Wynnes, cyffordd Ffordd Tyddyn Gwyn a'r brif ffordd.

Nid oes gennyf wybodaeth am giât y tollborth y sonia Steffan amdani. Yr unig giât haearn a welais i oedd yr un rhwng wal terfyn y gwesty a'r Ffordd Tyrpec Newydd i ganiatáu mynediad i'r iard.

Nid yw hen reilffordd Blaenau – Llan wedi cael llawer o sylw. Medd G. J. Williams yn *Hanes Plwyf Ffestiniog*:

Daeth trigolion Ffestiniog i ddeall elfenau llwyddiant masnachol yn well, fel yr oedd eu masnach hwy eu hunain yn cynyddu, a theimlent awydd cryf am reilffordd i gysylltu pentref Ffestiniog â'r Blaenau. Ffurfiwyd cwmni yn cynnwys S. Holland Ysw., A.S., Morgan Lloyd, Ysw., Q.C., A.S.; George Casson, Ysw., &c., a dechreuwyd gwneyd y ffordd yn 1866. Yr oedd y gorchwyl o'i mesur a'i harolygu yn gorphwys ar Mr C. M. Holland. Er nad ydyw ond rhyw dair milltir a hanner o hyd, aeth y draul o'i gwneyd yn £25,000. Er fod y llinell hon o wasanaeth mawr i'r plwyf, nid ydyw wedi bob yn fawr o elw i'r cyfrandalwyr, oherwydd y treuliau mawrion yr aethpwyd iddynt i'w gwneuthur, ac nad oes dim chwarelau o bwys yn anfon eu llechau gyda hi. Yn ddiweddar gwerthwyd hi i Gwmni y 'Great Western', a gwneir hi cyn hir yn rhan o linell y Cwmni hwn i'r Bala... Hyderir y bydd yn barod i'w hagor yn 1882 neu 1883.

Roedd gan yr hen lein fach orsafoedd yn y Blaenau, Tanymanod a Thyddyn Gwyn, a deuai'r lein i ben yn stesion Llan. Roedd cymryd y lein fach drosodd wedi golygu gwaith ychwanegol i'r GWR. Roedd angen seiding yn y Manod, ac o achos hynny roedd rhaid symud stesion Tyddyn Gwyn i wneud lle i'r gwaith. Adeiladwyd stesion newydd yn agosach i'r bont dros ffordd Tyrpec Newydd. Galwyd yr adeilad newydd yn Stesion y Manod, gyda portar y 'Great Western' yn gyfrifol amdani.

Yn rhyfedd, does dim math o wybodaeth lle yng Nghongl-y-Wal roedd y ceffylau a'r mulod yn dadlwytho eu cynnyrch. Wrth gwrs, bryd hynny nid oedd llawer o adeiladau wedi eu codi. Mae'n debyg mai tir agored oedd yma. Dywedir mai ffermwyr lleol oedd yn gyfrifol am y ceffylau, mulod a'r troliau, ond yn fuan, gwelodd William Casson nad oedd eu troliau yn addas i'r gwaith. Yr oedd wedi gweld troliau yn Lloegr a oedd yn fwy addas, a bu seiri coed y cylch yn gwneud troliau ar yr un patrwm.

Y siwrne olaf ar y tir oedd mynd i lawr i Faentwrog, ac i un o'r ceiau yn Afon Dwyryd. Y tri phrif geiau oedd Cemlyn, Gelli Grin a Phentrwyn Garnedd. Byddai'r llechi yn cael eu trosglwyddo i'r cychod bach yn y cei. Cariai'r cychod chwe thunnell o lechi a gyfatebai i ryw dair mil a hanner o lechi maint 'Countess' (20" x 10"). Byddent wedyn yn cael eu cludo i'r llongau hwylio ger Ynys Gifftan, gan fynd ar siwrne o rhyw chwe milltir. Roedd angen dau berson i rwyfo a hwylio; yr oedd yn waith caled – yn enwedig pan oedd y llanw yn eu herbyn a'r gwynt yn groes.

Yn 1952, cyhoeddodd Cymdeithas Hanes a Chofnodion Sir Feirionnydd lyfryn o dan y teitl *Atgofion Samuel Holland* – sef un o arloeswyr diwydiant llechi Gogledd Cymru. Syr William Davies o Aberystwyth oedd golygydd y gyfrol. Ynddo, mae Samuel Holland yn cyfeirio at y dull oedd yn bodoli ar y pryd a sut y llwyddodd ei deulu i wella ffyrdd y chwareli a pherswadio'r ffermwyr i ddefnyddio wagenni yn hytrach na chartiau i gario'r llechi o'r chwarel i'r warff yn Pentrwyn Garnedd. Yn y fan honno, byddant yn llwytho'r llechi i'r cychod – gan fynd â hwy i Borthmadog neu i'r llongau a oedd wedi angori yn yr afon ger Porthmadog (nid oedd cei Porthmadog wedi ei adeiladu yn y cyfnod yna). Ni ystyriai tad Samuel fod y cychod a ddefnyddid ar y pryd yn briodol i'r gwaith ac felly fe gynlluniodd ac adeiladodd ddau gwch yn Lerpwl, gan gynyddu'r tunelli y gallai'r gwch ei gario. Hen longwr o'r cylch, W. Jones, gafodd y gwaith o hwylio'r gwch gyntaf i Bentrwyn Garnedd, ac yna fe gerdddodd yr holl ffordd i Lerpwl i ddod â'r ail gwch adref. Roedd gan tad Samuel slŵp fechan o'r enw 'Experiment' a allai gario rhyw ugain tunnell o nwyddau. Yr oedd wedi ei lwytho gyda blawd gwenith a'i anfon o dan oruchwyliaeth W. Jones a bachgen arall i Borthmadog ac i fyny'r afon i Bentrwyn Garnedd lle yr oedd ganddo ddau warws – dyma'r tro cyntaf i flawd gwenith gael ei fewnforio i'r cylch. Roedd blawd fel arfer yn cael ei gludo gan gartiau dros y mynydd o gylch Llanrwst a'r Bala. Roedd gwenith yn cael ei lifaenu yn y felin yn Tan y Bwlch, ond blawd rhyg – math o ŷd a blawd haidd – a blawd ceirch a ddefnyddid fwyaf. Mewnforiwyd rhyg o Lundain.

Ar y siwrnei yn ôl, byddai'r cychod yn cario calch, glo neu flawd i gylch 'Stiniog. Llwyddodd y trefniant yma nes bodolaeth y lein fach o Blaenau i Borthmadog. Roedd allforio mwy o lechi yn golygu mwy o broblemau oherwydd nad oedd y trefniant cludo o safon. Ffermwyr lleol oedd y rhan fwyaf o'r cludwyr; roeddent yn anfodlon o weithio'n llawn amser oherwydd fod ganddynt waith ffarm hefyd. O ganlyniad, ceisiai berchnogion y chwareli ganfod dull arall o gael eu cynnyrch i'r porthladd.

Fe grëwyd y lein fach o'r Blaenau i Borthmadog, er gwaethaf gwrthwynebiad y ffermwyr a oedd yn arfer cludo y llechi i Afon Dwyryd. Dadleuent, pe adeiledir y lein, byddai ei ddylanwad yn tanseilio bodolaeth y pentref a Dyffryn Maentwrog. Fodd bynnag, daeth y cynllun i fodolaeth, a dyma fraslyn o'i hanes. Dechreuwyd ar y gwaith yn 1838. Anfonwyd y llwyth cyntaf o lechi yn syth i'r porthladd. Nid oedd angen peiriannau; roedd y lein wedi ei chynllunio i fod yn hunangynhaliol. Rhedai i lawr i wastadeddau cylch y porth trwy bwysau'r trycs eu hunain. Defnyddid ceffylau i dynnu'r wagenni pan oedd y lein ar dir fflat – megis y cob ym Mhorthmadog. Byddai'r ceffylau yn cael eu cario mewn wagenni pwrpasol ar y ffordd i lawr o 'Stiniog. Yna, ar ôl cyrraedd a dadlwytho, byddai'r ceffylau yn tynnu'r wagenni yn ôl.

Ar y ffordd i lawr, cadwai weithwyr lygaid ar gyflymder y wagenni gan ddefnyddio'r brêcs oherwydd roedd peryg i'r wagenni neidio oddi ar y cledrau pe byddent yn rhedeg yn rhy gyflym. Gwaith digon peryglus oedd hyn – nid yn unig i'r gweithwyr, ond i'r plant oedd yn chwarae o gwmpas y wagenni hefyd. Mae llawer o gerrig beddi yn y cylch, gyda chyfeiriad at ddamweiniau a oedd yn gysylltiedig â'r lein fach. Arthur Jones, er enghraifft; bachgen tair ar ddeg oed a laddwyd yn 1862 pan fu iddo neidio oddi ar wagan – a honno yn rhedeg o dan ei phwysau ei hun. Bu farw Griffith Roberts yn 1882 yn chwech oed ac fe'i claddwyd ym mynwent Eglwys Dewi Sant yn y Blaenau. Yr oedd yn chwarae gyda'i ffrindiau a boddodd pan oedd yn ymdrochi yn Afon Barlwyd pan fu i injan ddod oddi ar y cledrau a disgyn arno.

Ym mynwent Eglwys Holy Trinity ym Mhenrhyndeudraeth mae carreg fedd yn cyfeirio at Evan Williams a fu farw yn 1877 pan gafodd ei wasgu rhwng dwy wagen yn Stesion Diffwys, Blaenau. Yr oedd llawer mwy o ddamweiniau heb eu cofnodi; damweiniau a adawodd eu hôl ar y gweithwyr yn ddi-amau.

Yn ogystal â'r straeon trasig, roedd llawer o straeon digri yn gysylltiedig â'r trên a oedd yn cludo'r teithwyr. Fe gaed sawl rhwystr ar y daith o Blaenau i Borthmadog oedd yn gorfodi'r trên i stopio – anifeiliaid ar y ffordd, problemau mecanyddol neu rew ar y cledrau, ac yn aml yr oedd rhaid i'r teithwyr fynd allan o'r cerbydau. Clowyd drysau'r cerbydau gan y 'guard', a byddai'n ofynnol arno eu dadgloi mewn argyfwng a gweiddi – 'First class passengers stay put, second class passengers come out and walk, third class passengers come out and push.'

Cofiaf stori a wn i ddim a yw'n stori wir neu yn rhan o ramant y lein. Cyrhaeddodd yr injan Stesion Tanybwlch, a dyma'r portar yn gofyn i'r dreifar lle'r oedd gweddill y trên. Roedd y ddolen gyswllt rhwng yr injan a'r cerbydau wedi ei dadfachu neu ei thorri, ac roedd y cerbydau wedi cael eu gadael tu fewn i'r twnnel! Bu'n rhaid i'r injan fynd yn ôl i ail fachu a dod â'r cerbydau i'r stesion.

Dim ond cwmni Mr Holland a ddefnyddiai'r lein am y ddwy flynedd gyntaf, ond fe sylweddolodd y cwmniau eraill y fantais o fynd â'u cynnyrch yn syth i'r porthladd. Ond eto, ni fu cwmni Diffwys yn ei defnyddio, ac roeddent yn parhau i ddefnyddio dull Congl-y-Wal, ac felly y parhaodd pethau tan i'r chwarel gael ei phrynu gan gwmni newydd yn 1878. Fe ddatblygwyd y ffordd haearn a defnyddiwyd peiriannau pwrpasol i dynnu'r wagenni – sef injan stêm. Daeth y ffordd haearn yma yn batrwm i'r holl fyd.

Yn 1878, cludodd lein Ffestiniog 140,421 tunnell o lechi 'Stiniog i'r porthladd; ffigwr a fyddai wedi bod yn amhosib o dan hen drefn Congl-y-Wal. Yn y cyfnod newydd yma, ni wireddwyd ofnau'r ffermwyr a'r cychwyr. Cafodd y cychwyr waith yn y porthladd yn dadlwytho llechi o'r wagenni a'u cludo i fwrdd y llongau hwyliau. Datblygodd y ffermwyr eu dull o ffarmio, gan ddechrau magu gwartheg yn lle ceffylau, a bu'n llwyddiant. Golygodd hefyd ddiwedd pwysigrwydd Congl-y-Wal fel calon diwydiant llechi 'Stiniog.

Fel roedd angen am Eglwysi a Chapeli, roedd hefyd angen am dafarndai. Dyna Quarrymans Arms oedd wedi ei leoli yn y tŷ yr ydym yn adnabod heddiw fel Tŷ Gwyn, neu 172 Heol Manod, ac yr oedd yn dra derbyniol i'r cerddwyr o Lan i gael gorffwys, seibiant a diod. Mae'n rhaid cofio bod prinder dŵr i yfed yn y cyfnod, gan fod y boblogaeth wedi cynyddu gymaint fel nad oedd y ffynhonnau arferol yn ddigon i ddiwallu'r galw. Yn ogystal, roedd llawer ohonynt wedi eu heintio yn sgil diffyg carthffosiaeth yn yr ardal; roedd prinder tai ac fe addaswyd nifer o seleri y tai i'w gosod allan am rent i bobl leol. Am flynyddoedd, fe adwaenid eu plant fel 'Jack Selar' neu 'Wil Selar' – gyda hyn yn dangos eu bod wedi'u magu yn y seleri. Yn wir, roedd sôn am glwyf 'Stiniog drwy'r rhanbarth, ac mewn gwirionedd, clwyf 'Typhoid Fever' ydoedd, yn cael ei ledaenu trwy ddiffyg glanweithdra a diffyg triniaeth y carthffosiaeth – a hyn oll yn heintio'r dŵr. Nid oedd dŵr y cyfnod hwnnw yn addas i'w yfed, felly yr unig ddiod a oedd yn saff i'w yfed oedd cwrw neu seidr y tai tafarnau. Bu i'r Quarrymans Arms gau cyn i'r meddyg John Roberts ddod yna i fyw, ond cawn fwy o hanes y teulu yma eto. I raddau, tai busnes oedd y tafarndai; lle i gwsmeriaid gyfarfod ei gilydd. Adeiladwyd Gwesty'r Wynnes Arms yn 1867, a chafodd ei henwi ar ôl perchennog y tir sef Fletcher Wynne. Roedd prysurdeb y drafnidiaeth lechi cyfagos yn fantais i'r dafarn ac roedd y goets fawr yn galw yno, ac mae'n debyg bod y ceffylau yn cael eu newid gan fod stablau yn iard y gwesty. Bu i'r dafarn fod yn llwyddiannus am flynyddoedd nes dyfodiad trên y Great Western i'r fro. Dirywiodd busnes y goets fawr wedi hyn, ac yn ddiweddar bu iddi gau ei drysau.

Lleolwyd tafarn Glan Gors yng nghanol y pentref; rhwng hen gapel Bethesda a'r un newydd a'i chefn yn wynebu mynwent Bethesda. Dywedir mai hon oedd y tŷ tafarn cyntaf yng nghylch y Blaenau, ac mae'r adeilad wedi ei restru fel adeilad Gradd II. Bloc o ddau dŷ ydyw; un yn sengl ar llall yn dŷ dwbl, a'r tebygrwydd yw bod y dafarn yn y tŷ dwbl a'r perchennog a'i deulu yn byw yn y tŷ sengl. Fe gafodd ei enwi yn Glan Gors oherwydd yr oedd y cae ochr arall i'r ffordd yn gorslyd. Yn wir, fe welir wal derfyn yr hen siop bost a gafodd ei hadeiladu gan John Jones, Tyddyn Gwyn, yn gam ac yn gwyro – gyda hyn yn dangos ansawdd y tir corslyd.

Trosglwyddwyd trwydded tafarn Glan Gors (Bethesda) i'r Glan Gors newydd yn 10 Heol Manod, Bethania. Mae lle i gredu bod yr adeilad hwn wedi ei gynllunio fel tafarn gyda seler pwrpasol i'r gwaith. Am gyfnod yn ystod y bedwaredd ganrif ar bymtheg bu i Morris Roberts ei chadw, ac yn ôl yr hanes, fe wnaeth hynny yn dra llewyrchus. Chwarelwr ydoedd yn ystod y dydd, a chyda'r hwyr byddai'n rhedeg y tŷ tafarn. Yn 1870 agorwyd gwesty arall ym Methania sef Gwesty'r Manod, dwy flynedd ar ôl adeiladu gwesty'r Wynnes Arms yng Nghongl-y-Wal. Bu hyn yn ddamniol i'r Glan Gors, a chaewyd ei drysau yn 1903. Am gyfnod wedi hynny, defnyddiodd y meddyg Dr Vaughan yr adeilad fel syrgeri, gan ddilyn yr un patrwm â phan gymerodd y meddygon Roberts Tŷ Gwyn, Congl-y-Wal a'i addasu fel tŷ annedd. Yn fy nghyfnod i, cartrefodd rhieni y Dr Bruce Griffiths ynddo, ac arhosodd Bruce ei hun yno am ryw ddwy flynedd. Cefais sgwrs gyda Bruce, ac roedd ganddo lawer o straeon am y lle – yn arbennig straeon fod yr adeilad yn llawn ysbrydion. Dywedir bod sŵn troedio trwm ar y llawr uwchben, ond ni welwyd neb yno. Roedd Bruce hefyd yn cyfeirio at ystafell wely nad oedd, am ryw reswm, yn cael ei defnyddio, ac felly y bu ar hyd y blynyddoedd. Ai'r ysbrydion oedd ar fai – pwy a ŵyr? Cyfeiriodd Bruce at un person arbennig a fu'n aros yn y dafarn sef Augustus John (1878-1961), un o arlunwyr enwocaf Cymru. Roedd ef a chyfaill yn teithio gyda'r amcan o fesur a chofnodi ansawdd y tai tafarnau oedd rhwng y Bala a'r Blaenau, gan brofi diodydd gwahanol a oedd ar werth yno.

Wrth edrych yn ôl a chyfrif un ar bymtheg o dai tafarnau a oedd yn nosbarth dinesig 'Stiniog, erbyn heddiw dim ond pump sydd mewn bodolaeth, ac mae Gwesty'r Manod yn un ohonynt.

Mae'n werth ystyried sefyllfa feddygol cylch 'Stiniog yn y cyfnod. Nid oedd y boblogaeth yn fawr; doedd y diwydiant llechi heb dyfu i'w anterth ac roedd darpariaeth feddygol yn hynod o brin. Dywed G. J. Williams fod y meddyg agosaf yn Nolgellau, y Bala neu Dremadog. Ar ddechrau 1820, daeth y doctor cyntaf i'r cylch a olygodd tro ar fyd. Gorfodai perchnogion y chwareli eu gweithwyr i dalu swm penodol o arian yn fisol am wasanaeth meddyg.

Rhwng 1835 a 1841, roedd y salwch 'Typhoid' yn y cylch. Ar y pryd fe'i galwyd yn 'Salwch 'Stiniog', ac roedd y meddygon yn hynod o brysur. Y dull o feddyginiaeth oedd agor gwythïen i waedu'r claf. Daeth y dywediad 'Feed your cold and starve your fever' i rym, a thua'r un pryd fe newidiwyd y dull, ac yn hytrach na gwanhau'r claf, ceisiwyd cynnal ei gyfansoddiad ac felly fe newidiwyd yr arwyddair i 'Starve your cold and feed your fever.'

Cofiaf hanesyn am Siôn Ifan, o'r Cribau, Rhiwbryfdir, yn torri ei glun mewn dau le, a daeth meddyg o Faentwrog ato i'w drin ond nid yn llwyddiannus. Fe anfonwyd neges i Lanberis i ofyn i Doctor Robert Roberts i gael golwg ar Siôn Ifan. Bryd hynny, fe ddeuai'r doctor ar droed (fel yr arferai ddod bob amser pan anfonid amdano ar achlysuron o bwys) i'r Cribau – sef taith o ryw bum milltir ar hugain. Gan ei fod tua 50 oed, roedd y siwrnai o gerdded dros y mynydd yn tueddu i fod yn ormod iddo barhau â'r gwaith.

Tua 1835, daeth mab Doctor Roberts, John Roberts yn ei le. Bu'r mab yn hynod o boblogaidd gyda thrigolion y cylch a gwnaed cais iddo sefydlu meddygfa barhaol. Ar y pryd, yr oedd yn dair ar hugain oed, a derbyniodd y cais. Lletyai ym Mhen Rhos. Priododd John ag Elizabeth Owen (Betsan) Roberts o'r Llan yn 1838; merch i Owen Roberts y gof a'i wraig Margred Gruffydd Roberts o Highgate. Margred oedd yr unig fydwraig yn y cylch, ac ystyrid Owen yn feddyg gwlad da. Yr oedd Betsan, eu merch, hefyd yn fedrus fel meddyges, ac yn neilltuol o dda gydag archollion, a byddai sawl un yn ymofyn amdani yn arbennig i'w trin.

Cartrefodd John a Betsan yn yr hen 'Gin Shop' a oedd wedi ei lleoli ger Gwesty'r Abbey Arms yn sgwâr y Llan. Yno y ganed eu mab hynaf, Robert, a enwyd ar ôl ei daid – y meddyg yn Llanberis. Symudodd y teulu i Rif 23 Congl-y-Wal, neu 172 Heol Manod heddiw; lleoliad y Quarrymans Arms gynt. Yr oedd yn dŷ dwbl gydag iard dda yn y cefn ac adeiladau i gadw ceffyl neu ferlan a chert ar gyfer y meddyg. Yn naturiol, fe'i galwyd y tŷ yn 'Tŷ Doctor'. Erbyn heddiw, yr enw arno yw Tŷ Gwyn.

Mae hanes diddorol i Dŷ Gwyn – rydym eisioes wedi cyfeirio ato fel un o dai tafarnau cyntaf yn y cylch, wedyn yn dŷ meddyg, ac ar ôl hynny, am gyfnod da, yn gartref i Ysgol Sul Bethesda cyn i ysgoldy Bryn Glas gael ei adeiladu. Ceir adroddiad gan David Owen (Pennal) yn 1872 pan fu iddo ymweld â'r ysgol ac yn dweud:-

"Fod y Tŷ ar y cyntaf wedi ei godi i fod yn dafarn i ddinistro cyrff ac eneidiau dynion, ac ar ôl hynny iddo gael eu droi i wella cyrff dynion, ond erbyn yr adeg honno wedi ei droi i wella cyrff ac eneidiau dynion".

Yn ôl awdur *Hanes Plwyf Ffestiniog*, mae dosbarth y Manod (Congl-y-Wal) yn ymestyn o eithaf Gongl-y-Wal (nid yw'n wybyddus pa wal roes ei enw i'r cwmwd hwn), hyd at Gapel Tabernacl, Fuches Wen a Hafod Ruffydd. Yr oedd hen dai Congl-y-Wal yn bod cyn i Blaenau gael ei sefydlu, ond yr hyn a hoeliodd Congl-y-Wal yng nghof y preswylwyr oedd mai yma y byddai meddyg y gweithwyr, Dr John Roberts, yn preswylio. Yma magwyd ei blant i gyd, yn y tŷ a alwyd yn y cyfnod yn 'Tŷ Doctor', a chyn hynny, yn Quarrymans Arms.

Yn ôl cyfrifiad 1861, mae John Roberts yn galw ei hun yn 'Bone Setter', ac mae'r teulu wedi eu rhestru fel a ganlyn:

Congl-y-Wal

John Roberts	Head	46	Bonesetter	Caernarvonshire
Elizabeth	Wife	42	Bonesetters' Wife	Merionethshire
John	Son	18	Medical Student	"
William	Do.	16	Pupil teacher	"
Edward	Do.	14	Scholar	"
Margaret	Dau.	12	"	"
Griffith	Do.	10	Scholar	"
Lora	Do.	8	"	"
Sarah	Do.	6	"	"
Janet	Do.	4	"	"

Nid yw'r mab hynaf, Robert, yn ymddangos yn y cyfrifiad hwn. Yr oedd yn ddwy ar hugain oed yn 1861 ac yn fyfyriwr mewn coleg meddygol yn yr Alban. Teulu o Gwm Pennant yn Eifionydd oeddynt ac yn cartrefu yn ffermdy Isallt Fawr

– a oedd i'w weld ar y llechwedd uwchben yr hen eglwys, Llanfihangel y Pennant.

Roedd aelodau o'r teulu yma, ar hyd y cenedlaethau, wedi eu breintio gyda'r gallu fel meddygon esgyrn ac fel llawfeddygon. Bu i rai o'r teulu wasgaru i wahanol rannau o'r wlad fel meddygon a sefydlu meddygfeydd yn Llanberis, Bethesda, Llanrwst, Pwllheli, Casnewydd, Llundain ac hefyd yn yr America. Yn ffodus i ni, daeth un ohonynt, sef John, i Gongl-y-Wal – a dyna ddechreuad 'doctoriaid Congl-y-Wal'.

Roedd gweithwyr y chwareli yn hoff iawn o John Roberts – er nad oedd perchnogion y chwareli yn hapus. Nid oedd John wedi sefyll arholiad nac wedi cael hyfforddiant swyddogol; 'bone setter' ydoedd. Roedd gan y gweithwyr ffydd yng ngallu John i'w trin mewn unrhyw argyfwng, a byddent yn talu chwe cheiniog y mis iddo. Yn rhai o'r chwareli roedd trefniant i gasglu'r arian iddo, ond i'r chwareli eraill nad oedd yn gweithredu hyn, byddai'n rhaid i'r gweithwyr dalu yn uniongyrchol i'r meddyg. Roedd Betsan Roberts yn gymorth mawr i'w gŵr, y meddyg esgyrn, ac yn cydweithio gydag ef. Yn ôl pob hanes, yr oedd yn dra fedrus yn trin briwiau ac archollion, a deuai llawer o weithwyr y chwarel ati o achos ei medrusrwydd fel meddyges. Y mae'n rhaid cofio ei bod hefyd yn fam i lond tŷ o blant, ac felly roedd ei bywyd yn galed ond yn bwrpasol, ac roedd yn byw yn unol â'i chred o fod yn gefn a chymorth i'r claf a'r anghenus. Pan fu farw Betsan Roberts yn 1878 yn 60 oed yn nhŷ ei mab Robert, yn Isallt, Stryd yr Eglwys, Blaenau, daeth torf enfawr i'w hangladd, a cherdded y dair milltir o Isallt i'r fynwent yn y Llan – sy'n brawf o'r parch oedd tuag ati. Bu i John, ei gŵr, ei rhagflaenu o naw mlynedd ac roedd teimlad o golled yn y cylch am un a oedd wedi gwasanaethu mor ffyddlon a medrus. Bu farw yn nhŷ ei chwaer ym Mhorthmadog, a chladdwyd ef ym meddrod y teulu ym Meddgelert. Cafodd ffynnon ar Ffordd Tyrpec Newydd yng Ngheunant Sych ei enwi bron fel coffadwriaeth iddo – Ffynnon Doctor. Yr oedd y ffynnon wedi ei sefydlu ar wyneb graig serth wrth ymyl y ffordd, ac roedd mewn siâp cwpan fawr mewn hafn yn y graig. Byddai bob amser yn llawn o ddŵr a oedd wedi treiddio drwy'r graig. Roedd y ffynnon rhyw bedair troedfedd o uchder oddi ar wyneb y ffordd. Credai llawer fod y dŵr yn ffisig i lawer o heintiau, a phan yn cerdded heibio'r ffynnon, fe arferid yfed ohoni fel amddiffyniad rhag y heintiau. Roedd y dŵr bob amser yn oer ac yn glir fel grisal, a gallaf ddweud, o brofiad, fod y dŵr yn werth ei yfed, a byddai'r stumog yn teimlo'i oerni.

Wrth gwrs, y gwirionedd oedd nad oedd gan y dŵr unrhyw effaith feddyginiaethol. Galwyd y ffynnon yn Ffynnon Doctor oherwydd yno roedd John Roberts yn dyfrio ei geffyl neu ferlen. Chwalwyd y ffynnon pan wnaeth y Cyngor Sir welliannau i'r ffordd, a bu i'r ffynnon, a oedd yn goffâd i'r hen doctor, ddiflannu. Ond fel yr hen ddoctor, roedd wedi darparu gwasanaeth diderfyn i'r cyhoedd.

Dilynodd pedwar o blant John a Betsan Roberts ôl eu traed. Cyfeiriwyd eisoes at y mab hynaf, Robert – a oedd yn efrydydd yng Ngholeg Anderson, Glasgow, lle graddiodd gyda gradd L.M. (Glasg) (h.y. Licenciate of Midwifery). Ymhen tair blynedd arall, enillodd radd MRCS (Eng), ac yn ddiweddarach, gradd LRCP (Edin). Wedi cwblhau ei gwrs meddygol, fe ddychwelodd yn ôl i'w gynefin gan gynorthwyo ei dad yn Tŷ Doctor. Yn 1865, penodwyd ef yn feddyg yn Ysbyty Llwyn y Gell, Rhiwbryfdir; ysbyty a godwyd yn 1848 gan Mrs Louisa Oakeley, Plas Tanybwlch, i gael ei defnyddio gan chwareli'r Oakeley a Llechwedd, ac yn 1870 gwnaed ef yn brif feddyg yr ysbyty. Yn 1880, adeiladodd dŷ a meddygfa yng nghanol y dref a'i alw'n Isallt ar ôl enw ffarm y teulu yng Nghwm Pennant. Roedd Isallt yn llawer mwy hwylus na mynd i'r ysbyty yn Llwyn y Gell. Yn ogystal â bod yn feddyg, roedd Robert yn Ustus Heddwch, yn aelod o Fwrdd Iechyd yr ardal, yn fardd gwych, yn gerddor ac yn bysgotwr o fri. Ymddeolodd ar ôl rhoi hanner can mlynedd o wasanaeth i drigolion y dre. Hen lanc ydoedd, ac yn ei flynyddoedd olaf gwnaeth ei gartref gyda'i chwaer Margred a'i gŵr ym Mhlas Waenydd, Rhiwbryfdir; rheolwr chwarel y Llechwedd oedd ei gŵr. Yno bu i'r Doctor Robert Roberts farw yn 1914, a chladdwyd ef ym mynwent y Llan.

Aeth yr ail fab, John Roberts, i'r un Coleg â Robert yn Glasgow, ac yna daeth adref i gynorthwyo ei frawd yn y feddygfa. Wedi blwyddyn, symudodd i ddinas Caer – lle sefydlodd glinig croen i wasanaethu Sir Gaer a Gogledd Cymru. Fe fu'n Ustus Heddwch ac yn Henadur y Ddinas, ac yn 1903 fe'i ddyrchafwyd yn Faer y Ddinas.

Aeth y trydydd mab, William Lloyd, i Goleg Meddygol Anderson – lle graddiodd mewn sawl maes meddygol. Dywedir mai ef oedd y mwyaf galluog o blith y bechgyn, ond bu farw yn 1870 yn saith ar hugain oed, rhyw ddwy flynedd ar ôl graddio yn feddyg. Claddwyd ef ym mynwent y Llan yn yr un bedd â'i fam, Betsan.

I Goleg Meddygol Anderson yr aeth Gruffydd John hefyd. Cafodd dystysgrif dosbarth cyntaf mewn meddyginiaeth, llawfeddygaeth, bydwreigiaeth, cyfraith feddygol, anatomi, ffisioleg a chemeg. Daeth yn ôl i'r cylch a sefydlodd ei hun yn Llan Ffestiniog. Cynorthwyodd ei frawd hynaf, Robert, i wasanaethu yn hen ysbyty'r Oakeley yn Rhiwbryfdir. Bu farw yn 1922 – wyth mlynedd ar ôl ei frawd hynaf, Robert – a daeth oes nodweddiadol 'doctoriaid Congl-y-Wal' i ben.

Mae'r cylch wedi bod yn dra lwcus a diolchgar o'i meddygon a anwyd yn y fro. Dyna William Vaughan Jones, MRCS, LSA, o Glanygors oedd yn y feddygfa yn 1851. Yr oedd yn adnabyddus am ei fedrusrwydd a'i ofal, ond bu farw ac yntau ddim ond 42 oed.

Yn fwy diweddar, aeth Joseph o deulu'r Morrisiaid i un o golegau meddygol yr Alban. Fe'i cofir am y gwaith da a wnaeth gyda'r ymchwil o ddarganfod cysylltiad rhwng llwch y llechen â *silicosis* oedd yn lladd y chwarelwyr.

Dyna hefyd Gwilym Owen Thomas, MD, OBE; un o blant Cae Clyd ac arbenigwr yng nghlwyf y frest a *silicosis*. Fe'i hanrhydeddwyd gyda'r OBE am ei waith yn y maes arbennig yma. Roedd yn bennaeth ar Ysbyty'r Frest, Machynlleth.

Doctor arall a fu'n gefn i'r cylch oedd Dr Wynne Pritchard, yn enedigol o Danymanod. Ar ôl graddio, gwasanaethodd gyda'r 'Desert Rats' yng Ngogledd Affrica lle cafodd ei glwyfo. Ar ôl gorffen yn y fyddin, aeth i bartneriaeth gyda'r meddyg lleol Joseph Morris, lle bu'n uchel iawn ei barch.

Yr olaf o ddoctoriaid y Manod oedd y Dr Cynfael Percy Hughes, mab ysgol feistr y Manod, ac fel Dr Pritchard fe wasanaethodd yn y fyddin. Ar ôl dod adref, ymunodd â meddygfa yn Abergele.

Un arall o Ddoctoriaid 'Stiniog oedd Dr Edward Davies neu 'Eddie'. Gwasanaethodd drigolion Betws-y-Coed a Cherrigydrudion gydag anrhydedd am flynyddoedd.

Do, roedd llawer o gymeriadau yn y cylch ond mae un yn sefyll allan – sef Siôn Ifan. Brodor o Lanuwchllyn ydoedd, yn byw gyda'i wraig yn Rhif 1 Tanybwlch, Cae Clyd. Creigiwr yn Chwarel Lord oedd Siôn, ond cafodd anffawd wrth baratoi i ffrwydro craig. Ac yntau yn paratoi i saethu, fe daniodd y ffrwydron cyn eu hamser a chollodd Siôn ei olwg. Nis gwn a oedd unrhyw fath o dâl, neu bensiwn, yn cael ei roi i'r cleifion ar ôl damweiniau yn y chwarel. Bu rhaid i Siôn chwilio am waith arall, felly aeth yn gariwr. Roedd ganddo geffyl a mulas a bu'n gwasanaethu gyda'i wraig – hi oedd 'ostler' y ceffylau a'r fulas. Ysgrifennodd yr hen feddyg, Dr Robert Roberts, gerdd am Gongl-y-Wal a Theigl lle y magwyd ef. Ynddi mae'r llinellau hyn:

Coffa am Siôn Ifan – cariwr dall, medrus, diddan
A Becca ei wregian – gref ddynan oedd hi
Efe wrth y tincer a hithau yn osler
Nis gafer gwell carter i'r cert.

Dyma restr o enwau sydd wedi anrhydeddu eu bro genedigol, sef Congl-y-Wal, ac sydd yn fy marn i, yn deilwng o adnabyddiaeth am eu gwaith a diolch gan yr ardal. Yn rhyfedd, dim ond enwau pedwar o'r rhai sydd wedi eu rhestru (enwau wedi marcio â *) sydd wedi eu cynnwys ar faner enwogion Ysgol y Moelwyn:

Dr Joseph Morris, Meddyg a Chymwynaswr
John Morris, Arolygwr Ysgolion
William Morris, Gweinidog a Bardd *
Dr Wyn Pritchard, Meddyg teulu
Morris Pritchard, Pensaer
Yr Athro Jack Darbyshire DSc., Eigioneg
John Idwal Jones, Ffisegwr
Dr Gwilym O. Thomas MD, OBE, Meddyg
John Thomas BA, JP, Athro
John Davies, Tryfal, Ffarmwr
Dr Geraint Wyn Jones PhD, Darlithydd
Dr David Trevor Davies, PhD – Swoleg a Niwroendrocrinoleg
Huw Verdun Pritchard, Newyddiadurwr
Gwilym Davies MBE, JP, Trefnydd undeb
John Williams BEM, Gwaith cymorth cyntaf
Emrys Evans, Cymwynaswr ac Awdur *
John Lloyd, Saer a Chymwynaswr
John Jones BEM, Postfeistr yn Manod a Chymwynaswr
Dr Cynfael Hughes, Meddyg yn Abergele
Trebor Jones, Canwr
Annie Roberts BA, Athrawes a Chynghorwraig
Dorothy Edwards, LRAM, Arweinydd côr
Katie Pleming, LRAM, Gwasanaethu canu

Miss Jones 'Bronclydwr', Athrawes a Chymwynaswraig
Mrs Elias Jones, sefydlu Sefydliad y Merched yn y Manod
Mrs Ellis Jones, Sefydliad y Merched
Ted Breeze Jones, Awdur a Gwyliwr adar *
Dr Cyril Parry PhD, Darlithydd
Dr Bruce Griffiths, Darlithydd a golygydd *Geiriadur yr Academi* *
Annie Lloyd Jones, (Meinir y Manod)
Glyn Jones, Prifathro, Ysgol Sir Machynlleth
Morris G. Evans, Prifathro Ysgol Sir Y Bermo / Ysgol Ardudwy,
    Harlech
David E. Lewis, BA. LLB, Cyfreithiwr
Elwyn Davies, LLB

'A. F. Innau' yn cynrychioli y gweddill!

Adloniant a Chwaraeon y Cyfnod

ROEDD ADLONIANT A chwaraeon y cyfnod yn wahanol iawn i'r hyn a geir heddiw, ac i raddau helaeth, yr oedd gan bob gweithgaredd eu hamser penodol yng nghalendr y flwyddyn. Anfonodd Enid Roberts e-bost ataf yn cynnwys rhestr o'r gweithgareddau gwahanol:

1. Gwneud canhwyllau brwyn a chychod bach ar y dŵr dan bont Bryn Glas. Roedd y brwyn yn tyfu yn y gors dros y ffordd i'r tŷ lle mae'r maes parcio heddiw.
2. Creithio yn Bryn Glas ar y Pasg.
3. Casglu penbyliaid yn Llyn Top.
4. Sglefrio ar gardfwrdd o'r graig i'r ffordd yn Pengolwg yn yr haf ac ar sled i lawr y rhiwiau yn y gaeaf, hyn cyn amser y ceir.
5. Cuddio nodiadau yn waliau gerddi Llys Aled i Penfforddgoch – ein ffrindiau wedyn yn ceisio dod o hyd iddynt a dilyn y cyfarwyddiadau.
6. Chwarae cuddio yn y rhedyn.
7. Chwarae marblis.
8. Chwarae tennis gyda phadell ffrio. Dim 'rackets' i'w gael ar ôl y rhyfel ac arian yn brin. Clywais i erioed am neb arall yn gwneud hyn ond cawsom oriau o fwynhad.
9. Casglu madarch ar ffordd Bron Manod a blodau gwyllt yn y caeau.
10. Picnic yn Bryn Glas neu Bryn Eithin.
11. Chwarae recordiau ar hen gramaffon yn 'reil' (cwt neu sied ar ochr tŷ) Llys Arthur ar ddiwrnod glawog.

12. Gwneud 'cacennau mwd' a defnyddio baw defaid fel cyrains yna sychu'r cyfan mewn hen bopty yng ngardd Llys Arthur.
13. Bwydo'r ieir a'r cywion yn Llys Aled a Llys Arthur.
14. Chwarae gyda bach a phowl wedi eu gwneud yn bwrpasol i ffitio gan gof y chwarel – Iorwerth (tad Geraint Wyn).
15. Chwarae criced pan fyddai Islwyn o gwmpas ar yr hen domen.
16. Gwneud tryc o focs pren, rhoi dwy olwyn oddi tano a handlen reit hir – a dyna hwyl wedyn! Byddai'n handi i gario Guto Ffowc o amgylch i bawb ei weld.
17. Benthyg hen ddillad a gwisgo i fyny.
18. Chwarae sgipio.
19. Chwarae 'ladies' neu 'queens'. Nid oedd *nail varnish* bryd hynny, felly defnyddiem betalau rhosod gwyllt coch a phinc ar ein hewinedd ein dwylo a'n traed. Byddem yn torri blaen hen esgid i gael 'peep toes' a gwneud coron o'r perthi.

Mae Enid hefyd yn rhestru hen feddyginiaethau cartref:

Llwyni – Yn ogystal â'r wermod lwyd roedd llwyn rosmari drws nesaf yn Llwyn Eithin. Byddai mam yn cael peth a'i drwytho mewn dŵr poeth i olchi fy ngwallt.

Roedd llwyn hen ŵr yng ngardd Llys Arthur. Roedd yn handi i ddiheintio dwylo ar ôl bod yn y tŷ bach!

Yn y gwanwyn pan oedd y danadl poethion yn ei bri, byddem yn torri eu pennau a'u ffrio gan wneud omelet neis iawn â nhw.

Gwnâi Nain eli o ddeilen gron oedd yn tyfu o gwmpas Tanybwlch. Byddai yn eu rhoi mewn sosban gyda thipyn o lard, ei gynhesu a'i gymysgu a'i roi mewn jariad bach i iro ei dwylo.

Cofiaf hen wraig yn Tecwyn House, Tyddyn Gwyn, yn gwneud eli llosg gyda menyn a oedd wedi troi ei liw yn wyrdd ac yn *rancid*. Bu i rai ddweud mai rhyw fath o 'Penicillin' cyntefig ydoedd.

Ydi, mae'n oes wahanol heddiw! Rhaid cofio bod yr Ail Ryfel Byd wedi amharu ar hyd yn oed chwarae plant. A rhaid cofio nad oedd y ffyrdd yn brysur fel y maent heddiw, ac felly byddem yn chwarae ymhob twll a chornel.

Un contrapsiwn angenrheidiol oedd y 'nagar' – a wnaed

gyda hen ffrâm beic a handlen ar fforc flaen a dwy olwyn pram. Dim brêcs, clwt tew ar y ffrâm i wneud sêt, ac yr oedd yn barod i feistroli'r amhosib. Bydd rhai yn gofyn pam adeiladu'r 'nagar', ac mae'r ateb yn un syml – doedd dim arian i gael beic iawn! Byddem yn cychwyn o'r Manod i lawr y ffordd newydd trwy Geunant Sych, a chyrraedd Rhydsarn heb orfod poeni am ddim ond teimlo'r gwynt ar y wyneb ac ymfalchïo yng nghyflymder y beic. Dim meddwl am y boen o gerdded y ddwy filltir yn ôl i'r Manod gyda'r 'nagar'.

Mae gêm marblis wedi colli ei phoblogrwydd braidd heddiw, ond yr oedd yn gêm ddiddorol ac roedd mwynhad o fod ym meddiant y 'to gin' lliwgar. Dywed rhai fod y 'to' fel corcyn ar botel Gin.

Gêm arall boblogaidd oedd yr un a elwid yn 'Hopscotch', neu fel yr oeddem ni yn 'Stiniog yn ei galw; 'Chwarae London'. Marciwyd chwech i naw o sgwariau ar y llawr gyda sialc a'u rhifo ac yn dilyn patrwm croes. Y gamp oedd mynd o un sgwâr i'r llall yn ôl y rhifau a gyrru carreg fach i'r gwahanol sgwariau, ond yr oedd rhaid gwneud hynny wrth hopian ar un goes. Carreg fach a ddefnyddid, neu gwell oedd gan rai hen 'tin polish'. Dywedir i'r gêm yma ddod o'r cyfnod Rhufeinig, a byddai'r milwyr yn ei defnyddio fel rhan o'u hymarfer corff.

Gêm arall oedd y 'bach a phowl'. Roedd y phowl wedi ei wneud o rod haearn, hanner modfedd o drwch ac o faint cylch deunaw modfedd; fel arfer gwaith y gofaint lleol ydoedd. Yr oedd rhaid rhedeg yn gyflym i gadw rheolaeth ar y phowl. Byddai rhywun yn rhedeg milltiroedd mewn diwrnod.

Yn yr haf, nofio oedd yr atyniad. Nid oedd pwll nofio yn y dref yr adeg hynny, ac yn wir, yr oedd y meddyg lleol wedi dweud nad oeddent yn iach i'r cyhoedd, felly yr oedd y cyngor yn falch nad oedd pwrpas iddynt baratoi pwll yn y dre (Tua 1965 daeth pwll nofio i'r dref – a hynny yn unig at ddefnydd yr ysgolion. Bu rhai blynyddoedd wedyn cyn i'r cyhoedd gael manteisio arno). Yr unig le i nofio oedd yr afonydd, ac yn rhyfedd, roedd gan bob ardal o'r dre eu hafon arbennig eu hunain. Yn y Manod, byddem yn mynd i Lyn Du a oedd wedi ei leoli yn Afon Teigl, ond fe ddywedir ei fod ar adegau yn arbennig o beryglus o achos nerth yr afon.

Byddai'r merched yn chwarae 'tŷ bach' drwy addurno ochr craig gyda darnau o lestri nes y byddai'n ddresel fawr. Yn wir, pan oedd yr haul yn taro ar y graig, roedd y llestri yn sgleinio ac yn glws. Byddent hefyd yn coginio ac yn gwneud 'cacennau mwd' – mae Enid wedi rhoi'r rysáit inni eisoes!

Tua mis Hydref a Thachwedd, pan oedd y lleuad lawn yn goleuo'r ffyrdd cul, byddem yn chwarae 'knock doors' ac yn tynnu'r plismon lleol i'n pennau!

Byddem hefyd yn cael dau hen dun ffrwythau, gan wneud dau dwll ynddynt gyda hoelen. Yna, clymu cortyn oedd ddigon hir i gyrraedd y dwylo drwyddynt, sefyll ar ben y tuniau, a chyda cymorth y cortyn, cerdded gyda'r tuniau fel pedolau mawr o dan ein traed.

Mae'n rhaid cyfaddef, roedd temtasiwn i smocio yn gryf. Ar y pryd, roedd posib prynu tair sigarét am geiniog, neu baced o Woodbines am ddwy geiniog. Roedd Woodbines yn sigaréts poblogaidd iawn, ac yn naturiol, rhaid oedd eu profi. Yn y cyfnod hwnnw, roedd digon o ddewis o sigaréts; y rhai mwyaf cyffredin oedd Capstan, Capstan Full Strength, John Players, Gold Flake, Craven A, Ardath, Wild Woodbine, Robin a Kensitas. Fel Woodbine, rhyw bedwar ceiniog am ddeg oedd pris Robin, a byddai'r gweddill yn swllt (deuddeg hen geiniog – 5p newydd heddiw) am ugain. Yr oedd amryw o sigaréts eraill fel Du Maurier, Dunhill, State Express, Rotham, Benson & Hedges, Black Cat ac

Embassy, gydag ychydig o sigaréts wedi dod o America a Thwrci. Yr oedd y pacedi yn lliwgar a deniadol, a byddant yn denu cwsmeriaid drwy roi cardiau bach o luniau pêl-droedwyr, cricedwyr, llongau rhyfel ac anifeiliaid. Byddai angen hel hanner cant o gardiau i wneud y set yn gyflawn. Roedd rhaid gwneud ffair yn yr ysgol i newid cardiau a oedd wedi cael eu dyblu. Am gyfnod, fe roddodd Kensitas luniau o faneri'r gwahanol wledydd yn y sigaréts. Baco rhydd oedd yn boblogaidd a rheiny yn cael eu henwi gan y gwerthwyr – Baco Amlwch, Baco y Bryniau, Baco Brython a Baco y Werin. Darllenais yn ddiweddar am Faco yr Achos – ni allaf feddwl am unrhyw rinwedd i Faco yr Achos ar gyfer hyrwyddo gwaith yr Eglwys, ond yr oedd yn cael rhagoriaeth.

Byddai siopau nwyddau yn cadw baco rhydd, a phleser oedd eu gweld yn trin y baco i wneud un owns a'u rholio mewn papur nes yr oedd yn edrych fel siâp cannwyll wêr.

Math arall o faco poblogaidd oedd y Twist. Roedd hwn fel cortyn chwarter modfedd o drwch, a rhaid oedd cael cyllell i'w dorri'n ddarnau, yna ei roi yn y geg, gan gnoi a phoeri llawer!

Pan oeddwn yn y Llynges Frenhinol, cefais y cyfle i weld rhai o'r hen forwyr yn gwneud Twist yn y ffordd draddodiadol. Byddent yn cael y dail baco gwyrdd o'r slops (siop y llynges) a byddent yn rhoi ychydig o rum arnynt, ac wedyn eu rhoi mewn pwt o gynfas lân a'i wneud yn rholyn. Paratowyd rhaff mewn ystafell – un pen i'r rhaff yn cael ei glymu i un wal a'r pen arall i'r wal gyferbyn. Byddai'r rhaff yn cael ei harwain i'r bachau gyferbyn ac yn ôl i'r dechrau yn gyfochrog â'i gilydd, yn ôl wedyn at ryw hanner ffordd lle byddai pen y rhaff rydd yn cael ei rwymo i'r pecyn cynfas. Byddai'r person wedyn yn hanner eistedd ar y rhaffau gan droi'r pecyn a'i orchuddio gyda'r rhaff, ac ar yr un pryd, symudwyd ar hyd y rhaff i gadw'r tyndra i wasgu'r pecyn. Byddent yn torri'r pecyn oddi wrth y rhaff ac yn ei gadw am gyfnod cyn ei ddefnyddio. Erbyn hynny, roedd wedi caledu ac roedd angen cyllell finiog iawn i'w dorri er mwyn ei fwynhau i ysmygu neu ei gnoi. Roedd fy nhad-yng-nghyfraith, fel hen longwr, yn gaeth i'r baco yma, ac yr oedd yn llwyr gredu ei fod yn ei warchod o wahanol heintiau. Cofiaf i fy nhad ddweud wrthyf, pan briododd ef fy mam, mai'r cyngor roedd hi wedi ei gael gan ei thad oedd 'Paid â gwarafun ei faco'.

Fe wnaed un peth arall allan o'r baco, sef Snuff. Byddai'r baco wedi ei drin i ansawdd powdr a byddai'n cael ei roi ar gefn y llaw a'i ffroeni. Fodd bynnag, nid oedd hyn yn gyffredin i'r werin bobl.

Yng nghofnodion Eglwys Bethesda, gwelais yn y costau eitem yn dangos taliad o bum swllt am faco. Ni ddywedir i ba bwrpas yr oedd yn cael ei ddefnyddio, ond roedd gwerth pum swllt, bryd hynny, yn gryn dipyn o faco. A oeddent yn ei werthu i'r aelodau? Nis gwn!

Roedd diwrnod y carnifal yn ddiwrnod arbennig – gwisgoedd gwahanol a phaentio wynebau. Roedd yna fandiau ffug, a'r syniad oedd ein bod yn efelychu band jazz Americanaidd. Ar y pryd, nid oedd hwnnw yn cael ei adnabod fel band priodol. Ni wn am yr un band ffug yn ennill yn y carnifal, ond beth oedd yn bwysig oedd cymeryd rhan yng ngweithgareddau'r dydd.

Rwyf eisoes wedi sôn am y 'gangs', a bod Wmffra ac Emrys yn benaethiaid arnynt. Byddem yn adeiladu rhyw fath o gwt gyda cherrig a mwsog, ac yn gosod hen *corrugated sheet* yn do arno. Byddai'n bosib cael padell ffrio a gwneud sglodion tatws, ond yn amlach na pheidio, doeddent heb eu coginio'n iawn a byddwn yn mynd adref ag oglau mwg ar fy nillad. Yn aml, byddai gang arall yn darganfod y cwt ac yn ei chwalu. Yn yr achos hwnnw, rhaid oedd talu'r pwyth yn ôl. Mae gen i gof o Emrys yn ein harwain i Lyn Manod ac yna i gopa Manod Mawr – dyna'r unig amser i mi fynd i'w gopa ac o gofio nid oeddwn yn llawer mwy na rhyw ddeg oed ar y pryd.

Ar dywydd gwlyb, rhaid oedd aros yn y tŷ a difyrru ein hunain. Roedd gemau Tidley Winks a Shove Halfpenny yn boblogaidd. Byddem weithiau yn cael gafael ar y papur *Comic Cuts* neu y *Magnet*, ond yr oedd y rhain yn ddrud i'w prynu.

Diwrnod rhyfedd oedd dydd Sul – dim caniatâd i chwarae, a byddai pob peth a oedd yn bosib i'w wneud i beidio amharu â sancteirwydd y Sul yn cael ei wneud ar ddydd Sadwrn. Capel am ddeg, Ysgol Sul am ddau, cyfarfod pump (i ddysgu caneuon o'r Detholiad) ac wedyn cyfarfod hwyr am chwech. O edrych yn ôl, roedd hi'n rhwystredig gorfod gwisgo dillad gorau a bod yn ofalus ynddynt. Byddem yn cael mynd allan amser te i weld ein ffrindiau, ond ddim i wneud unrhyw beth a allai darfu ar y Sul. Byddai hefyd yn arferol i'r hogiau, ar ôl te bnawn Sul, i ymgynnull ger y Wynnes Arms gan fynd am dro rownd y 'globe' – hynny yw cerdded i lawr y Ffordd Tyrpec Newydd hyd at lle 'Shears'. Yna, byddem yn gadael y ffordd gan ymuno â llwybr cyhoeddus a oedd yn mynd i lawr y cae ac yn cysylltu â ffordd Bryn Rhug. Yna, ymlaen at y gyffordd ar Lôn Dywyll, ac i fyny at y briffordd A470 ger y tŷ Cartre ac adeiladau Teiliau Isaf. Mae llawer wedi gofyn beth yw ystyr Lôn Dywyll a'r unig ateb yw fod y ffordd wedi ei gorchuddio gan dyfiant coed ar bob ochr a oedd yn cau'r goleuni oddi allan. Credaf, heb brawf, mai at bwrpas Richard Bowton, perchennog Cartre, yr adeiladwyd y ffordd yma.

Caem drip Ysgol Sul yn ystod mis Awst, a'r plant i gyd yn dymuno mynd i'r Rhyl am fod llawer mwy o atyniadau yno i blant yr adeg hynny. Yr oedd pob peth i'w gael yn y 'Marine Lake', ond wrth gwrs, am gost. Ffafriai'r oedolion fynd i Landudno neu Fae Colwyn; roedd yn rhwyddach trin y plant yn y fan honno. Cofiaf dripiau i Bermo a Phwllheli a derbyn carreg gan un o'r oedolion fel anrheg i gofio am y trip. Caem lawer o hwyl yn mynd ar fws Crosville i gyfeiriad Llandudno, a bron yn ddieithriad, ni allai'r bws fynd i fyny allt Talwaenydd. Roedd yn rhaid i bawb adael y bws a cherdded i fyny'r allt gan ddod yn ôl arno ar y top.

Cofiaf hefyd drip yn yr Ysgol Ganol gydag un o'r athrawon, Meirion Jones. Aeth â ni ar y penwythnos i weld rhyfeddodau ac i adrodd hanes y fro.

Gweithgaredd arall a oedd yn rhan o fywyd oedd gwerthu llefrith ar ran Ffarm Tyddyn Gwyn gyda'r nos. Awn cyn belled â Hafod Ruffydd a chael deunaw ceiniog am fy ngwaith am yr wythnos. Roedd y cwsmeriaid yn falch o gael llefrith min nos ac yr oedd y piser mesur yn bwysig i'r ddyletswydd yma.

Roedd y domen sbwriel yng Nghae Clyd yn fan chwarae. Roedd wyneb y domen yn fflat ac yn galed, a byddai hogiau ifanc y chwareli, ar ôl gwaith ac wedi iddynt gael eu bwyd, yn mynd am gêm o bêl-droed yno. Dwy garreg yn lle pyst, a dim angen 'referee'. Nid oedd criced mor boblogaidd â phêl-droed, ac mae'n debyg mai'r rheswm am hyn oedd bod angen mwy o offer i chwarae'r gêm – yn enwedig y batiau. Cofiaf i fy nhad wneud bat i mi; bu mewn llawer gêm cyn iddo ymddeol yn ddarnau – ond roedd wedi rhoi boddhâd i lawer cricedwr.

Tu cefn i derfyn Capel Gwylfa roedd darn o dir fflat, a byddai'r hogiau yn chwarae coits yno. Roedd twmpath o glai yn cael ei osod ar y llawr, a'r enillydd oedd yr un a oedd wedi taflu'r coit agosaf at y peg. Ni welais erioed lle yr oeddent yn cael y clai – er iddynt ddweud eu bod wedi ei gael wrth ymyl yr afon fach gerllaw.

Doedd bocsio ddim yn boblogaidd yn y cylch fel ag yr oedd yn y De, er na olygai hyn na fyddai yna gwffio! Cofiaf un gŵr a oedd yn fymryn o niwsans, yn ein cyfarch gyda *shadow boxing*, ond un noswaith cafodd rhywun feistr arno ac fe'i curwyd yn bur ddrwg – dyna fu diwedd y *shadow boxing*!

Roeddem ni'r hogiau yn perthyn i Gadets y St John Ambulance Brigade yn y dref. Gwisgem *uniform* smart â *beret* du. Byddai aelodau o'r brif Frigâd yn dod i'n dysgu a chaem wersi gan y meddyg lleol. Cofiaf stori a ddigwyddodd yn y brif Frigâd. Roedd y meddyg wedi gofyn i aelod ddod i'r blaen er mwyn iddo allu marcio ar ei gorff lle'r oedd y gwahanol organau, ac eglurodd y byddai'n gorffen y wers mewn tair wythnos, a dyna fu. Ymhen tair wythnos, galwyd ar yr un person i ddod i'r blaen a thynnodd ei grys – roedd y marciau o'r wers flaenorol yn dal ar ei gorff. Mae'n rhaid cofio nad oedd bath na chawod mewn tai y dyddiau hynny; dim ond tap dŵr oer ger y drws cefn, a byddai'r 'tŷ bach' ar waelod yr ardd. Doedd dim sôn am 'toilet paper', ond defnyddiwyd tameidiau o bapur newydd wedi cael eu torri yn ddarnau sgwâr.

Ni ellir diolch ddigon i griw St John y Blaenau am eu hymroddiad i'r gwaith o wasanaethu'r cyhoedd. Bu bron i'r holl frigâd ymuno ag adran feddygol y fyddin yn ystod yr Ail Ryfel Byd.

Myfyrdod clo

YR YDYM WEDI cyrraedd pen y daith, gan obeithio eich bod chi, y darllenwyr, wedi cael ychydig o flas ar y bobol a'u hanes – a hynny mewn cyfnod caled ond hapus hefyd, pan oedd y gymdogaeth ar ei gorau.

Yn ôl Cyfrifiad 1891 a 1901, roedd sawl crefft yn cael ei gynrychioli yn y cylch, ac fe wnâi hynny'r lle yn hunangynhaliol i bob pwrpas. Rhaid cofio bod y gymdeithas yn uniaith Gymraeg, ond roedd y mwyafrif o berchnogion y chwareli yn Saeson. Credaf mai ar ôl y Rhyfel Mawr y daeth cyfran o bobl ddi-Gymraeg i fyw i'r fro.

Yng nghyfrifiad 1891, chwarelwyr yw'r rhan fwyaf o'r gymdogaeth yn y tair chwarel – Graig Ddu, Bwlch Slaters a Gwaith Setts, ond roedd hefyd gyfran dda o weithwyr gyda gwahanol alwedigaethau, ac fe restrir rhai ohonynt a'u tref enedigol isod:

Clerk in Holy Orders – Carmarthen
Sub postmaster – Local
Letter Carrier – Local
Pupil-Teacher – Glamorgan
Independent Minister – Whitford, Flint
Signalman – Corwen
Platelayer – Corwen
Stone Cutter – Local
Head Teacher (Ysgol y Manod) – Llanelli
Barber – Local
Engineer – Penmachno
Shoemaker – Local

Ceir rhagor o enwau Ward Congl-y-Wal yng nghyfrifiad 1901. Dyna Henry Hamer o Gae Drain sydd yn 'Ashes and Home Refuse Collector', David Williams sy'n 'Sanitary Inspector', ac yno hefyd mae 'Boot and Shoe Maker', Cigydd, 'Plumber', 'Gas Fitter', 'Slate Inspector' a 'District Rate Collector'. Roedd gweinidogion yn y pum Capel. Yn yr eglwys wladol roedd ciwrat, warden a chlochydd.

Roedd yna wyth ffarm yn cyflogi gweision, heb anghofio'r tyddynnod bach niferus a oedd yn gefn i'r gymdeithas. Fe gaed plismon yn sefydlog yn y cylch, yn ogystal â doctor, postman, trydanwr, gofaint, cariwrs, pobydd, 'Station Master', gwerthwyr glo, gwerthwyr menyn, gwerthwyr dillad, gwerthwyr llefrith, cigydd, saer coed, saer maen, saer cerrig beddau, crydd, athrawon, dreifar bws, clerc, perchennog garej, gofalwr mynwent, a glanhawr ffyrdd. Roedd gwragedd hefyd yn gwneud a gwerthu 'pennog pickle', gweu sanau gwlân a golchi dillad.

Cofiaf fysus Crosville yn gwasanaethu'r fro. Ar nos Sadwrn byddai torf yn disgwyl am y bws, ac yn aml nid oedd digon o le ynddi i bawb. Byddai'r conductor yn gweiddi – 'Peidiwch poeni bydd y Duplicate yma i'ch nôl' – a byddai'n dod yn fuan. Mae'n rhaid canmol staff y Crosville am eu hamynedd a'u cwrteisi, a byddent yn hynod o ofalus o'u cwsmeriaid ac yn aml yn dra doniol.

Roedd tair chwarel – Graig Ddu, Bwlch Slaters a Gwaith Setts, y ddau westy, 'Manod Hotel' a'r 'Wynnes Arms' a'r stesion yn rhoi gwaith i'r cylch. Yr oedd dwy siop; Siop y Post a 'Manod House', ac fe gaed amryw o siopau bach yn gwerthu sigaréts, baco a matcys, melysion a nwyddau eraill. Ni ellir anghofio'r siop *chips* chwaith; byddai hon yn brysur pob amser, ond yn fwy prysur ar ddydd Gwener – roedd gan yr hen grefydd pabyddol waharddiad ar fwyta cig ar ddydd Gwener.

Roedd yr holl bobl hyn yn creu cymdeithas odidog, lle'r oedd pawb ar yr un lefel. Nid yw'n hawdd cymharu'r cyfnod â heddiw – mae popeth wedi newid; yr hen safonau wedi eu colli, nifer o'r galwedigaethau wedi gorffen yn llwyr, y siopau bach a'r capeli ac eglwysi wedi cau eu drysau. Mae'r gymdeithas wedi mynd yn hunanol, ac yn wir, fe deimlaf fod pobl yn chwilota am rywbeth heb wybod yn iawn beth ydyw, a hynny mae'n debyg am fod cymdeithas wedi anghofio eu gwreiddiau. Yn y cyfnod, roedd y gweithwyr yn ddiolchgar am y gwahanol ddyddiau o wyliau; doedd dim sôn am wyliau taliedig, y diwrnod mawr oedd cael mynd ar Ddydd Sadwrn i Landudno neu Bae Colwyn gyda thrip ysgol Sul. Y dyddiau arferol fel gwyliau oedd Dydd Nadolig, Gwyl Sant Steffan, Dydd Llun y Pasg, Dydd Llun Gwyl Llafur (yn Mis Mai) a Dydd Llun Diolchgarwch yn yr Hydref. Roedd y dyddiau yma yn cael eu cymeryd gan y gweithwyr yn ddi-dal. Nid oedd Dydd Gwener y Groglith, yn yr amser hynny, yn cael ei ystyried fel dydd gwyl y banc, â phawb yn gweithio fel arfer ar y dydd hwnnw. Cynhaliwyd cyfarfodydd crefyddol ar Ddydd Llun y Pasg.

Erbyn heddiw, mae bywyd wedi newid bron yn gyfan gwbl. Mae poblogaeth Manod wedi cynyddu, ac mae tai heddiw yn llawer mwy moethus. Dim mwy o fynd allan ganol nos i'r toiled ym mhen draw'r ardd, dim ymolchi mewn dŵr oer a gorfod cynhesu pob diferyn o ddŵr ar y tân glo. Mae gwyddoniaeth wedi gwella ein hiechyd, ac mae pobol yn byw yn hirach diolch i amodau gwell. Mae llawer o afiechydon yr hen oes wedi diflannu a rhai eraill yn gallu cael eu trin. Mae gwaith dyddiol yn llawer mwy diogel nag yn amser yr hen chwarelwyr. Mae gwyliau di-dâl wedi dod i ben, gyda'r rhan fwyaf yn cael cyfnod o wyliau â thâl yn ogystal â gwyliau'r banc. Nid wyf yn siŵr ai gwelliant yw hyn oll, ond rwyf yn ddiolchgar am gael fy magu ar aelwyd gyffredin, a chartref yn gartref cariadus mewn awyrgylch hollol Gymreig. Ysgrifennodd y Parchedig T. J. Griffiths, gweinidog Capel Bethesda yn y chwedegau, y geiriau hyn ar ddathlu canrif a hanner (1819-1969) yr achos, ac maent yn dweud y cwbl oll am y berthynas bwysig sydd rhwng ddoe, heddiw ac yfory:

Beth yw gwerth edrych yn ôl i'r gorffennol? A beth yw gwerth dathlu canrif a hanner o fodolaeth? Da o beth yn sicr yw i ni fynd yn ôl at ein gwreiddiau yn achlysurol. Da yw i ni gael golwg ar y graig y naddwyd ni ohoni. Da yw i ni gael gweld o ble y daethom a sylweddoli gwerth yr etifeddiaeth gyfoethog a ymddiriedwyd i ni. Ond ofer fyddai hynny os mai aros i fyfyrio ar y gorffennol yn unig a wnawn. Oni chredwn fod perthynas annatod rhwng heddiw ac yfory â'r gorffennol hwnnw, ofer fydd pob dathlu.